文化透视与英汉文学翻译

张成文　刘奇志　著

河北出版传媒集团
河北教育出版社

图书在版编目（CIP）数据

文化透视与英汉文学翻译/张成文，刘奇志著. ——石家庄：河北教育出版社，2020.8
ISBN 978-7-5545-5849-2

Ⅰ.①文… Ⅱ.①张… ②刘… Ⅲ.①英语-文学翻译-研究 Ⅳ.①H315.9②I046

中国版本图书馆CIP数据核字(2020)第104328号

文化透视与英汉文学翻译
WENHUA TOUSHI YU YINGHAN WENXUE FANYI

| 作　　者 | 张成文　刘奇志 |

策　　划	王艳荣
责任编辑	张柳然
装帧设计	优盛文化
出版发行	河北出版传媒集团
	河北教育出版社 http://www.hbep.com
	（石家庄市联盟路705号，050061）
印　　制	定州启航印刷有限公司
开　　本	710mm×1000mm　1/16
印　　张	14
字　　数	255千字
版　　次	2020年8月第1版
印　　次	2020年8月第1次印刷
书　　号	ISBN 978-7-5545-5849-2
定　　价	58.00元

版权所有，翻印必究

前　言

　　语言在人类的生活中发挥着重要的作用，除了用于日常的交流与沟通之外，也是一种显著的社会和文化现象，这一点在远古时期就引起了人们的关注。与此同时，语言的发展水平反映着人类的文化归属与文明的发展程度。语言作为思维的载体，是实现人与人之间相互理解和沟通、维系社会安定的重要手段。由此，难题也就产生了。人类文明千差万别，语言种类繁多，这些差异犹如一道难以逾越的鸿沟。因此，我们能否实现不同民族、不同文化的融合和无障碍交流，某种程度上将取决于我们能否在翻译研究领域取得突破性的进展。翻译研究是否已经作为一门独立、完善的学科而存在，也许在相当长的一段时间内会是个仁者见仁智者见智的命题，但翻译活动作为一种文化交流手段的存在，其历史悠久却是不争的事实。我国更是早在东汉时期（公元2世纪）就开始了系统的佛经翻译活动。如果用一种更为包容的眼光来看待翻译问题，我们就会发现，实际上，任何一种语言行为，不论是口头的还是书面的，甚至是各种超语言行为，都可以理解为是翻译行为。语言本身是翻译，而通过阅读对语言进行再创造就更是一种翻译。

　　翻译的重要性更体现在它能丰富一个国家或民族的文化，活跃人们的思维，使人们可以去探索、领会原本不属于他们的情感和理性世界，拓展本民族语言的表达能力和方法，在一定条件下，甚至可以起到语言和文化的强心剂的作用。历史上有很多地方或国家，都借大量介绍外国的优秀文学作品来冲破本国或本地区停滞不前、日趋僵化的文化和语言，从而实现国民心智的大突破。叔本华也说过，持不同语言的人，思维方式也不同，通过学习外国语言可以更新自己的思维，掌握多种语言是教育心智的直接方法。因为通过语言的多样性对各种概念的提炼，可以纠正并完善我们的感知能力，加强思维的灵活性。

　　不同的民族由于历史背景、社会条件、风俗民情、思维方式等的不同而产生了不同的文化。不同的文化自然会呈现不同的文化形态，这种文化形态的差异反映到语言层面上，则表现为语言差异。文化是靠语言来保存和传承的，因为语言是文化的载体。不同民族之间通过不同的语言进行交际时，无论是语言的内涵还是外延，都不可避免地渗透着各民族文化的特质，所以，研究文化离不开语言，研究语言也离不开文化。英语和汉语分别是英汉文化的载体和体现方式，隐含了深厚的文化和文化差异。正是这些文化差异对英汉翻译产生了重要影响。然而，在许多英汉译例中文化因素并未准确体现，这是导致许多英汉译例质量不高的一个重要原因。本书主要探讨了英汉翻译中文化因素的重要价值及文化因素与英语文学翻译的重要关系，为全面提升英语学习者的翻译水平，并为他们的学习和研究提供一定帮助。

  本书内容得到了江西省文化艺术科学规划项目（编号：YG2018156）；江西省高校人文社会科学研究项目（项目批准号：YY1503）的资助，在此表示衷心感谢。由于作者水平有限，时间仓促，在撰写过程中难免会有疏漏之处，敬请各位专家学者及同行提出修改意见或者建议，以便进一步订正，以臻完善。

目 录

第一章 文化与翻译 ································ 1
第一节 文化视域下的翻译 ························ 1
第二节 文化翻译解析与基本原则 ················· 12
第三节 文化与翻译标准的多元性与互补性 ········· 19

第二章 文学翻译综述 ···························· 28
第一节 翻译理论概述 ··························· 28
第二节 文学翻译概述 ··························· 36
第三节 文学翻译与审美 ························· 49

第三章 文化语境下的文学翻译 ···················· 63
第一节 文化语境 ······························· 63
第二节 语言文化与翻译 ························· 67
第三节 现代文化与翻译 ························· 73
第四节 文化语境与文学翻译的融合 ··············· 84

第四章 英汉散文翻译策略与译例赏析 ············· 100
第一节 散文综述 ······························ 100
第二节 散文的译法与技巧 ······················ 112
第三节 散文文本英译实例 ······················ 131

第五章 英汉小说翻译策略与译例赏析 ·············· 138

第一节 小说综述 ·············· 138
第二节 小说的译法与技巧 ·············· 151
第三节 小说文本译文实例——《冰与火之歌》文本分析 ·············· 153

第六章 英汉戏剧翻译策略与译例赏析 ·············· 160

第一节 戏剧综述 ·············· 160
第二节 戏剧的译法与技巧 ·············· 168
第三节 戏剧文本英译实例 ·············· 176

第七章 英汉诗歌翻译策略与译例赏析 ·············· 181

第一节 诗歌综述 ·············· 181
第二节 诗歌的译法与技巧 ·············· 190
第三节 诗歌文本英译实例 ·············· 208

参考文献 ·············· 214

第一章 文化与翻译

语言是文化的载体。文化是语言的土壤。翻译是跨文化交流的桥梁。众所周知，语言和文化密不可分。语言是文化的有机组成部分，而且是极其重要的一部分；它记录着人类文化发展的历史，反映着社会文明进步的成果，是交流、传播、延续和发展文化的工具，但语言不能脱离文化而存在，总是生长在一定的文化背景中。文化是语言活动的大环境，各种文化因素都体现在语言文字中。在语言活动过程中，处处都有文化的烙印，时时可见文化的踪迹。我国语言学家罗常培先生说过："语言文字是一个民族文化的结晶，这个民族过去的文化靠它来流传，未来的文化也仗着它来推进。"语言是传承和交流文化的工具，文化是语言赖以生存和发展的土壤。

第一节 文化视域下的翻译

一、文化的定义

关于文化的定义，迄今为止，各国学者对它的解释都不尽相同。其中，最为经典的是英国文化人类学家爱德华·泰勒在其1871年出版的《原始文化》一书中首次把"文化"作为一个中心概念提了出来，并且将它的含义系统地表述为："文化是一种复杂体，它包括知识、信仰、艺术、道德、法律、风俗及其余社会上所能获得的能力与习惯。"具有"现代文化之父"之称的美国人类学家克鲁克洪给文化下的定义是："文化是历史上所创造的生存式样的系统，既包括显形式样又包括隐形式样，它具有整个群体共享的倾向，或是在一定时期中为群体的特定部分所共享的。"《韦氏国际大辞典（第3版）》对文化所下的定义是"某时期、某一民族的概念、习俗、技能、艺术、体制等"。在中国的辞书中，一般对文化有广义和狭义两种理解。广义的文化指人类社会历史实践过程中所创造的物质财富和精神财富的总和。在广义论者来看，文化几乎无处不有，无所不包，从生态学、物质文化、社会文化、宗教文化到语言文化。狭义的文化指社会意识形态,以及与之相适应的制度和组织机构;有时也特指教育、科学、文学、艺术等方面的精神财富,以与政治、军事等方面的知识和设施相区别。狭义论者认为,文化只属于意识形态范畴,它指人类精神的总和,包括艺术、传统、习惯、社会风俗、道德伦理、法的观念和社会关系等。

不管是广义的还是狭义的文化,都包含许多层次和方面,天文地理、人情风俗、俚语方言、历史事件、小说人物等,五花八门,应有尽有,因而具有广泛性、历史性、交变性和多维性。但大体来说,文化的范围应该包含以下三个层次:物质文化,它是通过人们制作的各种实物产品表现出来的,包括建筑物、服饰、食品、用品、工具等;制度、习俗文化,它是通过人们共同遵守的社会规范和行为准则表现出来的,包括法规、制度及相应的设施和风俗习惯等;精神文化,它是通过人们的思维活动所形成的方式和产品表现出来的,既包括价值观念思维方式、审美趣味、道德情操、宗教信仰,也包括哲学、科学、文学艺术方面的成就和产品。

由此看来,文化的辐射范围甚广,纷繁复杂,包罗万象,凡人类所创造的一切经验、感知、知识、科学技术、理论及财产制度、教育、语言等都属于文化现象;大则如宇宙观、时空观、人生观、价值观,小则如衣食住行、婚丧嫁娶,一切社会的生活方式、行为方式、思维方式、语言方式、等级观念、道德规范等,都属于文化的范畴。不同的民族有着不同的文化,这是由不同民族所处的社会环境、生活环境、地理环境等决定的。各民族之间的文化都具有普遍的共性,同时又具有各自特殊的个性。这种特殊的个性就是各民族文化产生差异的客观依据。文化具有一贯性、持久性,渗透于社会生活的各个方面。其内涵涉及生活的方方面面,并且具有相当的稳固性,进而形成一个民族的传统力量和民族性格,对民族的发展影响深远。总之,文化是个复杂的系统,包含相互作用的各种成分。文化是多元化的,是包容一切的。因为范围广泛,所以至今还没有形成关于它的核心理论。它可以从不同角度进行探讨,并得出不同的定义。

二、文化与语言之间的关系

文化具有民族性,也就是说,每个民族都有自己独特的文化。文化的内容通过民族形式的表现,映射出鲜明的民族色彩。不同民族由于历史背景、宗教信仰、风俗民情、社会条件、思维方式及语言结构的不同,便产生了不同的文化,而各民族的文化传统和背景又是通过过该民族的语言来表现的。语言是文化的重要组成部分,是文化的主要表达形式和传播工具。美国著名人类学家古迪纳夫在《文化人类学与语言学》

中指出："一个社会的语言是该社会的文化的各方面，语言和文化是部分与整体的关系，语言作为文化的组成部分，其特殊性表现在：它是学习文化的主要工具，人在学习和运用的过程中获得整个文化。"不同民族之间通过不同的语言进行交际时，无论是语言的内涵还是外延，都不可避免地渗透着各民族文化的特质。所以，语言实际上既是文化的一种表现形式，又是一种社会文化现象。两种不同的民族语言相遇，实质上是两种不同的民族文化的相遇。在语言的交际过程中，两个不同国家或民族的人能否相互交流，不仅取决于他们对语言本身的理解，而且取决于对语言所负载的文化蕴意的理解。语言是文化的部分，也是整个文化的基础，还是文化的镜像反射，透过一个民族的语言层面，展现出这个民族绚丽多姿的文化形态。

　　语言和文化密不可分。有一种语言就有一种文化，没有语言，文化不可能起作用；没有语言，文化也不可能代代相传。语言离不开文化，语言只有在相应的文化中才有意义；文化也离不开语言，离开语言的文化是不可想象的。语言是人的一种行为，是一种社会现象，它与文化有着共同的属性。语言是文化的载体，也是传播文化信息的重要渠道。文化使语言得以保存和传承。一些物质文化虽然可以不用语言，但离开语言也难以延续下去。另外，语言与思维的关系这一理论问题文化的关系也非常密切。文化的进步要靠人类的智慧，这显然离不开思维，而思维的成果要用语言表述，要靠语言交流，因此，文化的进步一刻也离不开语言。因为语言是文化的载体，所以各种文化因素都应在语言中找到根据。这就是说，研究文化离不开语言，研究语言也离不开文化。不同民族有不同的文化渊源，从历史、种族到风土人情、思维习惯、表达方式等各方面无不存在差异。根据沃尔夫的语言决定论，语言不仅影响思维，而且决定思维。反过来看，思维方式的不同，也导致了语言表达方式的不同。一个民族的文化是一个完整的体系，其影响渗透到该民族语言的方方面面。语言，包括语言的使用方式在内，也不能超越文化而独立存在，不能离开一个民族而流传下来的、决定这一民族生活面貌和风俗习惯的信念体系。文化的发展，能够推动和促进语言的发展；同样，语言的发达和丰富，也是整个文化发展的必要前提。正因为文化和语言有这样一种特殊而又密切的关系，所以人们通常把语言称作文化的载体，是反映民族文化的一面镜子。

　　虽然有些文化是以实物来体现的，与语言无直接关系，如现代社会的各种家电产品，但要生产或使用这些实物，非与作为交际工具的语言打交道不可。人们通常所说的茶文化、酒文化、食文化之类是介乎实物文化和制度、习俗文化两个层次的。这些文化的体现既涉及实物，又涉及习俗。比如茶文化，不仅与茶叶、茶具、用水、炊具、燃料等有关，而且与烹茶方法和饮茶方式有关。要对茶文化加以表述，也得通过语言。至于精神文化，它的形成和表达更是离不开语言。在语言中存储了前人的全部劳动和生活经验；语言单位，特别是语词体现了人们对客观世界的认识和态度，记述下民族和社会的历史发展进程。这样，后人必须通过学习语言才能掌握前人积累下来的整个文化。儿童在习得民族语言的同时，也就是在习得这一民族的文化，习得这一民族的文化内容和文化传统。

由于文化具有鲜明的民族性，即文化个性，不同的文化之间自然会呈现不同的文化形态，这种文化形态差异反映到语言层面上，则表现为语言差异。正因为如此，任何跨文化的研究，如学校文化、翻译、外语教学等，都不能只从本国文化的接受心理去考察语言差异。从文化差异去研究语言差异，才能有效把握语言与文化之间的内在联系。

三、英汉文化方面的主要差异

不同文化之间会有很多差异，这些差异主要体现在价值观念、审美心理和思维方式等方面。

（一）价值观念上的差异

价值观念是民族心理的重要组成部分，深深地植根于人们的思想观念中。价值观念依附于不同的民族文化，所以具有非常鲜明的民族性。反映在语言上，某些词的词义在一种民族文化中是褒义，在另一种民族文化中却可能是贬义；在一种文化环境中是受人欢迎的，而在另一种文化环境中却使人难以接受甚至令人生厌。如英语中的"working class"并不等于汉语中的"工人阶级"。在中国，"工人阶级"具有很高的社会地位，颇受尊敬；而在资本主义国家，"working class"却是最下层的阶级。英语中的"individualism"和汉语中的"个人主义"也不是一种对应的关系。在下面的例句中可以明显地感受到两者之间的差异。

（卢嘉川）"但是，你这些想法和做法，恐怕还是为了你个人吧？"道静霍地站起身来："你说我是个人主义者？"

(Lu Jiachuan) "Are you sure your thoughts and wishes aren't determined by personal considerations." Daojing sprang to her feet."Do you mean that I'm an individualist?"

在汉语中，"个人主义者"是只顾自己，不管他人和集体利益的自私自利者，带有明显的贬义。而在西方，人们普遍重视个性的发展，把"individualism"视为实现自我价值的积极表现，是"拼搏进取"的同义语，具有明显的褒义。上面的英语译文中用"individualist"来表示，显然是不合适的。按照西方文化的价值观念，英美读者必然会对此产生误解，而改成"egoist"就不会产生误解了。因为这个词的意思是"自私自利者"，是个贬义词，与汉语中的"个人主义者"在语义和语体色彩上都非常接近。还有，从民族学和社会学的角度来看，在中国数千年封建社会里，汉民族逐渐形成了一种以血缘关系为基础的宗法社会制度。在这种社会结构中，家族构成了社会的基本单位，人们极为重视血缘关系。"子孙满堂""多子多福"是人们的普遍心愿。养儿育女、延续后代是人们的首要职责，这才有"不孝有三，无后为大"这种传统的价值取向。一个家族没有子嗣是最大的不幸，骂人"断子绝孙"是最恶毒的咒语。而在西方社会中，这种观念就很淡薄。对那些刻意追求自我价值、现世幸福的年轻人而言，尤其是那些独身主义者和丁克家庭，"断子绝孙"竟然成了主动的选择。

（二）审美心理上的差异

审美心理也是民族文化心理的重要组成部分。在语言文化方面表现为对节奏的音律、词汇选择、句型结构、修辞技巧、篇章布局，乃至文学作品中人物语言、形象刻画、心理描述等方面的接受或排斥、认可或否定、喜欢或厌恶、欣赏或反对的心理趋向。中华民族历来有求偶对称的审美心理，崇尚对称工整的形式美。中国古代四方形的轮廓，北京的四合院民居、故宫，庙宇中的四方形大殿等，无不渗透着"对称工整"的审美取向。

在汉语里，为了追求句子结构的平衡、气势或音律的节奏，常使用四字结构，其中有许多是由两组同义词组成的四字结构。如花言巧语、甜言蜜语、油嘴滑舌、随波逐流、咬牙切齿、自吹自擂、精疲力竭、土崩瓦解，等等。中国人一向追求对称美。四字结构的行文风格优美，形式整齐悦目，音调抑扬顿挫，语气连贯自然，语意贴切准确；而西方读者却认为我们华而不实，颇有故弄玄虚之感，因为他们的审美心理崇尚行文结构的简洁美。我们来看看下面这段描述：

中华大地，江河纵横；华夏文化，源远流长。轻快的龙舟如银河流星，瑰丽的彩船如海市蜃楼。两岸那金碧辉煌的彩楼，连成一片水晶宫，是仙境？是梦境？仰视彩鸽飞，低漂灯流霓，焰火怒放，火树银花，灯舞回旋，千姿百态。

The divine land of China has its rivers flowing across; the brilliant culture of China has its roots tracing back long. The lightsome dragon-boats appear on the river as though the stars twinkle in the Milky Way. The richly decorated pleasure boats look like a scene of mirage. The splendent awnings in green and gold chain into a palace of crystal. Is this a fairyland or a mere dream? Looking above, you can see the beautiful doves flying. Looking below, you can see the sailing lamps glittering Cracking are the fireworks, which present you a picture of fiery trees and silver flowers. Circling are the lantern-dancers, who present you a variation of exquisite manner.

把译文与原文作一下对比就可以看出，译者紧扣原文，字比句对，照直翻译。然而，一位美国新闻工作者提出的意见是"full of hyperbole（充满了极度的夸张）"，不仅让人不知所云，而且令人发笑。由此可以明显地看出东西方不同的文化审美心理。有趣的是，上面这段英语译文拿给一位教译课的英语教授译成中文，得出的译文如下：

  华夏神州，宏伟江川纵横交错，灿烂文化源远流长……轻快的龙舟在水中荡漾，晶莹的繁星在银河中闪烁；绚丽多姿的彩船犹如海市蜃楼，金碧辉煌的彩篷与水晶宫绵绵相连。究竟是仙境？还是梦幻？举目仰望，美丽的白鸽在蓝天翱翔；俯首低眸，明亮的漂灯在随波逐流。好一派"爆竹烟花齐绽放，火树银花不夜天，神灯转尽人间舞，百态千姿领风骚"的景象。

这段译文不仅用了很多四字结构，而且还用了很多七字结构。有什么办法呢？汉语叙事就是这样，这是汉语的风格，它符合汉语的审美情趣。但在汉译英时，译者一定要考虑西方读者的审美倾向，正确处理习惯表达上的差异。再看下例：

  江岸上彩楼林立，彩灯高悬，呈现出一派喜气洋洋的节日场面。千姿百态的各式彩龙在江面上游弋，舒展着优美的身姿，有的摇头摆尾，风采奕奕；有的喷火吐水，威风八面。

  High-rise buildings omamented with colored lanterns, and bright banners stand out along the riverbanks. On the river itself, gaily-decorated dragon-shaped boats await their challenge, displaying their individual charms to their hearts'content. One boat wags its head and tail; another spits fire and sprays water.

原文辞藻华丽，描述生动，场面壮观。如果直译，过多的修饰语会使译文累赘冗余，令人生厌，产生适得其反的效果。所以必须根据西方读者的审美情趣，删去"呈现出一派喜气洋洋的节日场面""风采奕奕""威风八面"等词句，通过"gaily decorated"和"displaying their individual charms to their ears content"，以简洁明快的语句表达龙舟赛场壮观热烈的气氛和千姿百态的龙舟风采。由此可以明显地看出东西方不同的文化审美心理和情趣。

（三）思维方式上的差异

思维是人的大脑对客观现实的反映过程。现实是思维的基础，也是思维所反映的对象。思维是以语言为中介来反映现实的。它是看不见、摸不着的，不具有直接现实性，因此，对其进行研究必须有中介，这个中介就是语言。语言与思维的关系是辩证统一的。语言的发展推动着思维的发展。同时，思维的进步又会促进语言的完善。思维从不同的角度、不同的侧面来观察、反映客观世界，也对客观现实进行了多方面的分析与综合。就某个具体民族来说，千万年来世世代代，将对现实的认识凝固成经验和习惯，借助语言形成思想，又赋予思想以一定的模式，这就形成了这一民族所特有的思维模式。对于同样一个画面，各民族可以用自己特有的思维习惯来认识。在语言表达上也就各具特色。一个民族的思维方式不仅影响个人的交际方式，同时还会影响其他民族的反映，影响译入文化对原始文化所持的态度：赞成、欣赏还是贬低、排斥。著名翻译家傅雷认为，东方人与西方人的思想方式有基本分歧：东方人重综合、重归纳、重暗示；西方人则重分析、细微、曲折，挖掘唯恐不尽，描写唯恐不周。

翻译不仅仅是一种语言活动，也是一种思维活动，是运用另外一种语言进行的第二次思维活动。思维是人类共有的，但在思维内容相同的情况下，思维的方式和角度则不尽相同，作为思维载体的语言在表达上更是各异。对翻译中的语言表达来说，思想起着决定性的作用，因为不同的思维方式决定了不同的语言表达方式。

概括地说，东方人的思维方式被认为是"具象的""以人为本的""顺势的"；西方人的思维方式则是"抽象的""以物为本的""逆向的"。下面从几个方面对比一下两种思维方式的差异。

在传统的东方文化中，人们的思维方式基本上是具象的；而在西方文化中，人们的思维方式则是抽象的。体现在语言表达上，在汉语中，除了科技、哲学、政论类文章外，用名词表达抽象概念的情况比较少见，而在英语中的情况则相反。英语说：

Wisdom prepares for the worst; but folly leaves the worst for the day it comes.

这里的"wisdom"和"folly"均为抽象名词。一般情况下，前者的含义为"智慧"，后者常用来指"愚蠢"。在这个英语句子里，两个抽象名词作主语，所指意义是"某一类的人"。这对于习惯于抽象思维的西方人来说，无论是从句子的意思上看，还是从选词上看，都是非常清楚和精确的，但汉译时，用抽象名词表达的抽象概念必须具体化，否则就不能适应中国读者所熟悉的具象思维习惯。

这个句子的意思用汉语来表达就是：聪明人未雨绸缪，愚蠢者临渴掘井。

又如：

Is Diana a possibility as a wife for Charles?

你说黛安娜嫁给查尔斯合适吗？

Out of his (Jefferson's) tremendous energy came inventions, books, new ideas and new starts in every field of human endeavor.

他（杰斐逊）精力极其充沛。他创造发明、著书立说、阐发新思想，并在人类努力从事的各个领域中有所创新。

There is more to their life than political and social and economic problems; more than transient everydayness.

他们的生活远不止那些政治的、社会的和经济的问题，远不止一时的柴米油盐问题。

中国文化以人为本，最富人文意识与人文精神。这种文化的长期积淀形成了汉民族本体型的思维方式，也就是以人为中心来观察、分析、推理和研究事物的思想方式。西方文化则以物为本，偏重于对自然客体的观察和研究，由此形成了客体型思维方式，也就是把客观世界作为观察、分析、推理和研究的中心。本体型和客体型两种不同的思维方式反映在语言形态上，其明显的标志之一就是在描述事物和叙述事理的过程中，特别是在涉及主体时，汉语习惯于用表示人或生物的词作主语（或潜在的主语），而英语则常用非生物名词作主语。如英语说："His name escaped me for the moment."汉语则说："我一时记不起他的名字了。"英语说："A strange peace came over her when she was alone."汉语则说："她独处时便感到一种特殊的安宁。"这两个句子都不是以施动者为主语的，句式的构建完全符合英美人的思维和表达习惯。译成汉语时则要根据逻辑关系或上下文来变换主语，也就是说，要考虑汉语的思维习惯，以人为本，用人来作主语。否则，要么在语感上不畅，要么在结构上不规范，要么在意思上不清楚。如：

An idea suddenly struck me.

我突然想到了一个主意。

A strange peace came over her when she was alone.

她独处时便感到一种特殊的安宁。

I memoranda were prepared in advance of private meetings on matters to be discussed.

在举行个别交谈之前，我已经就所有要讨论的问题预先拟好了备忘录。

From the moment we stepped into the People's Republic of China, care and kindness surrounded us on every side.

踏上中华人民共和国的国土，我们随时随地受到关怀与照顾。

The thick carpet killed the sound of my footsteps.

我走在厚厚的地毯上，一点儿脚步声也没有。

Not a sound reached our ears.

我们没有听到任何声音。

Alarm began to take entire possession of him.

他开始变得惊恐万状。

中西方思维方式差异还体现在顺向思维和逆向思维上。在出于礼貌请别人先做某事时，中国人说："您先请！"而英美人的习惯表达则是："After you!"在英语里，"back"用来指时间，往往是指过去，"forward"用来指未来。所以才有了英语中的"to look back on（回顾）""far back in the Middle Ages（早在中世纪）""to put/turn the clock back（把钟表的指针向后拨）""a back issue magazine（过期的杂志）"等。在这方面，中国人的思维方式刚好相反。汉语里的"前"往往指过去，而"后"则指"未来"，所以才有"前不见古人，后不见来者""前所未有""后继有人"和"好戏还在后面"等说法。

除此以外，在表示两种事物的名词组合上及表示方位的名词组合上也存在顺向与逆向思维的差异，如：

左右　right and left
东北　northeast
西南　southwest
衣食　food and clothing
钢铁　iron and steel
水火　fire and water
迟早　sooner or later

得失　loss and gain

异同　similarities and differences

中西思维顺势上的差异还体现在观察事物的角度上。也就是说，两个民族有时是从不同的角度来观察相同事物的。例如，中国人说商场里出售的这种货物"打了八折"，是说购买者只需付全价的80%即可。中国人是从实际支付数额这个角度看向问题的。相同的意思，英美人则用"a twenty percent discount"来表示，他们是从下调的数额这个角度计算的。还有，汉语里的"寒衣"相当于英话里的"warm clothes"，一个从御寒的角度，一个从保暖的角度考虑问题。类似的例子还可以举出很多，如：

油漆未干　wet paint

乘客止步　crew only

太平门　emergency exit

在翻译时注意这些差异才能避免出现表达不当甚至失误的情况。

（四）其他方面的差异

文化差异可以表现在各个方面，除了价值观念、审美观念、思维方式以外，还表现在自谦、称谓、颜色、习语、谚语、文学典故、宗教信仰、动植物、气候、地理、自然条件和社会习俗等方面。这些差异对译者来说，无疑构成了障碍。说到自谦，中国人常用"下官""贱内""寒舍""拙作"等词语，而在英语中则没有这种词语；汉语中有"三叔""大姑""表姐"等，要一个英国人来区分这些称谓，岂不是太难为他了？

在文学作品的翻译中，遇到这种东方文化特有的自谦情况时，往往需要做淡化处理。如：

> 我讲的《中国小说的历史的变迁》在今天此刻总算终结了。在此两个星期中，匆匆地只讲了一个大概，挂一漏万，固然在所难免，加以我的知识如此之少，而天气又如此之热，而诸位有许多还始终未听完我的讲演，这是我非常抱歉而且感谢的。

这是鲁迅先生《中国小说的历史的变迁》讲演稿的最后一段。杨宪益、戴乃迭干脆将其节不译，因为是过谦的客套话，译出反倒使人觉得啰唆。如果要译，仅译出"Thank you for listening"足矣。

还有，西方文明多与大海结缘，如英语里有很多与航海有关的说法，反映在译作里，往往需要根据译人语文化来做一种转化处理。如：

to rest on one's oars　歇歇手

to keep one's head above water　使自己免受灭顶之灾

be in the same boat with　处境相同

clean the deck　清除障碍，准备开始工作

all at sea　全然不知所措

中华儿女在黄土地上悠悠千载的劳作，使得汉语和黄色的农耕文化结下了不解之缘，也令其与承载着蓝色航海文化的英语相去甚远。根据实际情况，翻译时可采用直译法，直接反映译出语言文化，亦可采用意译法，经引申意义表达出来。如：

拔苗助长　try to help the shoots grow by pulling them upward；spoil thing by excessive enthusiasm.

青黄不接　when the new crop is still in the blade and the old is all consumed；temporary shortage.

这就是为什么中国人"挥金如土"，而英国人则"spend money like water"。各民族在历史长河中形成了各自不同的文化习俗，这种带有本民族特色的文化习俗由于不被其他民族所熟悉，很容易产生误解。当一种语言转换为另一种语言时，往往由于文化背景和民族心理素质不同，潜在的背景因素引起的心理联想也就会存在差异。比如，在英汉两种语言中都有"龙"这个说法，但两者的意义却不尽相同。在中国古代传说中，龙是一种能兴云降雨的神异动物。在中国封建时代，龙是帝王的象征，皇帝被称为真龙天子。因此，汉语中的"龙"被赋予神圣、至尊、吉祥、非凡等各种褒义。而在西方神话传说中的"dragon（龙）"却是一只巨大的蜥蜴，长着翅膀，身上有鳞，拖着一条长长的蛇尾，能够从口中喷火。根据《圣经故事》，"dragon"是魔鬼的化身，罪恶的象征。由于英语中的"dragon"是令人恐怖的形象，所以常常被用作贬义。"龙"和"dragon"在东西方文化中的形象意义、情感意义以及联想意义的差异是很大的。

然而，经济全球化的到来使越来越多的说法为不同的文化所接受。如：

dark horse　黑马

crocodile tears　鳄鱼的眼泪（猫哭老鼠，假惺惺的同情）

an olive branch　橄榄枝

our grapes　酸葡萄

the cat's paw　猫爪子（被当作工具利用的人）

to wash hands　去洗手间

black humor　黑色幽默

kill two birds with one stone 一石二鸟（一箭双雕）
to be packed like sardines 塞得像沙丁鱼头（挤得像芝麻里煮饺子）

这说明人类共同的知识在逐渐增加，各民族之间的文化差异在相对减少，文化交流不仅拉近了不同文化之间的距离，而且也提高了不同语言之间的适应性。文化是个比较复杂的问题，翻译也是一样。只有充分了解文化间的差异并在两种不同的文化中尽量做到异中求同、同中求异，做到译语和原语最大限度地等值，才能促进不同文化间的交流与沟通。

第二节 文化翻译解析与基本原则

一、文化与翻译的三种关系

（一）文化可译性

人类大脑有同样的生理机能，又具备相同的思维能力，因而对某些事物的认识有时候是相同或者非常相似的。"五环旗"（Five Linked Colored Rings）的设计就是一个典型的例子。全世界人民对"五环旗"[①]的认识都是相同的。既然不同民族对某些事物有相同的认识，那么就会产生相同或相似的语言文化。这时。英汉互译是比较容易的。这种文化可译性正是文化重合（cultural overlap）的作用。此时，我们可以采用直译法（literal translation）或类似于直译的办法直接用译语表达原文信息。这种直译法对英译汉和汉译英同样适用。如：

电扇　electric fan
晚会　evening party
入学考试　entrance examination

这几组对应词在内涵和外延上都是完全相同的。还有一些词语，虽然它们的外延不只这些方面，但这些词语的各方面的外延在英汉两种语言中也分别相同。最典型的例子之一就是"Number One"。此词在英语中可表示"最重要的人或物""最好质量的物品"，还可以用作"厕所"的委婉语；同样地，汉语中"壹号"也具有这三个方面的含义。

---

① "五环旗""五环"表示五大洲，其中"红色"表示美洲，"黄色"表示亚洲，"绿色"表示大洋洲，"蓝色"表示欧洲，"黑色"表示非洲；"五环互相连接"意味着全世界人民的比赛友谊和团结合作；旗子用"白色"作底象征比赛的公平竞争。

"心"（heart）人皆有之，而且"心"在人的生命活动中起着同样重要的作用，所以，英语和汉语对"心"的使用非常相似，此时的对等翻译比较容易处理：

heart of stone 铁石心肠

sweet heart 爱人

give one's heart to sb. 爱上某人

from one's heart 衷心

with a heavy heart 心情沉重地

have one's heart in one's mouth 提心吊胆

英语和汉语对待某些事物的心理是一样的。比如说，"怀孕"本是人类繁衍的必要措施，但无论是英语民族还是汉语民族都觉得直接说出"怀孕"（pregnant）多有不雅，都倾向于采用一些委婉的说法，而这些委婉的说法在两种语言中又同样存在，翻译起来就比较容易。陈原按时间顺序列出在不同时代人们对怀孕的七种不同说法。从这个变化中，我们可以发现英语和汉语是何等惊人的相似。随着时代的发展和社会生活节奏的加快，委婉的说法越来越不适应社会需要，所以现在人们都逐步倾向于直截了当地谈论此事。

（二）文化半可译性

虽然东西方文化有时对事物的认识是一样的，但毕竟是两个不同的文化，因而认识事物的角度、方法也会出现大同小异的方面，由此而产生的语言文化也会大同小异，在相同或相似中存在一些差别。对于这类语言的翻译，就应采取直译与意译（liberal translation）相结合的方法，既保留原语言的内容和总体风格，又选用目的语中的合适词语和语言习惯，以求把原语言信息用目的语民族的习惯性语言表达出来，让目的语读者更容易接受。例如，中国人多说"山中无老虎，猴子称大王"，而英美人常说"In the country of the blind, the one-eyed man is the king"。虽然两种语言所用的喻体不一样，但表达的意义完全相同，所以我们可以把它们彼此当作原语在目的语中的翻译。类似的例子还有：

melting pot 熔炉（而不是壶或锅）

as stupid as an ass 蠢得像猪（而不是驴）

as strong as a horse 壮得像头牛（而不是马）

as straight as an oke tree- 像青松一样挺拔（而不是像树）

kill two birds with one stone 一箭双雕（也可译为"一石二鸟"）

Money makes the mare go （谚）有钱能使鬼推磨（而不是母驴）

从这些例子可以看出：针对这种类型的翻译，译者可以变换比喻形象，既保留原文的意义和语言格式，又采用译语常用的比喻形象，使读者更加容易接受。

有时候，我们在做这类翻译时，必须根据原文的具体内容进行灵活处理，尽量选用目的语民族容易接受的表达形式。例如，年长的中国人一般称自己的爱人为"老伴""老头""老太婆"，只有少男少女才会叫对方为"女朋友"或"男朋友"。而在西方，人们害怕因年长被人鄙视，喜欢将自己说得年轻些，即使已是花甲之年，仍喜欢称爱人为"boyfriend"或"girlfriend"。因此，"my boyfriend is at the hospital. He has a heart attack"。（肥皂剧《干杯酒吧》中女招待语）就应译为"我老伴住院了，他犯了心脏病"。

另一方面，如果这种直译与意译相结合的方法使目的语民族难以接受时，我们必须采用意译法，因为此时原文的字面意义根本就不是它要表达的真正含义。比如，谚语"When in Rome, do as the Romans do"就应译为"入乡随俗"，而不能照字面翻译成"进入罗马就像罗马人那样行事"。这方面的例子还有一些：

Milky Way　银河（而不是牛奶路）

fe on one's back-　仰卧（而不是躺在自己的背上）

A little pot is soon hot　小人易怒（而不是小壶易热）

此外，当一个英语词语有好多个不同的意义，即意义的交叉（Intersection）时，我们就只能根据不同的情况选择不同的汉语对应词，而不能一概而论。比如"uncle"的意思有"叔叔""伯父""姑父""舅父""姨父"，"brother"可为"兄"也可为"弟"，"sister"可为"姐"也可为"妹"。对于这种情况，到底应该选用哪个词语作为译语，我们只能视具体情况而定。这里用"square"作详细说明，在不同的语境中"square"的含义也不同：

The box is square.（正方形的）

He is a square judge.（公正的）

The carpenter put his square on the table.（矩尺）

He lives in a fine house in Berkeley Square.（广场）

Sixteen is the square of four（平方）

汉译英也一样。

（三）文化不可译性

汉语与英语的语言距离（Linguistic distance）也具有相距甚远的方面，中国文化与英美文化之间的社会距离也同样。这些巨大的文化差异给翻译工作带来很大的困难。在很多情况下，目的语所处的文化传统中缺乏原语所隐含的政治、经济、历史、习俗、价值观等文化因素，我们很难在目的语中找到原语的等值词语。这种文化空缺（cultural zero）就造成了文化的不可译性。这种现象在英译汉和汉译英中都存在。

例如，"狗"在汉文化中从来就是卑劣无耻的代名词，故有汉奸走狗、狗头军师、狼心狗肺、狗仗人势、狗血喷头、狐群狗党等成语。而英国人常把狗当作宠物，有谚语"love me, love my dog（爱屋及乌）"。另外，"dog"可以指人，并无贬义，要视具体情况进行翻译。如"a lucky dog（幸运儿）""a gay dog（快乐的人）""a dirty dog（脏东西）"。由于这种文化差异，在翻译时就得特别留心。如果把"落水狗"译成"a dog in the water"，把"丧家犬"译成"a homeless dog"，不仅不能传达汉语的贬义，反而容易引起英美人的同情。同样，如果把"I'm too old a dog to learn new tricks（我上了年纪，学不会新诡计）"中的"too old a dog"译为"老狗"，岂不是自己骂自己吗？

二、文化翻译的基本原则

美国已故的语言学教授萨皮尔（Edward Sapir）说："语言的背后是有东西的。而且语言不能离开文化而存在。所谓文化，就是社会遗传下来的习惯和信仰的总和，由它可以决定我们的生活组织。"柏默（L.R.Palmer）也说："语言的历史和文化的历史是相辅而行的，他们可以互相协助和启发。"另外有一位人类学者戴乐尔（E.B.Tylor）也说，文化是"一个复杂的总和，包括知识、信仰、艺术、道德、法律、习俗和一个人以社会一员的资格所获得的其他一切行为习惯"。由这些话我们可以知道语言和文化关系的密切，这些都是社会学和人类学上很要紧的问题。假如我这一次尝试能够有些许贡献，那就可以给语言学和人类学的研究搭起一个桥梁来。这在国外本来不足为奇的，萨皮尔以语言学家晚年转向人类学，马林诺夫斯基（Bronislaw Malinowski）以人类学家晚年转向语言学，便是很好的例子。这条路在中国又是新创的方向，由罗常培、魏建功等人所倡导的将语言与文化相结合的研究，迟至20世纪80年代中期才引起中国语言研究界较普遍的关注，译学研究受到语言学整体发展水平的限制，以及处在更为广阔的社会科学研究取向的框架下，对文化翻译的研究难有作为，自是必然。

（一）必须将语言整体置入文化矩阵中加以审视

"文化矩阵"（cultural matrix）也可以称为"文化母体"或"文化发源地"。

词汇诚然是很重要的文化符号,特别是专业名词。但词汇大抵只从表面上反映文化,不是从根本上反映、体现文化及文化特质。"鸡村茅店月,人迹板桥霜"是六件事物的连缀,这六件事物可以出现在中国,也可以出现在日本、西欧。但这句诗却体现了独特的文化气质,读者绝不会认为它发生在法国或比利时农村。原因是它所烘托出的意象是独一无二的中国式。我们可以从以下语段中看到,其中的词汇没有什么特别,更没有用任何文化专名,却在整体上体现了两种文化:英国文化和美国文化(尽管它们同文同字)。我们先略去作者,以利于读者作整体的文化审视。

There were a boy and two little girls. They lived in a pleasant house,with a garden, and they had discreet servants,and felt themselves superior to anyone in the neighborhood. Although they lived in style,they felt always an anxiety in the house. There was never enough money. The mother had a small income,and the father had a small income,but not nearly enough for the social position which they had to keep up. The father went into town to some office. But though he had good prospects,these prospects never materialized. (她有一个儿子,两个小女儿。他们的寓所带有花园,很舒适宜人。请的佣人也言听计从。与四邻相比,他们自觉实在是高人一等。虽说他们衣食入时,但家里总免不了有一种焦虑感:钱总是不够花。女主人本人有一笔为数不大的收入,男的也有一笔小小的收入,但是要想维持他们那种社会地位,这点儿收入是远远不够的。男主人在城里办公,虽然也许可以说是前途无量,但前途并不等于现实。)

从上文中可见,文化气质体现着除了词汇以外,还有:场景(setting),常常是整体性场景或背景描写,其中包括环境、景物等,也可以是个别事物,可以以此揭示文化心理、文化特征和特色;事件或行为(event or act),常常是事件过程描写(也可能是通过角色对话),可以以此揭示文化心理、文化特征和特色;气氛和情态(atmosphere or mood),语段中所透露或含蕴的情感色彩和文化心理;人物(character)特征,语段中的人(角色)常常具有微妙的、特定的文化心理、社会习性甚至民族性,从而显示出地缘文化背景或色彩;作者的叙述(风格)叙事(the author's way of writing or style),常常具有文化心理特征和气质。

以上五项再加上词汇统称为语段中的文化信息载体(carriers of cultural information)。毫无疑问,以上几项中的每一项都值得译者充分关注,在整体性的信息整合中把握文化特征或典型性，信息整合的结果是某种富于文化气质的意象（image）或意境（prospect or situation）。可见，整体性（totality）是文化信息整合的基础，它要求我们将语言整体置入文化矩阵中加以审视：以上五项缺一不可。语言"受制于文化"（culture-bound），这是一个基于整体观的基本事实，也是我们切切不可忘记的。由此看来，整体性文化信息整合是确保译者尽可能充分地表现原语的"原汁原味"的重要手段。

（二）必须强化主体的文化意识和文化信息感应能力

以上我们着重剖析了客体及如何看待客体的问题，但客体只是"现实存在"的一面，另一面是主体，即译者。如果我们只关注客体，不努力加强主体对客体文化信息的感应能力，那么，客体纵有五光十色的文化信息，而译者莫能感应，成了文化信息的"色盲"，那么客体的文化信息也"形同虚设"。

因此，我们要建立的另一个观念是：译者必须努力学习，不仅是在语言上下功夫，还必须在文化上下功夫，以提高"文化意识"（Benedict）。提高文化意识是文化信息感应力的前提，也可以说是一种驱动力。我们现在要探讨的问题是如何提高文化意识，从而增强我们的文化信息感应力。文化人类学家的共识是后天习得的，不是先天遗传的，"社会习得"（social learning）是关键，文化人类学家称之为"enculturation"并强调跨文化交际除了"习得"别无他途。

不同民族、不同文化背景的人需要通过一定的交流手段实现相互了解、相互协调，在进一步实施的过程中可通过翻译这一有效桥梁实现其预定目标。在此过程中，文学翻译发挥着重要作用，是人类传承与发展的铺路石与阶梯。在当代，如何将文学翻译的价值最大化地发挥出来，深入地研究文学翻译成为学术界的重大课题之一。

> It is an obvious corollary of the above discussion that every individual is conditioned by learning and training with in a particular context of cultural tradition...

文化人类学家强调文化的习得性有其社会学的依据，那就是文化永远随社会的发展而发展，世界上不存在"稳定"的文化"形态"（Benedict），"世界上最不幸的事情就是竭力认定所有的文化形态都具有一个定量的稳定性"。文化永远处在发展变化中，因此，文化习得是不能（也是不会）结束的。几乎所有的文化人类学家都强调文化研究者必须不断强化自己的文化意识，以增进文化信息的感应力，而强化文化意识的途径则是学习。按照阐释学的解释，文化信息感应属于文化解码。文化解码的先决条件是识别文化信息的能力，如果存在文化信息而不能识别，则潜在的文化信息无异于过眼云烟。因此，要能够唤起文化意识、增强感应，必须发展先于识别与理解的一个"前结构"（pre-structure）。前结构的功能既是经验性的（empirical）也是能动的（dynamic），能动性来源于经验，而经验始于实践又得之于初步的认识。这样就产生了识别的能动力。文化经验亦如此。人类不具备生而有之（inborn）的文化经验。据文化人类学家的研究，人类通过实践—认识即学习过程构建的文化理解前结构的主体包括三个组成部分：文化知识结构、文化心理结构和文化的功能调节结构（有的学者认为功能调节也属于心理活动），而这一切的基础则是基本智能结构。

（三）必须将文化翻译与意义和形式同时挂钩

有一种很陈旧的观念，似乎"信、达、雅"与文化无关；意义的"信、达、雅"与文化翻译无关；翻译中，不忠于原文的意义才是个大问题；不忠于原文体现的文化，只要意义上过得去，就算不上什么问题，充其量是表达方式的问题，不应该上纲为不忠不信、不达不雅。从文化翻译的角度来看，这种观点显然是错误的。传统译论忽视文化问题受历史的局限。翻译者进入翻译过程，首先遇到的是意义理解和行文表达问题两大难题。要解决这两大难题殊非易事，因此，当时的译论主旨都集中于解难（马建忠"夫译之为事难矣，译之将奈何"；严复"译事三难信达雅"；林纾"顾译书之难，余知之最深"；梁启超"翻译本属至难之业"），其实这是很多学科和理论的初创发物期相当普遍的现象。人类认识从"知之不深"到"知之较深"及至"知之甚深"，往往有一个很长的过程。我们的任务是深化译学理论，使之逐渐接近客观实际和客观规律，而这样做的第一步是摆脱陈旧的观念。

必须明确认识到文化是意义的一部分，形式又是表意的手段。文化翻译是翻译中意义转换的一部分，二者密不可分：忽视文化来谈意义必然导致谬误，与"信、达、雅"标准相悖。

我们可以看一个简单的例子。"孟姜女"，如果不作文化分析，一定会误认为"孟姜女"的"孟"是姓，姓"孟"名"姜女"。其实，"孟"表示排行第一，即长女，"孟姜女"经文化分析后的准确含义是"姜家的长女"。

问题出在不做文化分析，使语言符号（符号形态的意义提示性）可能产生误导，因为词语的指号性不能排除所指的非同一性（non-identity）。很多汉语书籍都将"-buger"译成"馅饼"，其实"-buger"完全不同于"馅饼"，前者是"hamburger（汉堡包）"的省略式，指切成两片的圆面包，中间夹一片薄牛肉煎饼、奶酪、西红柿片等。中国的"馅饼"从做法、外形到原料与之殊异。"gripe water"指排除腹内胀气的饮用药物，有人译为"清凉剂"（"gripe"字面上有"愤怒""怒气"

的意思)。"手气不佳"指运气(尤指打牌时),有位外国译者译为"my hands are in trouble now",完全是望文生义。

综上所述,可见文化翻译研究肩负的任务是较重的,它的对策性不仅着眼于准确地"翻译出"原语的文化内涵,更着眼于研究语言文化认识论和方法论,立足于更全面、更准确地译出原语的整体含义,其中包括意(meaning)、情(emotion)、势(force)及更为广泛的行文风格问题,稍后在语义诠释和文本解读中详加论述。

为了完成上述任务,我们必须更新与文化翻译有关的观念。因此,观念更新是第一位的:不除旧则不能立新。在这里,我们必须强调,我们的立意是积极的。我们的前人为译事作了历史性的贡献,不能抹杀。所以说,我们既需要有现实感,又需要有历史观。

第三节 文化与翻译标准的多元性与互补性

多元化的方向就是:保留现有文化、吸取外来文化、传承民族文化多元化,就是不要把文化搞得单一枯燥。这是文化多元化的基础和动力。文化多元化的含义也是多层次的。它不仅仅是指在全球范围内不同民族文化的共存共荣,而且它也意味着在某单一民族国家中的传统文化对其他民族文化的宽容及必要时的吸收,最重要的是,文化多元化还是一种新思维,它要求人们从传统的一元式思想方法转变到多元式思想方法,从绝对论转变到相对论。

要谈文化多元化,据说迄今为止,有关文化的定义已经超过一百五十种,在将来数量肯定还会增加。之所以会产生这种情况,是与文化这个概念的多义性有关的;而文化概念的多义性又最有可能与文化本身的多层次性有关,人们很可能分别从不同层面上来解说文化,这也是很正常的。我们不能接受的是那种无所不包、无限泛化的文化概念,因为这是没有意义的。在这个前提下,我们认可文化整体性概念,即将文化看成是一个整体性结构,同时我们还要注意,在这个整体性结构中,一定存在着深层结构与表层结构的区别。

构成文化核心的深层结构是那些在全球性范围内将不同民族文化加以区别的文化的根本性特质,这就是本尼迪克特在《文化模式》中所说的:"文化是通过某个民族的活动而表现出来的一种思维和行为模式,一种使该民族不同于其他民族的模式。"如果是从这个方面来看待文化的根本性问题的话,那些诸如饮食文化、服饰文化、居住文化等自然会被排斥在文化核心之外。在我们看来，即使真有那么一天，人们吃同样的饭、穿同样的衣服、住同样的房子，也不会使文化导向单一的一种。正像一首为广大华人所传唱的歌："洋装虽然穿在身，我心依然是中国心。"我们在这里所说的文化核心、文化的深层结构是流淌在每个民族的心灵中、体现着不同民族特征的东西，它既是一种思维和行为模式，同时它还包括民族信仰和价值趋向等；而语言、艺术、宗教、哲学等则是它主要的客观性载体。

作为深层结构的核心文化也不同于那种在政治、经济基础之上的、属于上层建筑的文化概念。这种文化概念其实只是一种意识形态，它必须与政治、经济的发展相适应，并由此产生了不同时代的文化形态，如封建文化、资本主义文化、社会主义文化等。

对于前者而言，它与政治、经济体制密不可分；对于后者而言，它却具有一种永恒的价值，这种价值并不会随社会体制的改变而改变。赛义德认为，文化首先"意味着那些所有的惯例，诸如艺术的描写、传达和再现等，它相对独立于经济、社会和政治领域，常常存在于审美形式之中，其中一个原则性目标是追求快乐"。作为"相对独立于政治、社会和经济领域"的文化，虽然也会受到意识形态的影响，但它同意识形态的关系绝不是线型决定论式的关系，它还具有一些超意识形态的特质。一位中国的马克思主义者会致力于反对封建主义、资本主义制度，但这决不会妨碍他对中国传统文化的认同，而对传统文化的认同也绝不意味着他对传统的生产方式、社会制度的拥护。

基于文化深层结构的稳定性，它才在全球性范围内为文化的多元化提供了可能性。当然，在不同的时代，文化核心、文化的深层结构会面临不同的挑战及做出对挑战的积极回应，但所有这一切，都应该建立在保持本民族文化特色的基础之上。在此基础上，在保证本民族文化核心延续的前提下，可以无顾虑地吸收与融合来自异质文化对本民族的整体性文化发展有益的东西，从而实现在单一民族国家中文化的多元化。或者还可以走得更远些，在保证本民族文化主导性地位的前提下，对于异质文化、他者文化的核心价值在本民族国家的存在也保持一种宽容的态度，只要它不构成对本民族文化核心价值的侵害。而要做到这一切，显然都有赖于一种多元化的思想方法。

文化的基本原则就是表现，这种表现实际上是一种自我表现，是每个人内心的一种表现。因此，文化在本质上就是多元的。这种多元性同现代社会在经济上的利益分化、政治上的个体化密切联系在一起。因此，政治民主化、经济市场化都是文化多元化的动力。因此，要真正实现"文化多元化"，或者更确切一点说，在何种意义上实现"文化多元化"，我们还有很长一段路要走。随着信息化时代的来临，新的通讯交通工具、新的娱乐方式，特别是国际互联网，对人的生活方式的改变将越来越明显，对人的主观感受也将会产生越来越大的影响。

文化的多元性，促使我们在翻译时更主动地去了解熟知当今世界的更多变化，从而进行更加符合现实情况的翻译。随着社会的发展与进步，各国间的交流也越来越深，各个国家、各个民族的文化共性在不断扩大。从长远来看，世界文化的多元一体化是大势所趋。而译者的专业素质和审美能力的提升，也必然会帮助译者突破各种翻译障碍，提高大家的专业翻译水平。我们在翻译的时候常常存在着个别词汇、词组、句子难以找到合理释义的现象。其实，基本上不存在某个物体、某件事，用 A 国的语言可以解释，用 B 国的语言就无法解释的现象。关键是如何去翻译，而不是不能翻译。语言之间是互补的，互译的。翻译标准多元化并不是翻译标准的等距离的完全化，也不是翻译标准虚无化，而是追求无限种的有限性。如果依立体思维方式来看，翻译标准在理论上似乎是无穷无尽的。无穷无尽的翻译标准将意味着没有标准。但是我们要记住，我们的认识能力是有限的，提出立体思维方式只是意味着我们尽可能开拓我们的思维空间，提高我们的思维能力，并不是说我们能完全做到这一点。如果说，我们的认识能力是有限的，那么，我们对翻译标准的认识当然也是有限的。

换句话说，我们认识能力、认识范围的有限性，实际上已经规定了我们在选择为认识对象时的有限性，所以根本不用杞人忧天，担心有无穷个翻译标准暴风雨般地落在我们面前。恰恰相反，认识主体自会根据其需要来容纳相应的标准。在翻译难以兼顾"形式"与"神似"的时候，"语言信息或语义的传译"在翻译中占有优先地位。例如，"饺子"是中国人喜爱的传统特色食品之一，在英语中没有相应的词来表达，有时人们译成"dumpling"，可是此词指英美人常食用的一种水果馅或者肉馅食品，与中国的饺子并不同。

翻译没有绝对实用的标准。但是，人类在本性上绝不甘心于这种状态，他一定会发挥思维主体的能动作用，设法就他所处的具体环境作出一个相对稳定的、他认为最妥当的是非判断。否则，他就会茫然无所归。而对于翻译学者和翻译理论的研究家们而言，因为要感受世界的运动性，首先要把自己置于一个相对静止的位置上才行，人类的单向思维就有这种稳定性作用。人类文化系统本身也会提供一个较为固定的认识坐标系统提供人类使用，人类将因此比较方便的在这个坐标图上看到人自己逐步规定的、后来便习以为常的正极与负极。为了满足人类这种主观需要，同时也为了理论建构本身的需要。

一、地域文化的差异对翻译标准的制约

在汉语中，人们在描写方向是习惯使用"南北"，而英语中则是"north and south"。在汉语文化范围中，东风即是"春天的风"，是和煦温暖的，代表着春天和美好的事物；而英国地处西半球，北温带，海洋性气候，报告春天消息的却是西风。生活环境的不同，使得不同民族在对同一事物的认识上存在差异，有些食物在一种语言文化里具有丰富的内涵和外延，并且能引起美好的联想，而在另一种文化里却平淡无奇，毫无意义。比如，在中国传统文化里，耕牛是勤劳的象征，人们常把那些勤勤恳恳、任劳任怨的人比喻为老黄牛。鲁迅先生曾有"俯首甘为孺子牛"的名句。之所以如此，是因为中国自古以来就以牛耕为主，耕牛与人朝夕相处，并且勤劳忠厚，自然受到中国人的爱戴和赞誉。

二、翻译标准的统一与对立

关于翻译的标准，中外翻译理论家们提出了不同的主张，鲁迅对翻译的标准主要观点是"凡是翻译，必须兼顾着两面"，当然力求其易解，保持原著的风姿。傅雷认为："以效果而论，翻译应该像临摹一样，所求的不在形似而在神似。"美国翻译理论家尤金·A.奈达的翻译概念是："翻译就是接受语言复制出与原著信息最接近的语言等值体——首先就是其意义而言，其次就是风格而言。"这些主张虽然侧重点不同，但宗旨都是译文要忠实于准确地表达原文的意义，保持原作的风格，重视反映原作的风貌。在众多喻体中，我们发现自然现象是人类认识世界的共同认知对象。这类现象对人类来说，无古今之别、疆域之分。因此，尽管不同民族以自然现象作为预提的语境不同，传达的情感有异，但基于共同的认知经验，人们对这种比喻的接受心理大体相同。在汉语比喻中，有些比喻的表达在英语中也可以找到类似的手法，如汉语杞人忧天"to entertain groundless fears or unnecessary worries"，在英语中也有类似的比喻"be more frightened than hurt"；水中捞月"to catch the moon in the water"，在英语中的类似比喻有"fish in the air"。从以上例子我们可以看出，这类中西通用的事物在人、事方面不会产生误解，但是这种中西方通用的事物一旦与民族的特定心理因素、文化传统联系在一起的时候，在跨文化的语言交集中就会产生负载文字信息上的"超语言信息"。

翻译标准问题是翻译理论的核心问题，也是一个哥德巴赫猜想式的问题。纵观中外翻译史，上下三千年，各家各派，标准之名目，可谓繁矣，标准之论述，可谓广

矣，然而能集百家之言，折中其间，彻底、系统地解决这个问题者，还从未有过。近年来，翻译理论界种种观点层见叠出，海内海外的中国学者都在酝酿创建中国式的翻译理论体系或云翻译学。但翻译标准难题何以久攻不克？一言以蔽之：原因在于我们思维方法上的单向性或定向性。我们习惯于形式逻辑推理，习惯于认为一件事物不是A就是B，习惯于说：道路只有一条，答案只有一个，等等。对"天下一致而百虑，同归而殊途"（《易·系辞》）的古训，人们常作片面理解，即只看重"一致""同归"处，对"百虑""殊途"则斥为异端，所以一接触到实际问题，往往不知不觉地沿用了单向思维方式。无怪乎几千年来，不少翻译家总是挖空心思地要寻出一条绝对实用的翻译标准来，虽寻而不得，仍苦寻不止，因为他们认定必有这条标准在，只不过是现在研究得还不够深、不够透，未发现它而已。可是如果用逆向思维方式或立体思维方式想一想，假如天下本来就没有这条标准，你寻得出来吗？而被问者自然也可以反问：何以见得一定无这条标准呢？

三、翻译标准多元化

翻译标准多元化并不是翻译标准全元化（无数个标准），也不是翻译标准虚无化，而是追求无限中的有限性。如果依立体思维方式来看，翻译标准在理论上似乎是无穷无尽的。无穷无尽的翻译标准将意味着没有标准。所以我们要清楚地知道，我们的认识能力是有限的，我们应尽可能开拓我们的思维空间，开拓我们的思维能力，并不是说我们能完全做到这一点。如果说我们的认识能力是有限的，这样我们根本不用杞人忧天似的担心有无穷个翻译标准暴风骤雨般落到我们面前，令人一筹莫展。翻译标准多元化指的是多而有限，而不是多而无节，它意味着我们应该以一种宽容的态度承认若干个标准的同时存在，并认识到它们是一个各自具有特定功能而又互相补充的标准系统。

翻译标准的多元性是一个客观现实，并不是我们凭空抛出来强加在译者和读者头上的。古今中外的译者在翻译时，从来都没有按照一个统一的标准；古今中外的读者在阅读译作时，也从来没有按照一个统一的标准，而翻译业照样在发展壮大，并且越来越进步。如果说缺乏一个统一的标准会乱套的话，那早就乱了几千年了，无须我们现在再去打乱它，更无须我们现在突然要强迫给它一个统一的标准。而且翻译标准并非是某个翻译家随心所欲地规定出来的，而是译者、读者间长期以来达成的某种默契的结果，翻译家往往发现了一些标准可以满足一定社会条件下的特殊要求，而不是纯粹主观地发明了这些标准，从而强加在读者身上。怕乱套的人是把自己想象成了救世主，以为自己定出一条金科玉律，翻译业从此就岌岌乎危哉，寸步难行了；这种人忘掉了翻译业已存在了几千年，并无一条定规可以一劳永逸地解决一切问题。假如翻译是一种艺术，则自然遵从艺术发展的规律，试问艺术上有一条永恒不变的法规或价值判断标准吗？假如翻译是科学，则翻译自然应遵从科学发展的规律，试问科学上的原则或标准是我们随意地规定出来的吗？所以提出翻译标准多元化这个概念，不过是总结了几千年有关翻译标准的理论，主张采取宽容的态度，承认翻译上存在着具体的并行不悖的多个标准这个客观现实而已。那么，翻译是否就真的没有任何统一性呢？从纯理论上说来，既然"一致百虑，同归而殊途"，就当然存在着一个"同归""一致"之处，这就是原作。

四、多元翻译标准的互补性

只要真正明白了翻译标准的多元性，则它们之间的互补性也就不言自明了。一个翻译标准所具有的优点，正是别的翻译标准所具有的缺点。所以翻译标准的多元化本身就意味着翻译标准的互补性。各式各样的翻译标准代表了译作价值的各个方面，每个标准在各自发挥功能的同时，其实就是在和所有的标准相辅相成，起着弥补其他标准缺陷的作用。它的存在是以别的标准的存在为依据的，反过来说，别的标准的存在之所以有意义，也在于存在着相关的各种标准。翻译标准多元互补论当然不只是用来解决翻译方面的理论性问题，更重要的是可以用来解决翻译实践上的问题。对于译者来说，翻译标准多元的思想使他们不至于固执一端，囿于成见，而能博采众家之长，从有意识地欣赏多样化的译风到有系统地实践多样化的翻译手法，全面发展自己的翻译才能。对于读者来说，可以指导其培养自己的多样的审美情趣，陶冶一种兼容万物的情操，使自己具备一种多层次的译文欣赏能力，从而有助于自己根据不同的译风译作适当地吸收有效信息。对于译作来说，我们要判断其价值，将不会只运用一种标准去衡量它从而否定其价值，而是会从不同的角度、不同的层次，用不同的标准去发现、估价其多重价值。这样，我们就可能比较公平地对待译作，也能比较公平地对待译者，从而真正对原作和对读者负责。翻译标准多元化的思想可以使整个翻译事业更加兴旺发达，更有系统，更周密，更具科学性。例如，专职翻译编辑们在约译稿时，会根据不同的需要向译者提供具体的、切实可行的翻译标准，而每条翻译标准都是以特定的翻译功能、读者层次等作为依据。这样一来，译者就避免了盲目翻译。（当然，如果译者愿意盲目翻译以获得某种快感，他也可以如愿，并依据不同的翻译标准来判定自己译作的价值。）

五、文化与翻译的关系

翻译与文化密不可分。文化和交际是两种各不相同但相互联系的概念，文化通过交际习得体现和传递，而在文化交流中，翻译起着重要作用。翻译本身就是用一种语言符号对另一种语言符号进行解释的活动，是人类话语中的一种特殊交际和感知过程。可译性是文化的一个重要特质，文化在翻译活动中得以体现，只有将新文本包含在文化中，人们才能感知文化的特征和存在，从而进行文化革新。在翻译文化转向研究中，文化研究和翻译研究呈现出明显的互补性。一方面，翻译界越来越重视翻译文本的文化价值，尤其是在接受文化特征方面。韦努蒂（Venuti）把翻译特征形成能力称为翻译参与能力，这种能力既能保证文化的凝聚力和异质性，又能使文化按其独特方式发展，还能促使文化进行自身更新。[①] 另一方面，文化研究也开始重视文化特征这一概念，人们已达成一种共识，社会若要表现特定特征，必须重视其文化特征。要充分理解一个国家的政治、社会、经济和技术的发展，首先要理解其文化特征，这也被称为文化转向。赛格尔斯指出，在构筑特定社会特征方面，文化特征是决定因素，这就是文化转向。这同时意味着，在当代，不仅政治和社会的发展，而且经济和技术的发展，无论其具有全球性还是地区性特点，只有通过文化特征这一概念才能理解。

但是，目前尚未有一个基本概括性理论能把文化研究全面系统地整合起来，文化研究者对文化的定义纷繁复杂，因此，文化系统理论难以形成。不过，在翻译研究领域，学科目标的定义范围就相对狭窄一些。尽管翻译研究的文化问题范围较小，但翻译研究试图解决文化研究所面临的问题。因此，文化和翻译互补，翻译也是一种解释文化机制的活动。

翻译在尊重差异的前提下，可以协调或沟通不同文化传统。翻译由译者支配，译者为了译出适合目的语文化的译本，就把源语文化看作是可以完全理解的。译者在理解源文本和吸收文化过程中遇到的阻力则被视为文化转换的限度。出于对文化差异的尊重，译者在翻译过程中总把注意力集中在文化差异上，但译者若试图超越文化差异，把各种文化传播到全世界，这并非易事。翻译提供了对待文化差异的方法。译者把注意力集中在文化差异上，用尽可能令人满意的方法解决文化差异，提高文化翻译的限度。翻译研究领域理论成果的迅速发展让我们对文化差异性有了更深的理解。因此，翻译有助于我们把语言、语言学和文化研究中的知识和方法结合起来，运用到翻

---

① Lawrence Venuti, *The Scandals of Translation: Towards an Ethics of Difference* (London: Routledge, 1998).

译实践中。翻译学科的中介功能使我们能够整合不同文化、不同学科、不同视角下的学习经验和方法论。

翻译还能提高译者的文化能力（cultural literacy）。文化能力这一概念由罗素·伯尔曼（Russell Berman）提出，他认为文化能力对翻译工作具有重要意义，因为文化能力可以使译者意识到学习另外一种文化所要达到的目的。伯尔曼说："翻译过程中的'思考'，我指的是超越对相异文化的热情想象，以知识为基础，达到一种理解文化的能力。这个术语的另外一个含义是学习另外一种文化的人必须具有自我思考的能力。学习文化的目的不是要达到像学习母语那样所达到的终身掌握的程度和理解的水平，而是要探索两种文化之间的辩证共鸣关系。"在翻译过程中，译者通过对比不同文化，理解文化差异，运用恰当的翻译策略把文本从一种文化置换成另一种文化，从而实现两种文化间的"辩证共鸣"。

总之，主标准和次标准的价值、时间性和空间性都是相对的。由于主标准依时间、空间及认识主体人的种种关系的不同而发生改变，故我们称之为可变主标准。可变主标准并不是总标准或最高标准。我们只承认在变动不居（变动不居指事物不断变化，没有固定的形态）的具体条件下会有主标准存在，却不承认有一个永恒不变的、贯彻始终的、唯一的、可以判断一切译作价值并具有实用性的总标准。尽管任何具体标准都不可能代表所有人的审美观和价值观，任何标准都会得到支持和反对，我们并不排斥相对中有绝对、无限中有有限这种观点。一般说来，主标准通常被我们看作能代表比较多的人的价值观。不但如此，这种标准也具有相对的稳定性，否则人们就无法使用它们了。但在整个翻译历史长河中，各种标准的稳定性是相对的，变异性却是绝对的。

综上所述，由于翻译具有多重功能，人类的审美趣味具有多样性，读者、译者具有多层次，翻译手法、译作风格、译作价值因而势必多样化，而这一切最终导致具体翻译标准的多元化。在整个翻译标准系统中，绝对标准一元化是和具体标准多元化既对立又统一的。翻译的标准系统构成方式是：绝对标准（原作）—最高标准（抽象标准最佳近似度）—具体标准（分类）。绝对标准是最高标准的标准，最高标准是具体标准的标准。在原作、译作对比关系中，近似度不仅表示线性的、层面的关系，而且表示一种立体关系，各标准在"原作—译作"立体关系中的位置决定了各个标准的价值、时间性和空间性，并具有相对性。这样一来，就推翻了传统的企图建立起一个唯一的、能判断一切译作价值并指导翻译实践的、实用具体翻译标准的设想。同时，翻译标准系统内部存在着可变主标准和可变次标准的辩证运动。各个具体标准相对于其余的标准，从这点来说，都具有互补性。总之，多元化翻译标准植根于人类对翻译作品、翻译实践的多样化要求，并由于翻译本身反作用于人类社会的多重性功能，而日益强化其多元互补特性。

第二章 文学翻译综述

不同民族有着不同的文化,他们之间既有共性,也有个性;既有联系,也各有独特的文化要素。正是共性和联系为跨文化交流与翻译提供了主要的可行性依据和基础;而不同文化所具有的个性、独特的要素或是特点构成了一种文化与另一种文化进行交流的障碍。从这个角度来看,文学翻译难,难就难在文化背景知识的理解和表达上。翻译显然不仅仅是一个语言转换,更是一个文化传播、交谈和融会的过程。翻译同文化因素、背景知识和内在的价值观有很大关联,并受它们的影响和制约。一般来说,翻译中的单纯的语言障碍比较容易克服。但要克服文化上的差异及其在语言上的反映却比较困难。显然,翻译是一个把一种语言内涵用另外一种语言来表达的复杂的文化信息交换过程,必然涉及与语言有关的方方面面和各种各样的文化因素,这些都是跨文化交际翻译要涉猎的问题。

第一节 翻译理论概述

一、翻译的定义

使用不同语言的人们在交际中必须借助于翻译,否则交际便不能有效地进行。那么,翻译究竟是什么呢?应该如何给翻译下个定义呢?国内有关翻译的论著大多把翻译定义为:用一种语言把另一种语言形式里的内容准确再现出来的语言实践活动,也就是把一种语言产物在所包含的内容信息不变的情况下改变为另一种语言产物的过程。美国的翻译理论家尤金·A. 奈达给"翻译"下的定义是:翻译就是用接受语复制出与原语信息最接近的自然等值体——首先就意义而言,其次就风格而言。(Translating consists in reproducing in the receptor language the closest natural equivalent of the source language message, first in terms of meaning, and second in terms of style.)翻译是人类交流思想过程中沟通不同语言的桥梁,使通晓不同语言的

第二章 文学翻译综述

人能通过原文的重新表达而进行思想交流。也就是说，翻译是把一种语言（即原语）的信息用另一种语言表达出来，使译文读者能明白原作者所表达的思想，得到与原文读者大致相同的感受。这里所谓的"感受"，就是指信息接收者对信息产生的反应，包括对信息概念的认识、理解，以及通过信息的思想感情所受到的感染、影响等。近年来，翻译界争论的焦点问题之一是翻译到底是科学，还是艺术。自20世纪中叶起，许多翻译理论家都认为翻译是一项有规律可循的活动，并非完全靠天才或灵感，可以像描写语言那样，对翻译程序和翻译方法进行客观的、科学的描写，并使之公式化、模式化。所以，翻译是门科学。例如：

She pricked up her overcoat collar and then put her hands into her pockets.

这是个非常简单的句子，但如何处理三个"hers"却是值得研究的。有些英语初学往往将其译成："她把大衣领子立起来，接着又把她的双手插进她的衣服口袋里。"乍一看，这个译文非常忠实于原文，真可谓逐词翻译，一丝不苟。但事实上，那么多的"她的"在汉语中是没有必要的，讲汉语的人只说："她把大衣领子立起来，双手插进衣袋里。"再如：

People in this village all like to send their children to that school.

这也是一个简单句，句子的表层意思是：这个村子里的人都愿意把孩子送到那所学校去。但这种译文并没有完全反映出原句的深层含义。原句的深层含义是这个村子里的人都愿意把孩子送到那所学校去学习。原句中只有一个谓语动词"like"，另一个动词"send"被用作不定式短语。而在译句中，"愿意""送去""学习"等都是动词。这也反映了汉语动词用得多的个特点。稍加留意，我们还会发现更多的实例。例如：

At huge risk, Henson and his wife set off with their four children.

汉森和妻子冒着极大的风险带着四个孩子上路了。

还有，时间状语和地点状语在英汉两种语言中的表达上也有规律可循。例如：

He died of illness in a British hospital in Jan. 12, 1988.

他于1988年1月12日在一家英国医院里病故。

原句中的"Jan.12,1988"是英语的习惯表达，而汉语则说"1988年1月12日"。从以上分析中不难看出，即便翻译一些简单句，也是有规律值得研究的。通过研究，可以找出两种语言之间的差异及一些内在的转换规律。然而，持反对意见的人，即认为翻译是一门艺术的人则认为翻译过程是一种再创造的过程，不可能公式化、模式化；翻译的再创造才能是天生的，仅依靠翻译理论是无法造就出翻译家的，正如文学理论不能造就出文学家一样。持这种观点的主要是一些翻译家、作家。刘重德教授在他的《文学翻译十讲》一书中引用过《毛泽东选集》的翻译，其中提到下面这个句子的翻译：

匪军所至，杀戮人民，奸淫妇女，焚毁村庄，掠夺财物，无所不用其极。

Wherever the bandit troops went, they massacred and raped, burned and looted,and stopped at nothing.

原文作者在揭露了匪军犯下的滔天罪行时，使用了四个结构平行的短语，使得整个句式简洁、紧凑、有力。整个句子读起来非常流畅，有一气呵成之感。其英译也非常完美，不仅充分传达了原句的思想和感情，也成功地保留了原句简洁、精炼、紧凑、有力的风格。译者有意省译了原文中的四个宾语，"人民""妇女""村庄"和"财物"。这就是说，四个及物动词"massacre""rape""burn"和"loot"被用作不及物动词，但根本没有损害句子的原意。同时，译者还使用了修辞手法，如连接词"and"使用了两次，用来连接两对动词，构成一种平衡的句式。当然，这个句子也可以用不同的方法来副译。四个动词仍按及物动词来译，后面的宾语保留，只用两个"and"连接后面两个短语，译成：

Wherever the bandit troops went,they massacred the people,raped the women,burned the village and looted the property, and stopped at nothing.

毫无疑问，这种翻译从语法结构上看是没有什么问题的，但上面提到的原文中的风格特征就会受到不同程度的破坏。艺术派强调用另外一种语言来再造译品，强调翻译的效果，坚持认为翻译跟写作一样，都要付出艰苦的努力，所以都是一门艺术。我们都知道写作是非常艰苦的，不是每个人都能写好。一位作家要想写好自己的作品就要具有丰富的生活经验，并积累大量的写作素材。更重要的是，他还必须善于创作，只有这样才能创作出令人满意的作品。相比之下，翻译甚至更难。郭沫若在谈论文学翻译工作时曾经说过："翻译是一种创造性的工作，好的翻译等于创作，甚至还可能超过创作。这不是件平庸的工作，有时候翻译比创作还要困难。创作要有生活体验，翻译却要体验别人所体验的生活。翻译工作者要精通本国的语言，而且要有很好的外文基础，所以它并不比创作容易。"

我们还记得严复在许多年前发表的那句著名言论"一名之立，旬月"。这就是说，就连严复一句也要花上一月的时间来反复思考和推敲。鲁迅也曾说过，每当遇到难以翻译的东西时他往往冷汗直冒。那么，翻译为什么那么难？其原因主要在于原文的内容和风格必须以一种截然不同的语言来加以表现，不管障碍有多大，都要想办法挨个克服。所以，翻译的过程实际上就是一种再创造的过程。

当然，有些理论家的观点还会随着时代的发展而发生转变。在20世纪70年代以前，被西方尊为现代翻译科学鼻祖的奈达先生一直认为翻译是科学，而70年代后却又认为翻译是艺术，并且强调译者的天斌。与之相反的是，著有《西方翻译简史》的谭载喜先生，在20世纪80年代认为翻译本身不可能是科学，只能是技术或艺术，而90年代却又赞同"翻译是一种科学"的观点。还有一些学者综合两种观点，提出翻译既是科学，又是艺术。由此可见，翻译在翻译研究中所表现出的科学特性和它在翻译实践中所呈现出的艺术特性，实在让人难以定夺。这也说明我们对翻译本质等基本问题的认识还不十分清楚，对这些问题的研究还有待于进一步完善和系统化。

翻译从某种程度上说是一项不可为而又不得不为的活动。它既是语言活动又是思维活动，是同时运用两种语言表达思想内容的活动。它涉及不同语言、不同文化、不同风俗习惯及不同的思维方式等一系列问题。翻译是一种由此语到彼语的逻辑思维过程。这个过程又必须置于交流之中，本身有其理论方法和技巧。翻译是以完全不同于原文形式的译文传达原文信息，所以必须尽可能准确无误。翻译是再创造，是在创造等值，但又只可能是相对的等值。翻译的等值是意义等值，是信息等值或语境等值，而不是字词等值、词义等值。因此，翻译在某种意义上说又是解释，是对原文的巧妙分析。绝对准确、完整的翻译是不存在的。翻译自身产生成果，这个成果就是译文。译文读者能否得到与原文读者大致相同的感受是衡量译文质量的重要标准。

概括地说，翻译是门正处于探索中的科学。说它是科学，因为它有着自己的内在科学规律。它具有描写性，可以像描写语言一样对其程序和方法进行客观的、科学的描写，使之公式化。翻译更是一门艺术，因为它有创造性，它再现原作内容的过程就是一种再创造的过程。在这过程中，译者要在甘受原作的局限、忠于原作意图的条件下，运用译语语言上的美学知识来重新塑造原文中已塑造出的形象。翻译还可以认作一门技能，因为就其具体操作过程而言，总是离不开方法和技巧的。但是总的看来，翻译是一门综合性的学科，因为它集语言学、文学、社会学、教育学、心理学、人类学、信息理论等学科之特点于一身，在长期的社会实践中已经拥有了自己的一套抽象

31

的理论、原则和具体方法，形成了自己独立的体系，而且在相当一部分的语言材料中这些方法正在逐渐模式化。可以肯定，随着时代的进步和科学的发展，翻译这门综合性的学科必将在理论和实践等方面变得更加完善。

二、翻译的特性

翻译的特性可以大体归纳为三种：受制约性、局限性、先理解后表达。

（一）受制约性

既然翻译是用一种语言形式把另一种语言形式里的内容再现出来，那么，翻译所表达的就不可能是译者自己的思想、感情、观点和经历等，也就是说，译者不是在说自己想说的话，不是在像作者那样自由地表达自己的思想，自由地遣词造句，自由地使用自己喜欢的表现风格。原文作者写作时，不想说的话可以不说，不愿提的事可以不提，不熟悉的事物可以轻描淡写，不明白的东西可以避而不谈，而译者却没有这样的自由。译者对原作的思想内容、篇章结构、表现手法等不管喜欢与否，都无权改动，无权按照自己的主观意愿来舍此取彼。一句话，译者决不能随心所欲。这就是翻译的受制约性。

（二）局限性

这里所说的局限性，是指翻译会受很多因素的影响和制约，从而造成一定的局限性。比如，翻译年代久远的作品，由于时代的变迁，译者就可能对原文里的某些东西理解不透。连译者本人都没搞清楚的东西，译成译文拿给读者去看，后果可想而知。

两种不同语言的词与句并不是对等的关系，而词、句的意义也随着不同的上下文的变化而变化。同一个句子在不同的上下文中可以有不同的意思，同一个意思可以用不同的方式来表达。这种变化错综复杂，令人难以捉摸，这就决定了在两种语言之间依据一定的规律进行对等转换是不可能的。所以，两种语言之间在表达方式上的差异也造成了译文的局限性。造成译文局限性的最重要的因素是文化差异。汉英两种语言分别属于东西方两种不同的文化，它们之间存在着很大的差异。这是因为不同的民族使用各自语言的背景不尽相同。从地理、历史、政治、经济、教育、文艺、宗教信仰、社会制度到生活方式、风土人情、民族心理、道德标准等，无不带有各自民族的特色。译者要通过原作来了解原始思想，然后再用译语将其表达出来，这种从理解到表达的过程并非一帆风顺，有时甚至是障碍重重，翻译的局限性也就在所难免。

（三）先理解后表达

翻译比用原语写作多了一个过程，即理解的过程。用原语写作或说话只有过程，那就是表达的过程。当然，原作者必须是先有思想，然后再表达。而翻译虽无须先有思想，但必须先理解原文的思想，也就是先去了解、体验和捕捉原作的创作意图、思想内容、表现手法等，然后用译语将其表达出来。所以说，翻译必须经过理解和表达两个过程，也就是先与原文作者交流，再与译文读者交流。

三、翻译的标准

翻译的标准（Translation norm/criteria/standard）是翻译中的一个基本问题。凡事皆有标准，翻译也不例外。翻译的标准作为翻译的原则和要求，对翻译活动起着指导性作用，是翻译活动必须遵循的准绳，是衡量译文质量的尺度，也是翻译工作者要努力达到的目标。翻译的标准一向被认为是翻译理论的核心问题。几乎自有翻译活动起，就有对翻译标准的阐述。古今中外的翻译家都曾对此做了大量的研究和探索，但这一问题至今尚未得到彻底解决。许多人最终认定翻译没有定规或公式可循。因为同样一篇文章，经不同的译者翻译，其译文可能五花八门。如中国四大古典小说之一《水浒传》在英语中定名之前就曾经有过几种不同的译名："All Men Are Brothers; Heroes of the Marsh; The Saga of Number 108; Outlaws of the Marsh and The Rebels in Water Margin"。故事中的一百零八人在热爱、崇拜或尊敬他们的人看来就是"brothers"或"heroes"；而在不喜欢他们的人眼中则为"outlaws"或"rebels"。但最终"Water Margin"被选定并得到了广泛的接受和认可，因为这个译文很客观，里面不掺杂译者个人的好恶等感情色彩。由此可见，翻译历史题材的作品一般应采取客观公允的态度。

对于翻译的标准问题，不同时期、不同学派的翻译家都曾提出过各自的观点。虽然至今尚未达成一致意见，也就是说，尚未定出一个公认的标准，但似乎已经取得了共识，那就是，必须尽快制定出一套翻译标准，因为翻译标准是衡量翻译质量高低的尺度，没有这个尺度，翻译工作者就无法可循，就没有努力的方向，也就不能保证译文的质量。探讨翻译标准问题，有必要将一些曾提出过的、较有影响的翻译标准做一番比较。

（一）严复的标准

19世纪末，著名翻译家严复在《天演论》中提出"信、达、雅"这一翻译标准，对后世影响很大。他的论点是："译事三难：信、达、雅，求其信已大难矣，顾信而不达，虽译犹不译也，则达尚焉。'至原文词理本深，难于共喻，则当前后引衬，以显其意。凡此经营，皆所以为达，为达即所以为信。'又曰：'言之无文，行之不远。'

故信达而外，求其尔雅。"

严复的"信"指的是译文应该抓住全文要旨，个别词句可以灵活掌握，只要不失原意，不必斤斤计较词句的对应和顺序。严复认为"达"是非常重要的，只信而不达，译了等于没译。做不到"达"，也就谈不上"信"。而要想做至"达"，译者就必须首先认真通读全文，做到融会贯通，然后再动笔翻译。"雅"是指"古雅"，要采用汉代以前使用的古文。一句话，"信、达、雅"的标准就是忠实于原著，文笔流畅，字句典雅。后人对此标准褒贬不一。但绝大多数人认为，虽然严复对"雅"的解释在今天看来不足为取，但就总体而言，他提出的标准仍不失为一个好的标准。因为这个三字标准十分精辟，尤其"信、达"之说，几乎从未有人提出过异议。

（二）鲁迅的标准

鲁迅非常反对把"雅"作为翻译的标准。他说："最可叹的是几位雅人……都只能在呻吟古文时，显出高古品格；一到讲话，便依然是'鄙里浅陋'的白话。"他在理论结合实践的基础上提出了"信"和"顺"的翻译标准。他说："凡是翻译，必须兼顾两面：一当然力求其易解，二则保存着原作的风姿。"

（三）傅雷的标准

傅雷一向强调"重神似不重形似"的翻译观。他在1951年9月写的《高老头》重译本序言中说："以效果而论，翻译应当像临画一样，所求的不在形似而在神似。"然而，要做到神似又谈何容易！他又说："以实际工作论，翻译比临画更难。临画与原画，素材相同（颜色、画布，或纸或绢），法则相同（色彩学，解剖学，透视学）。译本与原作，文字既不同，规则又大异。各种文字各有特色，各有无可模仿的优点，各有无法补救的缺陷，同时又各有不能侵犯的戒律。像英、法，英、德那样接近的语言，尚且有许多难译的地方；中西文字的扞格远过于此，要求传神达意，铢两悉称，自非死抓字典，按照原文句法拼凑堆砌所能济事。"由于两种文化间存在着差别，"形似"和"神似"往往不能兼得。在这种情况下，应该舍"形似"而取"神似"。

（四）钱锺书的标准

中国当代最令人骄傲的社会科学家之一钱锺书，也对翻译理论做出了杰出的贡献。他的"化境"之说，虽然很难被人接受为翻译的标准或原则，却指出了翻译艺术的极致。他说："文学翻译的最高理想可以说是'化'。把作品从本国文字转变成别国文字，既能不因语文习惯的差异而露出生硬牵强的痕迹，又能完全保存原作的风味，那就算得入于'化境'。""化境"之说是对"传神"论的进步与发展。所谓"化境"，就是原作向译文的"投胎转世"，文字形式虽然改换了面貌，而原文的思想、感情、风格、神韵等都原原本本地化到译文的境界里了，丝毫不留下翻译的痕迹，让译文读者读译作就像原文读者读原作一样。还有一些翻译理论家也提出过各自的翻译标准，如陆殿扬的"信、达、顺"、陈西滢的"形似、意似、神似"、林语堂的"忠实、通顺、美"等。国外一些翻译家对翻译的标准也有过深入的探讨和研究。18世纪末，英国的亚历山大·F.泰特勒提出了译事三原则："A translation should give a complete transcript of the ideas of the original work（译文应完全复写出原作的思想）；The style and manner of writing should be of the same character as that of the original（译文的风格和笔调应与原文的性质相同）；A translation should have all the ease of the original composition（译文应和原作同样流畅）。"费道罗夫给"合格的翻译"下的定义是："所谓合格的翻译就是一种译文读起来跟原文一样使人愉快，而又忠实于原文的精神、意思和风格。"

许多专家学者都认为翻译应该有一个统一的标准，认为建立科学的翻译标准，对于翻译理论的形成与发展，指导翻译实践有着重要的意义。翻译工作者起码应该做到"忠实与通顺"，因为"忠实与通顺"是最基本的要求。但是，作为翻译标准，光有忠实和通顺还不够，这里还应有个风格问题，也就是传神问题。这一要求可以看作较高层次上的要求。从大体上看，各家对翻译标准虽然说法不一，但在总体上还是能够达到一种共识的，这种共识可以用六个字加以概括，那就是"忠实、通顺、传神"。忠实，指的是忠实于原作。译者必须把原作的思想及内容准确而又完整地表达出来。要绝对尊重原作，保留原作的风姿，不得肆意歪曲窜改。当然，绝对的忠实大概只是一种理想，事实上很难做到。林语堂先生也曾认为翻译的绝对忠实是不可能的。他说："译者所能谋达到之忠实，即比较忠实之谓，……一百分的忠实只是一种梦想。翻译能达到七八成、八九成之忠实，已为人事上之极端。"通顺，指译文的语言要通俗规范，力求译文朴实、清新、生动，没有牵强附会、文理不通或结构混乱的现象。传神，就是要保持原作的风格，尤其是搞文学翻译，更要求传神。译作不仅仅要表达原作的思想内容、故事情节，还要表达原作的情感、意境、风格、韵味等，以使译文与原作一样，具有丰富的艺术感染力。"忠实、通顺、传神"可看作是翻译的最高标准，是一种理想的境界，译者只有在实践中千锤百炼，才能逐步接近这个标准。

第二节 文学翻译概述

一、文学翻译的界定与性质

（一）文学翻译的界定

谈起文学翻译的界定，首先需要讨论什么是文学。所谓文学，就是一种运用语言媒介创造艺术形象、表达思想情感的审美类的社会意识形态。文学有三个基本要素，即真实（truth）、想象（imagination）和美感（beauty）。只有具备了这三个要素，文学的价值才得以体现。康德认为，文学和美学有着密切的关系。文学是美好的，文学的各部分在协调统一中实现文学艺术作品本身或蕴含在其中的艺术。文学作品中的"情"能够给读者带来一种审美的享受，悲或喜，都能够引起读者的共鸣。文学是语言的艺术，尤其是纯文学表现出来的对美的向往和真的揭示，体现了文学的独特性。[1]文学语言具有"诗的功能"，体现了自身指向性。卡勒（Jonathan Culler）提出了关于文学本质的五种观点：

第一，文学是语言的"突出"。语言结构中的"文学性"使其体现出与其他目的语言或作品不同的特点。

第二，文学对文本中的语言起着整合的作用。文学将文本中不同语言层面的多种要素和成分结合为一种密切而复杂的关系，使不同的结构之间，如语法结构和主题模式之间、声音与意义之间既可以是对比与强调的关系，又可以是同义强化的关系。

第三，文学是虚构的。文学作品中的表述投射出的是一个虚构的世界，其中的故事人物、叙述者、隐含的读者都与现实世界有一种特殊的关系。

第四，文学中的语言具有美学作用。

第五，文学是互文性的或者自反性的建构。

米勒（J. Hillis Miller）进一步将"文学是虚构的"这一观点解释得更为透彻。他认为，"文学是一种词语的运用，经过读者的阅读而使故事情形得以发生"，"文学是世俗的魔法"。[2]

---

[1] 尹筠杉：《浅谈文学翻译的"再创造"艺术——以英译汉经典诗歌翻译为例》，硕士学位论文，湖北师范学院，2014，第3页。

[2] J. Hillis Miller, *O Literature M* (London &New York: Routledge, 2002), p.16—45.

第二章　文学翻译综述

清楚了什么是文学，下面就来分析文学翻译。概括来说，文学翻译可以从多个角度进行理解。

第一，不同语言的文学文本之间的转换可以简单地理解为文学翻译。

第二，文学翻译包括整个接收过程的文学文本的翻译实践[①]，如原语的文本形式、选择、流入，译者的语言素质、知识素养、翻译思想、语际转换，译作的出版、发行，译文读者的阅读、批评等。

第三，跨文化的翻译活动，包括古典文献的翻译、宗教文本的翻译等。在这一层面上，译者与作者多多少少会存在时空上的差异，即使译者对原作有着相当程度的理解，甚至对作者的生活状况、写作情境、写作意图等有深刻的体会，在进行跨文化的翻译活动时，还是要保持一种正确的阅读姿态。也许是居高临下的批评，也许是虔诚的欣赏，不仅是对作品，还包括对作者。此外，文学翻译与非文学翻译的主要区别有两点：

第一，所属范畴。文学翻译属于艺术范畴，因为其翻译的客体是文学艺术作品。而非文学翻译的客体是自然科学或社会科学作品，如数学、物理学、经济学著作等，因此其属于非艺术范畴。

第二，传达内容。文学翻译除了传达原作的故事情节等基本信息外，还要体现原作中的艺术性和审美性。实际上，翻译的审美性在翻译时具有更大的难度，因为作品中的艺术审美信息是抽象的，难以捉摸的，是一个相对无限的"变量"。以李清照的《如梦令》为例：

如梦令
昨夜雨疏风骤，浓睡不消残酒。
试问卷帘人，却道海棠依旧。
知否，知否？
应是绿肥红瘦。

如果在翻译时只传达基本信息"昨天夜里雨点稀疏，风很大，熟睡一夜，醒来依然有酒意。外面的海棠花绿叶繁茂，红花凋零"，而没有在理解原文的基础上进行再创造性的艺术加工，只是一种纯粹的解释性的语言，就无法传达出原文中的美学价值，翻译的任务也没有真正完成，不是真正的文学翻译。非文学翻译的主要任务是传达原作中的观点、定理、事实、理论、学说、思想、数据等相对"稳定"的基本信息，其可以简单地理解为"信息传递性翻译"。

[①] 彭建华：《文学翻译论集》，浙江大学出版社，2012，第2页。

（二）文学翻译的性质

文学翻译具有相对忠实性、模仿性和创造性的特质。

1. 相对忠实性

文学翻译是一种艺术形式，其与非文学的翻译要求忠实于原文，达到等值或等效是不同的，文学翻译绝不可能绝对忠实于原作。这有多方面的原因。首先，读者的差异。不同地域、不同时代、不同文化水平、不同的读者会对译作产生不同的理解和感受。从这个意义上讲，译者就无法完完全全地将原作的思想、美感和艺术价值"同等"地传达给每一位读者。其次，译者的差异。译者的文学素养及生活阅历、知识储备、文化修养、语言水平等都影响着自身对于文学和原作的理解，这也正是有许多文学经典在各国都流传多种翻译版本的原因。例如，《浮士德》在苏联就有二十多种译本，《红与黑》在我国也有多种译本。最后，不同语言间的差异。文学翻译中的原作与译作是两种不同的语言，二者的文学性是不同的。这一点毋庸置疑，有些用特殊的语言体现出来的文学性是无法翻译的，如中国古诗词中的韵律和节奏，在英语中是无法表达出来的。另外，在文学翻译中也会出现文学性增加的情况，如将唐诗翻译为英文后，少了汉语中的韵律和节奏感，但增加了英语的韵味。例如，美国诗人庞德（Pound）翻译的李白《长干行》中的部分语段。

长干行

妾发初覆额，折花门前剧。

郎骑竹马来，绕床弄青梅。

同居长干里，两小无嫌猜。

十四为君妇，羞颜未尝开。

低头向暗壁，千唤不一回。

十五始展眉，愿同尘与灰。

常存抱柱信，岂上望夫台。

庞德译：

The River-Merchant's Wife: A Letter

While my hair was still cut straight across my forehead,
I played about the front gate, pulling flowers.
You came by on bamboo stilts, playing horse,
You walked about my seat, playing with blue plums.
And we went on living in the village of Chokan:

Two small people, without dislike or suspicion.
At fourteen I married My Lord you.
I never laughed, being bashful.
Lowering my head, I looked at the wall.
Called to, a thousand times, I never looked back.
At fifteen I stopped scowling,
I desired my dust to be mingled with yours,
Forever and forever and forever.
Why should I climb the look out?

译文虽然少了汉语中的韵律，但节奏感强，意象丰富，短句间的停顿给读者留下了充足的想象空间。文学翻译的相对忠实性还体现在其创造性上。文学翻译是以原作为基础进行的二度创造，因此不可能完全忠实于原作。

2. 模仿性

古今中外，人们都在强调艺术作品对自然的模仿。模仿的艺术，认为文学是模仿现实世界的，如德谟克利特（Democritus）就认为人类是模仿天鹅等鸟类的歌唱而学会唱歌的。苏格拉底（Socrates）主张艺术的创作，如画像、雕刻等都应使人觉得"像是活的"。亚里士多德（Aristotle）进一步肯定了艺术模仿现实世界的真实性，他将绘画、诗歌、雕刻等艺术形式称为都拥有"摹仿"的功能。我国西晋文学家陆机也观察到了现实客观世界是文学创作的源泉，如其在《文赋》的开篇中写道：

伫中区以玄览，颐情志于典坟。遵四时以叹逝，瞻万物而思纷。悲落叶于劲秋，喜柔条于芳春。心懔懔以怀霜，志眇眇而临云。咏世德之骏烈，诵先人之清芬。游文章之林府，嘉丽藻之彬彬。慨投篇而援笔，聊宣之乎斯文。

由此可见，人们在长期的文学创作中，都注意到了创作与自然及艺术与客观世界之间的紧密联系。而文学翻译本身就是一种艺术的表现形式，准确地说，是对原作进行模仿的艺术文学翻译的模仿性要求译者在尽力传递作品信息的同时，还要兼顾语言的表现形式、作品文旨、风格特征、时代氛围及作者的审美情趣等。

3. 创造性

文学翻译的审美价值充分体现了其创造性，其涉及多方面的因素，包括译者的想象、情感因素和认知因素等。译者在与原作双向互动的基础上，领略原作的文学意境并根据自己的理解创作原文，准确传达原文的艺术意境，力求译作的"美"与原作等值。这个互动的过程就体现了译者对原作的审美创造。茅盾曾指出:"文学的翻译是用另一种语言将原作的艺术意境传达出来,使读者能够在译文中得到与原文中一样的启发、感动和美的享受。"林语堂也指出:"凡文字有声音之美,有意义之美,有传神之美,有文气文体形式之美,译者或顾其义而忘其神,或得其神而忘其体,决不能把文义、文神、文气、文体及声音之美完全同时译出。"由此可以看出求"美"的重要性。英国诗人、翻译家爱德华·菲茨杰拉德(Edward Fitzgerald)将波斯诗人莪默·伽亚谟(Omar Khayyam)的四行诗《鲁拜集》(*Rubaiyat*)译成英文,并在1895年出版。译文生动传神,深深打动了英国读者,成了英国文学中的名著,对19世纪英国的诗风产生了一定的影响。菲茨杰拉德的独特诗风在世界范围内掀起了转译其作品的风潮,也使原诗作者声名鹊起,在诗坛上占有一席之地。有学者甚至称菲茨杰拉德为翻译家。之所以称他为翻译家,是因为缺少一个更好的名字来形容他。他的作品是受了一个诗人的作品之灵感而作的。一个诗人的作品,而不是翻译,这是诗的灵感的再现。① 下面是摘自菲茨杰拉德译作第一版中的第七十三首,也是被称为"全集中的最强音"的一首。

> Ah! Love, Could thou and I with Him conspire,
> To grasp this sorry Scheme of Things entire,
> Would not we shatter it to bits—and then
> Remould it nearer to the Hearts Desire!

直接译自波斯文的三个汉语译本。

张鸿年译:

> 如若能像天神一样主宰苍天,
> 我就把这老天一举掀翻,
> 再铸乾坤,重造天宇,
> 让正直人都称心如愿。

邢秉顺译:

> 若能如造物主主宰世界,
> 我将把苍天彻底推翻;
> 创造一个崭新的世界,
> 让善良人们实现夙愿。

---

① 邵斌:《翻译及改写:从菲获杰拉德到胡适》,《北京第二外国语学院学报》2010年第12期。

张承志译：
>   若能像亚兹丹神驾御天穹，
>   我便把这层天，从中拿掉。
>   并重新另造一个天空，
>   使自由的心儿，快乐如愿。

将菲茨杰拉德的译本和直接译自波斯文的三个汉语译本进行对比，可以发现非茨杰拉德的改写获得了巨大的成功，他背离了大师的步伐，甚至重新勾勒出了一个新的整体。他用自己的语言重塑原诗的精神，对当时维多利亚时代僵化的道德常规提出了挑战，引起读者强烈的共鸣。

二、文学翻译的标准与过程

（一）文学翻译的标准

不同学者对文学翻译标准的理解是不同的，他们从多个侧面、多种角度入手，彼此之间既有共性，又存在差异。在西方有费道罗夫（Alexander V. Fedorov）的"等值翻译"，尤金·奈达（Eugene A.Nida）的"形式对等"和"动态对等"，泰特勒（Alexander F.Tytler）的"翻译三原则"，塞莱斯科维奇（Danica Seleskovitch）的"翻译释意"等。在中国有严复的"信、达、雅"，鲁迅的"宁信而不顺"，傅雷的"神似"，林语堂的"忠实、通顺、美"，钱锺书的"化境"等。

以上种种翻译标准，虽然具有一定的指导性，但有时过于抽象和概括，在实际翻译过程中的可操作性不强，还需要一些具有参考性的具体指导方法。我国现在推崇的翻译标准就是严复的"信、达、雅"与林语堂的"忠实、通顺、美"标准。"忠实"与"信"、"通顺"与"达"都是很相似的，"美"的内涵却要远比"雅"宽泛得多。"美"是"雅"的继承与创新，是人们审美的产物。下面对林语堂的翻译三重标准进行翔实地分析与论述。

1. 忠实

忠实就是要忠于原作，原作的内容、思想、情感等能在译作中得到充分体现。林语堂的"忠实"标准无论是在当时还是在今天，都具有普遍的适用性和启示性。

下面就以"忠实"的标准对《廖承志致蒋经国先生信》的两个英译本进行赏析，其中的一个英译本是新华社的翻译（以下简称新译），另一个英译本是张培基的翻译

（以下简称张译）。①

原文：南京匆匆一晤，瞬逾三十六载。

新译：It is now 36 years since our brief rendezvous in Nanjing.

张译：It is now more than 36 years since our brief encounter in Nanjing.

忠实标准要求译文不仅要完整地表达原文的内容，还要与原文的语言风格保持一致。张译中的"…now more than…"与新译中的"…now…since…"相比，更加精确地翻译出了"逾"字的真正内涵。而关于"晤"字，新译中用了"rendezvous"一词，这个词常常指事先商量好时间和地点而进行的秘密见面；张译中的"encounter"则大多数情况下指的是偶遇。鉴于两人的身份地位和这篇私信的特点，虽不是偶遇，但也并非在强调是事先安排好的会面，因此，张译中的"encounter"更符合这篇私信随意的风格，是对原文语言风格的一种忠实。与忠实于原文内容相比，忠实于原文原有风格更需要译者较高的洞察力和深厚的文学功底。又如：

原文：人过七旬，多有病痛。

新译：Men in their seventies are often afficted with illness.

张译：Men aged over seventy are liable to illness.

上面例句中，用词不当可能会造成读者的误解。新译中"in their seventies"时间段过于狭窄，会使人误解为在七十岁左右多有病痛，到了八十岁就无碍了，而张译中的"over"一词就很好地避免了这个误解。忠实于原文的内容是对原文内容的一种深化，去探求原文的深层内在含义，才能将作者的"才学"真正表现出来。

2. 通顺

通顺就是要使译文语言流畅，表达清晰，符合译文读者的表达习惯和思维方式。林语堂对通顺的内涵做了进一步的解释和说明。

其一，以句为本位。译者要理解原文全句的意义，在深刻体会的基础上，依照译入语的语法译出来。

其二，符合译入语心理。译文中的句子必须是有意义的译入语，如果字字直译，就达不到通顺的结果。

下面还以《廖承志致蒋经国先生信》的两个英译本为例，按照"通顺"的标准对其进行赏析。

---

① 魏文娟：《忠实、通顺和美的标准对比赏析〈廖承志致蒋经国先生信〉的两个英译版本》，《教育教学论坛》2015年第47期。

原文：近闻政躬违和，深为悬念。

新译：Recently, I was told that you are somewhat indisposed and this has caused me much concern.

张译：Recently, it filled me with much concern to learn of your indisposition.

新译中使用了两个并列的分句，并且两个分句都有独立的主谓结构，读起来略显烦琐和拖沓。张译中使用"it"作形式主语，介词"with"和"of"的使用符合英语的表达习惯，因此更符合"通顺"的标准。又如：

原文：有识之士，虑已及此。

新译：This is a question those who are sensible are already turning over in their minds.

张译：This is a question already on the minds of thinking people.

与张译相比，新译句式较长，读起来略显拗口，张译中使用介词结构，更加通顺、简明。

3. 美

一部文学作品之所以能够取得成功，传之久远，根本在于其审美性，这也是文学翻译中的"美"高于"雅"的原因。大思想家孔子曾说："言之无文，行而不远。"这里的"文"也可以作"文采"解。但是，美并不全指文采，其含义要比文采多得多，其外延甚至可以包括文学作品中被丑化了的事物。"美"和"雅"是两种不同的翻译方向。按照"雅"的标准进行翻译，译者会将眼光局限在对词句的推敲和润饰上，最终译文虽然是雅文隽语，却失去了审美特征。而按照"美"的标准进行翻译，译者会将眼光放在整部作品上，最终译文会与原文一样成为艺术品。文学作品属于艺术的范畴，文学作品的翻译还要传达原作的所有美点和整体的美感。[①] 文学作品由内容和承载这一内容的语言形式构成，"美"不仅体现在内容方面，还体现在形式上。

（1）内容美

要实现文学翻译的"美"，译者不仅要在理解原作"美"上苦下功夫，还要在表达原作"美"上竭尽所能。内容是文学作品的灵魂，读者透过文学作品的内容引发情感上的反应，包括对或美或丑的感觉。译者要再现原作的内容美，深刻体会作者的所感所知。以李白的《静夜思》为例：

---

① 党争胜：《论文学翻译的文学性——兼论文学翻译的标准》，《西北大学学报》2008年第3期。

静夜思

床前明月光，

疑是地上霜。

举头望明月，

低头思故乡。

这首诗使读者在情绪上和思想上都受到了强烈的感染。明明是不同的时间，不同的地点，但都感受到了远方游子在夜深人静、明月当空时的思乡之情。这就是这首诗的内容美。译者在翻译这首诗时，要达到与原诗相同的效果，才能称得上是真正的文学翻译。美国翻译家宾纳（Bynner）对这首诗的翻译可以说是成功的。

In the Quiet Night

So bright a gleam on the foot of my bed—

Could there have been a frost already?

Lighting myself to look, I found that it was moonlight,

Sinking back again, I thought suddenly of home.

宾纳以介词短语为题，诗首设以感叹句，中间用设问句起到了承上启下的作用，并以陈述句结尾，字里行间透着浓浓的思乡之情。译文是典型的四行诗，打破了原诗的句式结构，体现了西方诗（歌）自由奔放的特点。又如：

原文：夜长梦多，时不我与。

译文一：A long night is fraught with dreams; time does not wait for us.

译文二：A long night invites bad dreams; time and tide wait or no man.

与译文一相比，译文二中使用了"invite"一词，更加生动活泼，并将"时不我与"翻译中插入了一个成语，更符合英语的表达习惯，富有美感。

（2）形式美

文学翻译的形式美可以从音韵美、修辞美、篇章结构美三个方面体现出来。译者要从音韵、修辞、篇章结构上对原作进行重新审视，在语言形式中体现原作的审美价值。

许渊冲也曾对《静夜思》进行过翻译。

A Tranquil Night

A bed,I see a silver light,

I wonder if it's frost aground,

Looking up, I find the moon bright;
Bowing, in homesickness I'm drowned.

许渊冲的翻译工整对称，错落有致，首行的"light"和第三行的"bright"押尾韵，第二行的"aground"和最后一行的"drowned"押尾韵。全诗在吟咏时能够产生一种悦耳的音韵效果，即音韵美。全诗采用了abab的韵脚，诗人的感情不断深入，并在最后一句得到升华。相比之下，宾纳的译作在形式美上略显不足。[①] 综上所述，文学翻译的标准"忠实、通顺、美"是有机统一的，这种统一要求译者既要忠实地传达原作内容，又要再现原作的文学价值和艺术魅力。

（二）文学翻译的过程

文学翻译的过程不是统一的，不同的译者、不同的语言、不同风格的作品，其翻译过程是有差异的。不过，大体来说，文学翻译的过程可以分为以下四个步骤。

1. 选择文本

选择翻译文本是文学翻译的第一步。对于翻译文本的选择，人们可能会认为是某个出版社或某个译者的事，可以不受任何制约，但实际并非如此。出版社或译者选择某个国家、某种语言、某位作者的作品进行翻译时受到很多因素的影响，如当时的社会文化、经济发展、意识形态、国际政治局势、本国文化的自我意识等。社会群体对翻译作品的需求是影响翻译文本选择的重要因素。从表面上看似乎是译者选择了某个翻译文本，但实际情况往往是社会文化通过奖励和提高译者声望等方式对译者进行筛选的。

2. 理解文本

在选择了翻译文本后，译者开始理解文本。理解是翻译的前提和基础。译者与作者之间可能存在时空上的界限，因此，译者就要"从作品的有机整体出发……深入到作品内部的深层世界，对文本结构系统的各个层面进行具体化的品味和认知"[②]。在对当代文学作品的翻译中，文本的理解有时还可以依靠作者的帮助来完成。理解可以分为表层理解和深层理解。表层理解是对文本的字面意思的理解，如词句、典故、结构、韵律、节奏、各种修辞手法的运用等。深层理解是对文本的象征意义和文学艺术价值的理解。文学翻译的过程是表层理解和深层理解的统一，由浅入深，由表及里，由宏观到微观，才能深入理解文本的思想内涵。具体而言，要理解如下几点。

---

① 周文革、叶少珍：《从诗歌意象、选词和格律看〈静夜思〉的英译》，《湘潭师范学院学报》2007年第1期。

② 曹明海：《文学解读学导论》，人民文学出版社，1997，第117—118页。

(1)理解语言现象

其一,理解词汇含义。英语中的"一词多义"的现象十分常见,而且有些词在原文中的意思是该词的引申意义,而不仅仅是字面上的意义。因此,在翻译时要特别注意英语词汇多义性的特征,认真阅读上下文,了解语言环境,从而确定词语的真正含义。例如:

In the sunbeam passing through the window are fine grains of dust shining like gold.

译文:细微的尘埃在射进窗内的阳光下像金子般闪闪发光。

原文中的"fine"一词不能译为其字面意义"好的",而应理解为"纤细""微小"。

其二,理解句法结构。由于中英的思维方式、价值观存在明显差异,这就导致英汉句子结构存在很大差异。在表达同一个意思时,英语和汉语有时会采用不同的句法结构。因此,在翻译时,译者需要认真理解原文中的句法结构,并进行仔细分析。例如:

The greatness of a people is no more determined by their number than the greatness of a man is determined by his height.

译文:一个民族的伟大并不取决于其人口的多寡,正如一个人的伟大并不取决于他的身高一样。

要准确翻译这个句子,就要正确理解"no more...than..."这个结构。当它表示两者比较时,表示对双方都加以否定,通常译为"同……一样不""既不……也不"。

其三,理解习惯用法。英汉两种语言中都包括大量的习惯用法。有些习惯用法表面上看似乎英汉对应,但实际上却有着不同的褒贬色彩或含义。因此,在翻译的时候,译者必须准确理解这些惯用表达的准确含义,以免造成误译。例如:

Tom is now with his parents in London; it was already four years since he was a teacher.

译文:汤姆现在同父母住在伦敦市;他不做教师已经四年了。

译者如果不理解原文中"since"在这种情况下的习惯用法,即"since"从句中的过去式联系动词"was"或"were"是指一种状态的结束,那么,就很容易将原文译为"汤姆现在同父母住在伦敦;他做教师已经四年了"。这样便和原文想表达的意思完全相反。

(2) 理解逻辑关系

从某种角度来说，翻译就是一种逻辑思维活动。由于英语重形合，而汉语重意合，因此，在进行文学翻译时，必须首先从逻辑上弄清楚句中各部分在意义上的关系，然后再按照译入语的语法规范和表达方式加以处理。例如：

We realized that they must have become unduly frightened by the rising flood, for their house, which had sound foundations, would have stood stoutly even if it had been almost submerged.

原译：我们想他们一定被上涨的洪水吓坏了，因为他们的房子基础坚实，即使快遭水淹没了，也会屹立不倒的。

改译：我们认为，他们对上涨的洪水过于担忧，因为他们的房子地基坚固，即使差不多被洪水淹没，也不会倒塌。

原译中逻辑上是错误的。原译首先说"我们想他们一定被上涨的洪水吓坏了"，但句子后半部分提出的却是相反的论据"我们认为他们没有理由害怕"。原译文没有准确理解"unduly（不适当地、过分地）"的词义。原文中的"unduly"指的是"过分的害怕，不必要的担心"的意思。

(3) 理解文化背景知识

翻译是不同文化的移植，是把一种语言转化为另一种语言的行为，是两种文化的交流。因此，在进行文学翻译时，译者要充分考虑译入语文化和原语文化的差异，准确捕捉到原语中的文化信息，对两种文化之间的转换进行巧妙处理，尽可能做到把原文的信息忠实、准确地表达出来。例如：

Last night, an uninvited guest turned up to make five for bridge. I had the kind of paper book at hand to make being the fifth at bridge a joy.

译文：昨天晚上，来了一位不速之客，桥牌桌上多了一个人。我手头正好有一本平装书，我尽管没打成桥牌，却也过得很愉快。

桥牌是由四个人玩的，翻译原文时，译者就要了解桥牌这一文化背景知识。若译成"凑成五个人玩桥牌"，就误解了原文的意思。

3. 表达文本

文本的表达即对文本进行创作。表达并非是原语与译入语之间简单的语言转换，这个过程受很多因素的影响，也要遵循诸多文学翻译的标准，如"忠实、通顺、美"等。既要用最贴近、最自然的语言传达出与原文同等的信息，又要在语言形式、文体风格等方面保持一致，同时，还要符合译入语的表达习惯和思维方式。此外，文学翻译不只是文字的翻译，更有作者艺术风格和特点的表达，老舍就认为文学作品的妙处不仅在于它说了什么，还在于它是怎么说的。具体而言，表达应注意如下几点。

第一，译文的措辞要准确。英语文学文本中常常会出现一词多义的现象，如果译者在翻译过程中只知道对号入座，势必会出现很多误译和错译的现象。因此，译者必须有效结合上下文，理解词语的字面意思和内涵，以保证准确地措辞。例如：

He put forward some new ideas to challenge the interest of all concerned.

译文：他提出很多新见解，引起了有关人士的兴趣。

上述例句中"challenge"一词的基本含义是"挑战"，但如果将"challenge the interest"翻译为"挑战兴趣"则不符合汉语的搭配，显然措辞不准确，应根据其深层含义译为"引起"更为准确。

第二，译文要自然流畅。每种语言在其长期使用过程中都会形成一套约定俗成的表达习惯，这一表达习惯已经在语言使用的过程中为人们所共同接受。英语和汉语分别具有不同的表达习惯，所以文学翻译中的表达必须要符合译入语的语言表达习惯，以保证译文自然流畅，易于接受。例如：

The idea that the life cut short is unfulfilled is illogical because lives are measured by impressions they leave on the world and by their intensity and virtue.

译文："生命短暂即不圆满"这种观点荒谬无理。生命的价值在其影响，在其勃发，在其立德于世。

上述例句的翻译摆脱了原文语言结构的限制，采用了符合汉语习惯的方法转译，突出了句子的含义，断句合理，结构清晰，译文自然流畅。

第三，译文的衔接要连贯。衔接和连贯是语篇特征的一个重要方面。一篇译文是否流畅，关键在于衔接。由于英汉两种语言的思维模式存在很大差异，其语篇衔接方式也各不相同。因此，在文学翻译的表达阶段，译者应该保证译文的衔接和连贯。例如：

His quick expression of disapproval told me he didn't agree with the practical approach. He never did work out the solution.

译文：他马上露出不赞成的表情，我想他并不同意这种切实可行的做法，而后来他也一直没有研究出答案。

上述例句的翻译将两个句子结合起来，使整个段落意群得以衔接，译文通顺流畅。

第四，避免翻译腔。所谓翻译腔（translationese），也称"翻译体""翻译症"，是指文笔拙劣，也就是译出来的东西不流畅、不自然、费解、生硬、晦涩、难懂，甚至让人不知所云。这是因为译者在文学翻译过程中受到源语表达方式的影响。例如：

Perhaps the quickest way to understand the element of what a novelist is doing is not to read, but to write: to make your own experiment with the dangers and difficulties of words.

译文：了解作家创作的个中滋味，最有效的途径恐怕不是读而是写，通过写亲自体验一下文字的危险和困难。

上述例句的译文中将"the dangers and difficulties of words"翻译为"文字的危险和困难"是生搬硬套了词典的释义，结合上下文语境将其翻译为"遣词造句的艰难"比较妥当。为了在翻译表达过程中避免出现翻译腔的现象，译者要先读懂原文的深层次含义之后再进行翻译，在翻译时要尽量摆脱原文表达形式的束缚。此外，译者还要掌握英汉语言方面的差异，恰当采用多种翻译技巧来进行翻译，以使译文更加符合目的语的表达习惯，并且不违背原文的目的和意图。

4. 修改译本

译本的修改也是文学翻译过程的一部分。无论译者在翻译过程中采用了何种翻译策略和技巧，一部翻译作品的完成都要经过多次校对和修订。这些校对和修订常常是由译者以外的人来完成的，以规范语言的使用。

第三节 文学翻译与审美

一、中西文化的审美理想比较

（一）儒家、道家、佛家的审美理想

不同的民族在其长期的文化历史进程中形成了不同的审美理想和标准。汉民族的审美理想深受其传统文化中的儒家、道家、佛家思想的影响，强调"天人合一""物我一体"。儒家文化强调人要遵从社会的道德准则和行为规范。王耘先生在《唐代美学范畴研究》中认为儒学强调主体的"仁义"和"圣"，它不仅"以人道伦理为人之

本性，而且以仁义充实为人道伦理的具体内容"。"在儒士精神中，人力求在内心世界中激发出仁义的充盈与饱满"，这是"伦理生命的激扬"。儒家文化提倡奋斗不息的进取精神，在儒家美学之意境中作家俯仰宇宙，感悟人生，面对宏伟雄浑的大自然，内心激发起一种奋发向上、拼搏进取的壮志豪情和建功立业的远大志向，传达了一种宇宙的苍茫感、生命的沧桑感、深沉的历史忧患感。蒲震元在《中国艺术意境论》中认为儒家美学表现了"对大宇宙生命本体作道德伦理内涵方面的执着追求"，这种"道德崇拜或伦理崇拜"是一种人的社会生命（群体价值）、道德精神的高扬，是不执着于"宇宙"的"自然层面'，而将其超化成"道德宇宙"。在表现儒家理想的作品中，其"上乘之作形成的深远意境常常表现出天人合一、知行合一、情景合一的理想，具有积极入世的功利性，甚至表现出深沉博大的历史人生感与浩然正气，形成一种偏于阳刚型的审美"。儒家之美是"崇高"美，杨辛在《美学原理》中认为崇高是一种"壮美"，其特点是"美处于主客体的矛盾激化中"，它具有一种"压倒一切的强大力量，是一种不可阻遏的强劲的气势"，在形式上表现为一种"粗犷、激荡、刚健、雄伟的特征，给人以惊心动魄的审美感受"。"崇高美"能给"我们无限的力量感觉，可以扩大我们的精神境界和审美享受"。伟大诗人杜甫的诗歌情真意切，沉郁顿挫，豪迈雄壮，被誉为"诗圣"，宋朝著名诗人秦观评价说："子美穷高妙之路，极豪迈之气，包冲澹之趣，兼俊洁之姿，备藻丽之态。"

　　道家美学认为"道"是控制世界万物的基本规律，是宇宙生命的终极本体，它能使阴阳相谐，五行（金、木、水、火、土）相调。"道"无处不在，无时不在，不可言传，只能意会、参悟和体认。人要"体道"就要"顺其自然"，与自然保持和谐，保存自己的天性。人只有返璞归真，回归自然，与其融为一体，才能达到"天人合一""随心所欲"的境界。道家之美学表现了一种"自然宇宙"和"物我不分"的审美境界，强调"对人与自然归一的审美境界的探求"，即"对大宇宙生命中的自然本体的深层体悟"。这种"自然本体崇拜"是不执着于"宇宙"的"实然状态"，而将其超化为"人"与"天地万物"一体俱化的"艺术天地"。刘华文在《汉诗英译的主体审美论》中认为"道"具有"经验性""自觉性"和"外指性"，它不是"思想性"的，而是"存在性"的、"实在性"的，"彰显着无限生长的可能性"，是"理性和感性的混杂体"，但更"偏重于感性的经验"。道家美学强调主体"游心太玄"。潘知常在《中西比较美学论稿》中认为"游"是一种"最高的精神自由审美愉悦"，庄子的"道"是一种"无为而无不为"的无目的而有目的的力量。它是一种自由、一种大美，是宇宙间最为神圣、最为奥妙的境界。而人类若想达到自由，达到美，就必须去

"体道",把全身心倾注于"道"的生命韵律之中。道家美学追求自然朴素、含蓄简约的风格,"言有尽而意无穷"。钟嵘的《诗品》强调"自然英旨",魏晋六朝学者王弼在《老子指略》中说"夫镇之以素朴,则无为而自正。攻之以圣智,则民穷而巧殷。故素朴可抱,而圣智可弃"。中国田园派诗歌的杰出代表陶渊明志趣淡雅,其作品自然天成,富于情趣,不事雕琢,朴素平实,表现了"物我化一"的审美境界。《归园田居》描绘了诗情画意般的田园生活,清新高雅,朴实无华,如"种豆南山下,草盛豆苗稀。晨兴理荒秽,等月荷锄归。道狭草木长,夕露沾我衣。衣沾不足惜,但使愿无违";《归去来兮辞》中"怀良辰以孤往,或植杖而耘耔。登东皋以舒啸,临清流而赋诗。聊乘化以归尽,乐夫天命复奚疑"表达了诗人羽化归仙的理想。袁行霈在《中国诗歌艺术研究》中认为陶渊明诗的思想核心是"崇尚自然",诗人坚守"抱朴含真"的生活准则,认为人只要"善于养真,保持真想,就能独立于污浊的社会之外"了,力求"摆脱礼教加在人身上的种种巧饰、虚伪和名利的欲望,恢复类似上古时代人类的自然本性",强调"对于自然化迁的委顺"即"纵浪大化",以一种"恬淡的心情顺应自然规律"。汪榕培在《陶渊明英译研究》中认为诗人"所处的时代是动荡的,他的思想是复杂的,他的人格是高尚的,他的人生是坦荡的"。陶渊明诗歌的伟大之处就在于"体现了活生生的陶渊明,真实地反映了他的各种经历和各种思想情绪",它不是"雕琢"出来的,而是自然"凝结"而成的。

  佛家美学主张主体要摆脱尘世,摈除俗念,对宇宙和人生进行"静观"和"禅悟",通过"妙悟""顿悟"以"直观"生命的本质,最终达到"大彻大悟"的境界,因此,佛家宣扬的是一种"生命宇宙"。刘运好在《文学鉴赏与批评论》中认为佛家美学是一种"心境美学",其范畴包括"缘于心境的意境""缘于理性的直觉""缘于有限的无限"。佛家之心境是一种"空"境,即主体内心的"空静",主体通过"禅悟"才能达到心灵的空寂,体悟生命的本质。蒲震元在《中国艺术意境论》中指出,美学之主体具有"由直觉顿悟造成的对宇宙人生作超距离圆融观照的审美倾向,即在静观万象中超越社会、自然乃至逻辑思维的束缚,破二执,断二取,由空观达于圆觉,明心见性,实现以主观心灵为本体的超越,获取一种刹那中见永恒的人生体悟"。佛家美学追求一种"大音希声""大象无形"的空灵澄静的意境、清澈空明的境界。佛家美学思维方式具有"圆融性、多义性、模糊性",它容易"造成对大宇宙生命的高度自由的体悟",主体在"偏于静态的艺术实境中寻求空明本体,达到圆融体悟造成的意境美——一种刹那永恒的人生体悟",是"在纷纭世态的描绘中寻求空明本体,达到圆融体悟"。梁漱溟在《东方学术概论》中谈道:"儒家不妨谓之心学,道家不妨谓之身学,前者侧重人的社会生命,后者之所侧重则在人的个体生命。"佛家"浑括身心","其要在破二执"(我执、法执)、"断二取"(所取、能取),"生灭托于不生灭,世间托于出世间"或"出世间又回到世间"。下面是王维的《鹿柴》和许渊冲的译文:

空山不见人,　I see no one in mountain deep,
但闻人语声。　But hear a voice in the vavine.
返景入深林,　Through the dense wood the sunbeams peep,
复照青苔上。　And are reflected on mosses green.

原诗选自王维的《辋川集》。葛晓音在《唐诗宋词十五讲》中指出,《辋川集》"不仅再现了丰富多彩的自然美,而且融进了高于自然的理想美,诗人通过虚实关系的巧妙处理,将对山水形貌的精细刻画与更富于艺术想象的境界结合起来","让每一处景物都能表现出最美的意境,引起穷幽入微的联想"。原诗"空山不见人,/但闻人语声。返景入深林,/复照青苔上","夕辉的暖色与青苔的冷色形成色调互补,林中的静谧与山中的人语形成动静对比,使有限的画面延伸到画外无限的空间,从而以深林中夕阳返照的一角显示出山中的空静意境"。许译"I see no one in mountain deep, /But hear a voice in the vavine./Through the dense wood the sunbeams peep, / And are reflected or mosses green"。译文中"dense wood"与"mountain deep"相呼应,再现了原诗所描写的群山的空旷和林木的茂密,"peep"采用拟人手法,形象生动,再现了原诗所描写的阳光透过茂密的山林、星星点点洒落在林地间的景象。

(二)对立统一的辩证审美观

中国传统美学形成了"有与无"(有形、有限与无形、无限)、"实与虚"、"形与神"、"言与象"、"象与意"、"言与意"等一系列辩证对立的审美范畴,主张通过"有(有形、有限)、实、形、言"去表现"无(无形、无限)、虚、神、象、意"。刘华文在《汉诗英译的主体审美论》中认为中国美学富于"宇宙辩证法"的思想理念,其中的"辩证对子"主要包括"阴阳之道"和"有无之境"。其中"有"包含了"实、显、露、言(象)、明、动、主、密、直、扬"等,"无"包含了"虚、隐、藏、意、暗、静、宾、疏、曲、抑"等,它们"合'阴阳之道'、处'有无之境'、行'抑扬之法',从而表于'言象意'之间"。在中国传统美学范畴中,"神"最早见于老子、庄子的作品,庄子的《逍遥游》把"神人"描绘为"肌肤若冰雪,绰约若处子",以"神人"为理想人格。魏晋六朝时期盛行的人物品评以主体之超凡脱俗的气质为

"神",如《世说新语》里说:"谢尚神怀挺率,少致民誉""武王姿貌短小,而神明英发"。刘劭的《人物志》认为主体之"神"是主体透过客体的外表洞察其内在本质的一种特殊能力,"聪明者,阴阳之精;阴阳清和,则中容外明。圣人淳耀,能兼二美。知微知章,自非圣人,莫能两遂"。主体必须"养神",摆脱世俗杂念的困扰,澄怀静心,才能凭借敏锐的洞察力和直觉感悟力去把握客体之"神"。嵇康《养生论》主张"养生""养性","君子知形特神以立,神须形以存……故养性以保神,安心以全身……清虚静泰,少私寡欲……外物以累心不存,神气以醇泊独著。旷然无忧患,寂然无思虑,又守之以一,养之以和。和理日济,同乎大顺"。

魏晋六朝时期佛教开始兴盛,封建统治阶级为巩固政权,加强对人民的精神控制,把佛教作为禁锢人们思想的工具大肆宣扬。佛教认为精神决定物质,物质消亡,而精神永恒不灭。慧远宣扬精神不灭论:"神也者,圆应无生,妙尽无名,感物而动,假数而行。感物而非物,故物化而不灭;假数而非数,故数尽而不穷。"但司马谈在《论六家要旨》里则认为精神依附物质而存在,物质灭则精神灭,"凡人所生者神也;所托者形也。神大则用竭,形大则劳敝,形神离则死。死者不可复生,离者不可复反。故圣人重之。由是观之,神者生之本也,形者生之具也"。两汉魏晋时期的人物品鉴和绘画书法艺术以神为主,以形为辅。西汉刘安编著的《淮南子》说:"画西施之面,美而不可说。观孟贲之目,大而不可畏,君形者亡焉。"(《淮南子·说山训》)"君形者"就是指人物内在的精神气质;"画者谨毛而失貌"(《淮南子·说林训》),"毛"指人物的外表,"貌"则指人物的精神面貌。刘劭的《人物志》也说:"物生有形,形有神精,能知精神,则穷理尽性。"《世说新语》描绘王戎是"神姿高彻,如瑶林琼树",王右军(羲之)"飘若游云,矫若惊龙"。晋代著名画家顾恺之主张得神忘形,"传神写照正在阿堵(眼睛)中",宋代诗人苏轼也说"论画以形似,见于儿童邻",唐代张彦远在《历代名画记》中谈道:"今之画,纵得形似而气韵不生,以气韵求其画,则形似在其间矣。"

审美客体之"神"是指主体用认知感官不能直接把握到的客体的内在本质,客体之"形"是指主体用认知感官可以直接观察到的客体的外在形式特征。潘知常在《中西比较美学论稿》中认为,"形"是"经过一系列置换、变形、移位、偏移等洗尽尘滓、独存孤遗的艺术处理后的一种完形结构,一种与对象本身内在生命韵律相对应的异质同构",而"神"是"这一完形结构的完形压强所产生的不同寻常的审美体验"。主体如果拘泥于客体的外在形式,就会束缚和限制其认识能力,难以洞察客体的内在实质。老子《道德经》说:"五色令人目盲,五音令人耳聋,五味令人口爽。"主体超越客体的外表才能把握其内在的"神韵",以"神"驭"形",得"神"忘"形"。西汉刘安编著的《淮南子》主张以"神"君"形","故心者,形之主也;而神者,心之主也……故以神为主者,形而从利;以形为制者,神从而害"。宋朝陈郁在《藏一话腴》中说:"盖写其形,必传其神;传其神,必写其心。"元代杨维祯的《图绘宝鉴序》谈道:"故论画之高下者,有传形,有传神。传神者气韵生动是也。"张法在《中西美学与文化精神》中认为中国传统美学喜欢用"精炼性词组"和"类似性感受"来表达对客体的审美体验,如钟嵘的《诗品》评诗:"范诗清便宛转,如风流回雪。丘诗点缀映媚,如落花依草。"萧衍在《古今书人优劣评》中论书法:"孔琳之书如散花空中,流徽自得","薄绍之书如龙游在霄,缱绻可爱"。司空图的《二十四诗品》描写"自然"是"俯拾即是,不取诸邻。俱到适往,著手成春。如逢花开,如瞻岁新。真与不夺,强得易贫。幽人空山,过雨采苹。薄言情语,悠悠天钧",描写"精神"是"欲返不尽,相期与来。明漪绝底,奇花初胎。青春鹦鹉,杨柳池台。碧山人来,清酒深杯。生气远出,不著死灰。妙造自然,伊谁与栽",描写"纤浓"是"彩彩流水,蓬蓬远春。窈窕深谷,时见美人。碧桃满树,风日水滨。柳阴路曲,流莺比邻"。

　　在魏晋六朝时期对作家文学创作有很大影响的文艺美学和哲学思想主要有顾恺之"传神写照"的绘画理论、宗炳的山水画理论、王弼的玄学思想、陆机的"言意"理论等。顾恺之认为绘画应抓住人物之神而不拘泥于人物的外在形貌,"以形写神而空其实对,荃生之用乖,传神之趋失矣。空其实对则大失,对而不正则小失,不可不察也。一像之明珠,不若悟对之通神也"。顾恺之的"传神"说对当时及后世的文学艺术创作产生了深远的影响。宗炳的山水画理论强调画家要展现出蕴含于山水中的自然之"道","夫理绝于中古之上者,可意求于千载之下。旨微于言象之外者,可心取于书策之内。况乎身所盘桓,目所绸缭,以形写形,以色貌色也"。王弼的玄学理论是对老子思想的继承和发展,强调人要想深刻地认识客观世界,就必须通过客体的"有"来把握客体的"无","天下之物,皆以有为生。有之所始,以无为本。将欲全有,必反于无也"。有无(虚实)相生是中国传统美学的重要思想,南北朝著名学者陆机在《文赋》中提出"课虚无以责有,叩寂寞而求音",唐末学者黄滔在《课虚责有赋》中说:"虚者无形以设,有者触类而生。"

　　刘华文在《汉诗英译的主体审美论》中认为"有无"是中国美学最基本的"辩证对子","只有在无,在'不在场'的衬托下,'有'才能超越自身,生发出美感价值来"。"有无"构成了西方的"审美完形结构"。魏晋六朝时期玄学盛行,著名学者王弼继承和发展了老子"道"的思想,认为人要深刻认识客体,必须超越客体之"有"来把握客体之"无","夫物之所以生,功之所以成,必生乎无形,由乎无名。无形无名者,万物之宗也。不温不凉,不宫不商;听之不可得而闻,视之不可得而彰,体之不可得而知,味之不可得而尝。故其为物也则混成,为象也则无形,为音也则希声,为味也则无呈……天下之物,皆以有为生。有之所始,以无为本。将欲全有,必反于无也"。(王弼《老子指略》)这一时期的很多作家深受玄学思想的影响,喜欢在作品中谈论玄理,"诗必柱下之间旨归,赋乃漆园之义疏,故知文变染于世情,兴废系乎时序"(刘勰《文心雕龙·时序》)。

在文学创作中作家为了以有形(有限)的语言去表现无形(无限)的思想情感内涵,在作品的艺术画面中留出一些"空白",形成"虚境",激发读者去发挥想象和联想加以填补。胡经之在《文艺美学》中指出,虚实结合的手法能收到"以少见多,以小见大,化虚为实,化实为虚的意境美的效果","通过'象'这一直接呈现在欣赏者面前的外部形象去传达'境'这一象外之旨,从而充分调动欣赏者的想象力,由实入虚,由虚悟实,从而形成一个具有意中之境、'飞动之趣'的艺术空间"。意境的特征包含:"虚实相生的取境美""意境相浑的情性美""深邃悠远的韵味美"三种。其中,"意境相浑的情性美"是指"意与境的结合"必须达到"完整统一,和谐融洽,自成一个独立自在的意象境界",它"蕴含着无穷之味,不尽之意,可以使人思而得之,玩味无穷"。刘运好在《文学鉴赏与批评论》中认为意境是指文学作品"借匠心独运的艺术手法熔铸所成,情景交融、虚实统一,能深刻表现宇宙生机或人生真谛,从而使审美主体之身心超越感性具体,物我贯通,当下进入无比广阔空间的那种艺术化境"。意境是有形与无形、有限与无限、实境与虚境的有机融合。张少康在《古典文艺美学论稿》里认为意境是"以有形表现无形,以有限表现无限,以实境表现虚境,使有形描写和无形描写相结合,使有限的具体形象和想象中的无限丰富形象相统一,使再现真实实景与它所暗示、象征的虚境融为一体。从而造成强烈的空间美、动态美、传神美,给人以最大的真实感和自然感"。

文学作品有限的语言与无限的意蕴之间存在矛盾统一的关系,作家在创作中面对大千世界,不可能把生活的方方面面都写进作品中,只能从中选取有艺术表现价值的东西,加以艺术概括和提炼,来表现生活的本质。作家对生活的原始印象是比较明晰、确定的,而经过艺术"变形"所产生的审美意象则变得较为模糊和不确定,被赋予了丰富的含义。在语言表达阶段,作家力求用有限的语言文字符号去传达无限丰富的思想情感。《周易·系辞上》说:"书不尽言,言不尽意。"庄子认为"语有贵也,语之所贵者，意也，意有所随。意之所随者，不可以言传也"，"可以言论者，物之粗也；可以意致者，物之精也"。王弼的《周易略例》主张"得意忘言"，"夫象者，出意者也。言者，明象者也。尽意莫若象，尽象莫若言。言生于象，故可寻言以观象，象生于意，故可寻象以观意"，"言所以明象，得象而忘言；象者所以存意，得意而忘象"。"道"作为宇宙的终极本体是无形、无声、无色、无味的，人要"体道"就必须"得意忘象""得象忘言"。刘勰在《文心雕龙》里说："言不尽意，圣人所难；识在瓶管，何能矩矱"，"至于思表纤者，文外曲致，言所不追，笔固知止。至精而后阐其妙，知变而后通其数。伊挚不能言鼎，轮扁不能语斤，其微矣乎"。他提出"隐秀"之美，"隐也者，文外之重旨者也；秀也者，篇中之独拔者也。隐以复意为工，秀以卓绝为巧。斯乃旧章之懿绩，才情之嘉会也。夫隐之为体，义主文外，秘响傍通，伏采潜发，譬爻象之变互体，川渎之韫珠玉也"。吴景旭在《历代诗话》里谈道："凡诗恶浅露而贵含蓄，浅露则陋唱含蓄则令人再三吟唱而余味。"作家要表现客体内在之"神"，就要超越其外在之"形"，提炼作品语言，使其凝练含蓄，言尽而意无穷。蒲震元在《中国艺术意境论》中认为意境的形成是"基于诸种艺术因素虚实相生的辩证法则之上的"，意境的创造表现为"真境与神境的统一"。诚如清代的笪重光在《画筌》中所说："空本难图，实景清而空景现；神无可绘，真境逼而神境生。"中国传统美学强调含蓄蕴藉，王明居在《模糊美学》中指出"意境"的特点是"含而不露，引而不发，意在言外，余之袅袅"，它"含隐蓄秀，以少胜多，讲究味外之味，韵外之致"。明朝画家唐志契在《绘事微言》中说："善藏者未始不露，善露者未始不藏。若主于露而不藏，便浅薄。即藏而不善藏，亦易尽矣。然愈藏而愈大，愈露而愈小，更能藏处多于露处，而趣味愈无尽矣。"中国传统文化认为宇宙的本质是"气"，世界万物的变化来源于"气"的流动，老子《道德经》认为天地之"气"来源于"道"，它是宇宙生命的终极本体，"道可道，非常道；名可名，非常名。无名，天地之始；有名，万物之母……道生一，一生二，二生三，三生万物，万物负阴而抱阳，冲气以为和"。

东汉文学家王充在《论衡》中说："天地，含气之自然也""天地合气，万物自生，犹夫妇合气，子自生矣。"张载《正蒙》说："虚空即气""太虚无形，气之本体，其聚其散，变化之客形尔。""道"的存在、"气"的流动使宇宙成为一个对立统一的和谐整体，包括阴阳之间、五行（金、木、水、火、土）之间、人与自然之间的和谐。老子《道德经》说："故有无相生，难易相成，长短相形，高下相倾，音声相和，前后相随。"张法在《中西美学与文化精神》中认为中国文化注重整体和谐，"这里的整体不是某一事物的整体,而是宇宙整体","以宇宙整体和谐为和谐的中心和基础,决定了中国文化和诸观念的基本特点",即"容纳万有的和谐观""把时间空间化的和谐观""对立而又不相抗的和谐观"。中国文化强调"天人合一",人要体悟宇宙之"道",就必须"顺其自然",与自然保持协调。王可平在《心师造化与模仿自然》中指出,中华民族"以素朴的有机系统观看待宇宙,认为自然不是外在于人的客体,人也并非外在于自然的主体,人与天、主体与客体之间是相通无碍的",天人合一的必然结果,一方面是"自然的人化",另一方面是"人的自然化"。中国美学所倡导的不是"充分发挥视觉、听觉的认识作用及手之技巧,去掌握、揭示自然物象的具体特点,而是发挥一种心灵与视觉、听觉交融的感受能力,去领悟物象与心灵的相通融之处"。

中国的艺术家在创作时,以一种尽可能亲近的情怀与对象交会,让自己的生命意识无滞无碍地流入对象之中,体察着对象的亲和及同自身一样的生命气息——进入身与物化的境界。主体要深刻认识客体就要"悟道",以把握客体内在之"气",它来源于宇宙之"气"(天地之"气")。天地之"气"充盈于客体,形成客体之"气",充盈于主体,就形成主体人格之"气"。主体用人格之"气"去体悟客体之"气",通过饱含情感的审美体验赋予客体"灵性",使其"生命化""人格化",达到主客合一的境界。贾玉新在《跨文化交际学》中指出,中华民族追求"内心与外部世界的和谐"。中国的文学中的时间体验表达了"对生的执着,对存在的领悟和对生成的感受"。汉魏南北朝在中国历史上是一个富于理性思辨、探索生命存在本体的"文学自觉"的时代,李泽厚在《美的历程》中认为这一时期产生了一种"真正思辨的、理性的'纯哲学'"、一种"真正抒情的、感性的纯'文艺'"。汉魏诗歌"在对日常时世、人事、节候、名利、享乐等咏叹中,直抒胸臆,深发喟叹",表达了一种"性命短促、人生无常的悲伤"。这种"人生坎坷、欢乐少有、悲伤常多的感喟愈显其沉郁和悲凉"。汉魏南北朝玄学盛起,它是一种本体论文化哲学、文艺美学思想,关注和探讨生命的终极价值,思考"如何有意义地自觉地充分把握住这短促而多苦难的人生,使之更为丰富满足",它标志着一种"人的觉醒""人对自己生命、意义、命运的重新发现、思索、把握和追求"。

(三)西方文化的审美理想

西方文化认为宇宙的本质是有具体形式和结构的物质实体,与人相对立,是人类需要认识、了解和征服的对象。大自然神秘莫测,主宰和支配着人类,人类要想掌握自己的命运,就必须与其抗争。西方文化也认为对立统一可以达到和谐,但它更强调对立，而中国文化更强调统一。中华民族追求"无、空、虚、和"，西方民族则看重"有、实、矛盾、冲突"。张法在《中西美学与文化精神》中谈道："一个实体的宇宙，一个气的宇宙；一个实体与虚空的对立，一个则虚实相生。"西方人看待什么都是用实体的观点，而中国人则是用气的观点去看的。面对一座房屋，西方人重的是柱式、墙面等实的因素，中国人重的是虚空的门和窗；面对人体，西方人重的是比例，中国人重的是传神；面对宇宙整体，西方人重的是理念演化的逻辑结构，中国人重的是气化万物的"不见其事而见其功的功能运转"。西方文化认为，人要认识宇宙物质世界复杂的结构形式，须对其进行具体剖析，了解其各组成要素，这种探索知识、追求真理的传统可追溯到古希腊文化。柏拉图的《理想国》把"理式"视为自然万物的本源，宇宙万物都是其具体表现形式。亚里士多德在《诗学》中运用理性思维对哲学、美学、文学艺术、修辞学等众多人文学科进行了系统研究，通过分门别类、归纳综合建立了比较完备的学科体系。14、15世纪的文艺复兴运动反对神学统治，高举理性主义大旗，将古希腊文明树立为思想文化的典范。18世纪的黑格尔在《美学》中提出了"美是理念的感性显现"的经典命题，康德的《纯粹理性批判》《判断力的批判》把西方理性主义思想推向了一个高峰。潘知常在《中西比较美学论稿》中认为西方美学"把世界割裂为主体和客体，然后，把客体放在对象的位置上去冷静地加以抽象，从客体的大量偶然性中归纳出某种必然性，某种终极真理"，"建构起一个静态的、永恒的、绝对的彼岸世界"。

西方美学受传统理性主义思想的影响，认为美是客体形式上的恰当排列和组合带给人的一种美感，亚里士多德在《诗学》中谈道："一个美的事物一个活东西或一个由某些部分组成之物，不但它的各部分应有一定的安排，而且它的体积也应有一定的大小；因为美要依靠体积与安排。"著名神学家托马斯·阿奎那认为美有三个条件：一是"完整性或完备性，因为破碎残缺就是丑"，二是"适当的匀称与调和"，三是"光辉和色彩"。《达·芬奇论绘画》中说"美感完全建立在各部分之间神圣的比例关系上"；贝尔的《艺术论》认为艺术作品是"有意味的形式"，作品的"线条、色彩以某种特殊方式组成某种形式或形式的关系，激起我们的审美感情。这种线、色的关系和组合，这些审美的感人的形式，我视之为有意味的形式"。马奇的《中西美学思想比较研究》中现代西方的形式主义、结构主义更是把西方美学重形式的传统推向了极致。

中国美学追求"善美"统一，强调"心师造化""得意忘形"，用"内在感官"对客体"听之以心""听之以气"，追求"意境"，侧重"表现"。西方美学则追求

"真美"结合,把大自然作为蓝本进行忠实模仿,塑造艺术典型("美")来揭示客体本质("真"),精确地再现出客体结构形式特征带给主体的感官(视觉、听觉等)印象,侧重于"再现"。夏夫兹伯里说:"眼睛一看到形状,耳朵一听到声音,就立刻认识到美、秀雅与和谐。"普罗丁的《九章集》认为美主要"诉诸视觉,以文词的安排和各种音乐来说,则诉请听觉,因为乐曲和节奏是美的"。英国著名诗人济慈在《希腊古瓮颂》(*Ode ton a Grecian Urn*)中说"美就是真,真就是美"(Beauty is truth, truth beauty)。陆玉林在"意境与典型"中认为西方美学重"求知",艺术"只有在知识的基础上才能产生,艺术家不仅必须认识创造的对象,而且必须认识创造的手段(即艺术传达的媒介)和创造的规律。来源于认识的艺术其重要目的就在于求知。艺术能给人带来快感,但这种快感是求知的快感而非审美的快感。换言之,求知的快感就是审美的快感"。比较而言,意境不以认识的"真"为目的,故趋向于空灵;典型以认识的"真"为目的,故趋向求实;前者要求诗人、艺术家对宇宙、人生有深切的体悟,后者要求诗人和艺术家对社会人生有深刻的认识。

二、文学作品的意象美

语言文字本身是抽象符号,不像绘画中的线条和色彩、音乐中的旋律和曲调能直接被观众的眼睛和听众的耳朵感知到,但它富于暗示性,能激发读者想象,在其头脑中唤起生动优美的意象和画面。艺术形象(意象)极其深刻意蕴是文学作品艺术价值的核心。作家对生活印象进行艺术加工,使其升华为审美意象,最后将其外化为语言文字,整个过程可以表示为:感性印象→审美意象→语言文字。作家运用审美感官视觉、听觉等去感受五彩缤纷的大千世界,在头脑中积累起丰富而零散的感性印象,然后运用想象和联想使其"变形"为审美意象,这是一个从量到质的飞跃。审美意象融入了作者的理性思索,因此更集中化、典型化,它把零散的感官印象组织成一个有机整体。作家将审美意象外化为生动形象的语言文字,带给读者强烈的感官(视觉、听觉等)印象,在其头脑中唤起栩栩如生的画面,仿佛身临其境。文学语言能激发读者的联想,在其头脑中唤起栩栩如生的画面和场景。文学语言的审美感知(视觉、听觉等)效果潜在于作品的语言符号中,作家善于选择那些"形象生动"即特别容易激发读者想象和联想、在其头脑中唤起立体画面的词语。

胡经之在《文艺美学》中认为文学的"语言(词)较之其他艺术媒介有更为复杂的结构和独特的本质。词比起音符、色彩来,要显得更具'透明性'和'穿透性',因为词所传达的符号不再需要转换成思想,它自身就是思想"。文学语言虽然缺乏其他艺术所具有的形象直观性,但其"精神穿透性和性质的确定性"显示出一种"纵横驰骋、上天入地、忽古忽今、无所拘忌的自由境界",它是"形象的、美的语言,具有美的性质,能够完美地表现意象",能由它的触发而把读者带入艺术胜境。语言艺术家运用这样的艺术语言来创造形象,"状难写之景,如在目前;含不尽之意,见于言外"。雷淑娟在《文学语言美学修辞》中认为意象是"在主观之意和客观之象相互作用下,以直觉思维的形式而瞬间生成艺术表象",意象中的意不是"纯粹的理性、义理,而是情理交融的'情志',是充溢着情感、情绪的思致"。吴晟在《中国意象诗探索》中认为意象是艺术家"内在情绪或思想与外部对象相互熔化、融合的复合物,是客观物象主观化表现",它不是意与象的简单相加,而是两者的交融契合,"凝聚了诗人对物象形态和类属的识别与选择,以及与'意'对应、熔化的审美联想和哲学思辨"。

黄书泉在《文学批评新论》中认为,意象是"情意感性呈现的符号。一是意象之中必须深蕴着诗人主观的情感和意绪;二是意象呈现情意的形式必须是诉诸感情的。二者互为关联,缺一便不能形成意象"。中国古典名著《红楼梦》富于诗情画意,周中明在《红楼梦的语言艺术》中谈道:"曹雪芹把绘画艺术的'应物象形'运用到《红楼梦》的语言艺术中来,不仅在于其处处尽量使语言形象化,从形、影、声、态、神、色等空间使语言造型给人以生动的形象感,而且力求使这种造型要切合小说所描写的典型环境中的典型性格","绘画,离不开色彩。'随类赋彩',是绘画艺术不可或缺的一条原则;浓妆淡抹总相宜,这是绘画艺术所以令人赏心悦目、心旷神怡的一个重要原因。文学是以语言为材料的,而文学要反映五彩缤纷的社会生活,塑造丰富多彩的人物性格,却不能不借助于绘画艺术的随类赋彩"。注重语言的色彩,这正是《红楼梦》语言具有绘画美的一个重要特色,人们常说"触景生情"而一切"景",却首先是以它的色彩进入人们的视觉的;景的形态本身往往首先表现为色彩。因此,色彩常常成为触发人的感情的最敏感的媒介。

散文的意象美有其特色,裴显生在《写作学新稿》中认为散文有"状物绘景、叙写风情风物"的功能。散文的"诗情间接地附丽于山川名胜、自然景物之中,托物言志、情景交融,往往形成诗一般的意境;或者借物借景,直接让主观诗情从文字中流涌出来"。在中国散文中,赋最富于意象美,它兼有诗与散文的特点,铺陈描摹,词丽句工,"赋起于情事杂沓,诗不能取,故为赋以铺陈之,斯于千态万状层见迭出者吐无不畅,畅无或竭"(刘熙载《艺概》),"诗缘情而绮靡,赋体物而浏亮"(陆机《文赋》)。朱光潜认为赋是"状物诗,宜于写杂沓多端的情态,贵铺张华丽"。赋大半描写事物,事物繁复多端,所以描写起来要铺张,才能曲尽情态。因为要铺张,所以篇幅较长,词藻较富丽,字句段落较参差不齐,所以宜于诵不宜于歌。一般抒情诗较近于音乐,赋则较近于图画,用在时间上绵延的语言,表现在空间上并存的物态。诗本是"时间艺术",赋则有几分是"空间艺术"。

三、文学作品语言的情感美

文学语言是高度情感化的语言,能打动读者心灵,感染其灵魂,塑造其人格。中国美学强调"言为心声",《毛诗序》说:"诗者,志之所之也,在心为志,发言为诗,情动于中而形有言。"李咏吟在《诗学解释学》中认为语言是作家的"天赋本能",是其"思想触须"和"生命命脉"。作家"永远是语言的伟大体验者和语言的伟大发明者。语言表达或话语创作是一种精神自由的天赋能力,它需要倾听与领会,越是有生命活力的语词,越容易潜伏在作家的心灵世界中,越容易构造出自由而伟大的形象。语言是一种智慧,它需要你去揣摩,那些伟大的作品必定只有通过'自由的语言'来构筑,他们的生命个性与创作个性也只能通过语言来实现。自由创作者的语言永远具有个性化,它是那么自由舒展,可方可圆,或长或短,或扬或抑,构成生命的自由的音乐和弦,演绎生命的丰富与浪漫、困顿与悲患"。[①] 文学语言是诗性的抒情语言,作家的体验是一种意象思维或象征思维,它离不开"新异、独创、鲜明、灿烂、惊人的意象,离不丌关于意象的象征性情感。意象与情感构成 种亲密关联"。龙协涛在《文学阅读学》中认为"普通语言一经奇妙的变异,词语就超越了原有的概念内涵,句子增添潜能,语言就获得诗意的灵光",其功能"扩展为传达主客观交融的审美信息,作用于人的情感系统"。周仪在《翻译与批评》中认为情趣是"构成风格的首要因素,而在以情和想象为主要特征的诗歌里显得尤为突出"。情趣是"风格的灵魂,是艺术的中心。情的表现是艺术效果的来源,没有情趣美,就不会使人动心,便没有了风格。情趣是审美主体对审美对象的能动的创造情感在作品中的反映,诗歌中所表现出来的则最为丰富和显著,诗人是一种特别富有审美情感的人"。下面是李清照的《浣溪沙》和许渊冲的译文。

小院闲窗春已深, Leisurely windows show in courtyard spring's grown old;
重帘未卷影沉沉。 My bower's dark behind the curtains not unrolled.
倚楼无语理瑶琴。 Silent, I lean on rails and play on zither cold.

[①] 耿英杰:《〈毛诗序〉"发情止礼"说探微》,《河北北方学院学报(社会科学版)》2016年第5期。

远岫出云催薄暮，　Clouds rise from distant hills and hasten dusk to fall;
细雨吹风弄轻阴。　The breeze and rain together weave a twilight pall.
梨花欲谢恐难禁。　I am afraid pear blossoms cannot stand at all.

原词上阕"小院闲窗春已深，/ 重帘未卷影沉沉。/ 倚楼无语理瑶琴"，晚春时节，诗人思念丈夫，惆怅失落，百无聊赖。下阕"远岫出云催薄暮，/ 细雨吹风弄轻阴。/ 梨花欲谢恐难禁"，许渊冲评论说，云好像从遥远的山洞里出来，遮天蔽日，仿佛在催促黄昏早点儿降临，"微风一吹，树影婆娑舞动，雨点一落，绿叶淅沥奏乐，风乎都在和树游戏"。许译上阕"Leisurely windows show in courtyard spring's grown old"将"leisurely"放在句首，明写"windows"，暗写诗人的满怀闲愁；"old"明写晚春，暗写诗人担心自己青春易逝，容颜易老。"My bower's dark behind the curtains not unrolled. Silent, I lean on rails and play on zither cold"将"silent"放在句首，强调诗人内心的惆怅找不到人倾诉，只能默然无语；"cold"与上文的"old"相呼应，传达了诗人内心的凄楚和哀婉。下阕"Clouds rise from distant hills and hasten dusk to fall; /The breeze and rain together weave a twilight pall"中"weave a twilight pall"形象生动，"pall"意思是"dark or heavy covering"，译文用"twilight pall"与上文的"dark、dusk"相呼应，再现了原诗所描写的昏黄黯然的景象和氛围，强调了诗人为梨花经不住风雨的担心和为自己红颜易老的担忧。

在文学体裁中，诗歌、散文、戏剧、小说的情感美各有其特点。唐代白居易在《与元九书》中认为，在诗歌中"感人心者，莫先乎情，莫始乎言，莫切乎声，莫深乎义。诗者，根情，苗言，华声，实义。上至圣贤，下至愚骏，微及豚鱼，幽及鬼神，群分而气同，形异而情一，未有声入而不应、情交而不感者"。王先霈认为抒情散文的构思常"以情绪的变化发展为中心"，读者要把握其"精神境界"，即"人生观念和是非观念、情绪内涵和格调、意境的开阔程度及立意的深远程度"等。散文家"充沛的思想感情和磅礴的精神气势对文章具有决定作用，因此，把握住散文的精神境界，也就从根本上掌握了精髓和灵魂"。龚光明在《翻译思维学》中认为散文富于韵致情味，"无论写景、叙事、咏物、论理，都要能实现双重超越：在摹写景、事、物、理之时，主体的审美观照超越于对景、事、物、理的现实形态的认知；在观照景、事、物、理之时，主体的心灵境界又超越于景、事、物、理的情感意蕴的执着"。

第三章 文化语境下的文学翻译

文学翻译既是语言之间的转换,更是文化之间的交流。语言是文化的一个组成部分,是文化的符号和载体,又是文化的写照,从文化学的角度看,语言是一种文化现象,是文化的反映。民族文化可以分为四种形态:物质文化,行为文化,精神文化,语言文化。翻译的直接对象——语言,总是与文化密切相连。事实上,世界上不存在没有语言的文化,也不存在没有文化的语言。文化因素渗透于语言的词汇、语法篇章结构、文体风格等方方面面。文化因此对语际间的有效转换关系极大。由于文化信息是翻译操作的对象,译者作为文化交流的使者,在翻译时如忽视所涉文化的深层含义,或仅进行语言形式的表层对比而忽视所涉文化的深层异同的对比,必然会导致信息的误传,或造成信息渠道的阻隔、不畅,达不到翻译的目的。

第一节 文化语境

一、语境概说

语境(context),就是使用语言的环境,这种语言环境对使用者的言语活动起着解释或制约的作用。早在20世纪20年代,马林诺夫斯基就指出,"语言环境对于理解语言来说是必不可少的",并就"文化语境"与"情景语境"对话语的影响和制约进行了深入的研究。继弗斯之后,20世纪60年代,戈夫曼、海姆斯、韩礼德、莱昂斯与费什曼等语言学家相继从各种角度对语境进行了阐述。国内学者对语境的论述也可谓是灿如星河,泱泱乎大观,如陈望道、王德春、何兆熊、王建华、王建国、朱水生、吕公礼和关志坤,等等。对语境的研究使得语言学家们从语言自治的原则中摆脱出来,并关注语言与社会的关系,语言与现实、使用者的固有联系。然而,到目前为止,语境到底包括哪些要素,语境应如何定义,不同的学术流派、不同的语言学家的看法各异。可以说,有多少个研究者,就有多少种语境说。

虽然语言学家们对语境的定义没有达成统一，但他们都基本上赞同语境的两大功能，即释义和制约的功能。释义功能指语境可用于解释传统语义学无法解释的语言意义，制约功能指语境对交际双方在语言使用上的制约作用。以上对语境的传统研究，我们称之为静态的语境观。随着语境研究的深入，原先对语境要素静态的分析对动态交际过程中的话语不能起到有效的解释和指导作用，因此，动态的语境观随之而起。传统的语境研究把交际双方置于被动位置，即语境先于交际过程而存在，交际受控于语境。实际上，在交际过程中，发话者不仅要遵循一定的原则，使自己的言语交际符合相应的语境要素，而且还要会利用各种语言及非语言手段，为以下的言语交际创造一个适当的言语环境，以便更有效地达到自己的交际目的。话语的理解过程，同样也是一个语境的选择过程，受话者要在有限的交际时间内选择相关的语境要素组成一个言语环境，以便更快、更有效地理解话语，提高交际效率。研究语境的动态特征，就是把语境置于发展变化的言语交际过程中进行研究，即研究交际者一方面如何受到语境要素的制约，另一方面又如何能够借助一些语言手段来"操纵"语境要素，以达到自己的交际目的。例如，发话者可以有意识地"操纵"共有知识，使得受话者激活共有知识中的相关要素，并且加入交际过程中的即时信息，从而有效地达到自己的交际目的。如此，交际者被视为具有主观能动性的个体。交际者为了实现自己的交际目的，不仅要使自己的话语与一定的语境要素相符合，而且要能够构造或重新构造一个对自己的言语交际有利的语境。交际者不是在固定不变的语境中进行交际的，也并非只是被动地受控于语境，他们同时能够选择和"操纵"语境。

二、宏观的文化语境

定义"文化"的难度很大，世界上对"文化"的理解各不相同，定义也多达几百个。我们从社会心理学这个角度把"文化"理解为一套解释行为的准则。中国有着几千年的历史，几千年的历史积淀下来的文化比任何一个国家都要厚重。中国社会的主流话语是儒家创造的，诸如"仁、义、礼、智、信""忠、孝、节、义"，构成了中国社会基本的舆论导向，构成了中国人基本的文化心理，构成了与西方文化完全不同的文化表征和话语特质。儒家讲求"仁、义、礼、智、信"，谓之为"五德"，但其基本要义体现在"仁"和"礼"上面。一部《论语》集中体现了"仁""礼"在说话、形式方面的要旨和规范，也就是伦理观、道德观。那么，何谓"仁"，何谓"礼"呢？"仁"是二人的合成，就是讲人与人之间怎么处理好关系，也就是如何处理好伦理关系，后来经过不断发展，便变得抽象起来了。

《论语》里说:"克己复礼为仁。""克己"如果按照英语"to conquer oneself"来理解是会引起误解的。因为孔子的这一思想不是指人竭力克制自己的物欲,相反,它意味着人应该在伦理道德的范围内使自身臻于完善。事实上,"克己"这个概念极其类似于修身的概念。

"复礼"比一般英译的"return to propriety"包含更广泛、更深刻的含义。一般说来,"礼"意味着在社会的、道德的甚至是宗教环境中的行为规范和准则,而且"复"这个词也不是意味着对既定环境的消极顺应。事实上,"复礼"是要人们按"礼"来行动,它不是消极的顺应,而是积极的干预。"礼"字的本义据《说文解字》注:"礼,履也。所以事神致福也从示,从丰。"就是说,"礼"的本义是"事神致福",属于一种祭祀行为。

祭祀要讲各种规矩,"礼"便用来指谓礼制。众所周知,"礼"是中国古代哲学思想的一个重要组成部分。《管子·王制》明确提出了"礼"就是维护现行社会等差的行为法则:"上下有义,贵贱有分,长幼有等,贫富有度,凡此八者,礼之经也。"说明白些,"礼"就是要求人们如何说话、做事,从而建构社会秩序。"礼"如何教育人们行使言语行为呢?子路问政于孔子,孔子指出:"名不正则言不顺,言不顺则事不成,事不成则礼乐不兴,礼乐不兴则刑罚不中,刑罚不中则民无所措手足。"(《论语·子路》)

"正名"就是要维持君君臣臣、父父子子等的等级关系,这种等级关系一方面反映在语言上,另一方面也通过语言来实现在"礼"的表现中。他人的首要地位在"恭敬之心,礼也"或者"夫礼者,自卑而尊人"的思想中得到了最好的说明。这种"上下有义,贵贱有分,长幼有等"的思想衍生到现在,依然在人们的日常话语尤其是职业性话语中打下了烙印。"仁"教育"君子"在伦理道德的范围内使自身臻于完善,即具备"直""义""忠""恕",尤其是"仁"的美德,除了内在的美德之外,还需要有外在的礼仪、文雅,即"礼"。这样,内在的美德和外在的文雅保持适度的平衡就呈现均衡的态势,即"中庸"。"中庸"和均衡在历史的发展过程中逐渐改变了原来的积极意义而向"保守""妥协"的消极意义靠拢,更深刻地影响着人们的思维方式。以儒家学说为主的传统文化在中国几千年的政治生活中起着至高的作用。时至今日,虽然封建制度和封建等级思想已经被扔到了历史的旧纸堆里,但传统文化的余音仍在人们的心中回荡,从而也影响着政治话语参与者的话语建构和话语理解。

三、文化语境的作用

许多语言打上了本国文化的烙印，代表了当地的文化特征。由于文化的元素种类繁多，包罗万象，给文化语境下定义也很难准确表述。语言包含着丰富的文化，文化依靠语言得以传播。而从事翻译这种"双语双文化的活动时就必须兼顾语言的准确性和文化的完整性"。

> She said, reaching for another apple, "you've got to cross your heart and kiss your elbow".

她说着又伸手拿了一个苹果，"你得在胸前画十字，还要亲吻一下你的胳膊肘"。（在胸前画十字，亲吻胳膊肘：西方的一种宗教仪式，表示对上帝的虔诚、祈祷，含义为"你发誓"。）

众所周知，在西方国家中，基督教信徒众多。他们每天都会向上帝祈祷，表示对上帝的虔诚，如获取食物之前、要作出某种重要的行动之前或者要说出某种可能造成不好后果的消息之前。在此例中，女主角之所以有这样的举动是因为她要提到小说中另一个角色了，但她不确定这是不是不够光明磊落。联想到西方的宗教文化，女主角让男主角"在胸前画十字，亲吻胳膊肘"是由于心虚，希望男主角不要说出去，对上帝起誓，宗教文化可见一斑。在此处采取直译加注的方法来处理，既保留了原文的文化色彩，又照顾到了目的语读者。

英语中常有跟上帝有关的短语，如"for god's sake""God bless me"等。如果不了解这些宗教文化，翻译时就会束手无策。除了上述所举例子，小说中还出现了很多负载了文化因素的表达，如"crazy house"意即"疯人院"等。一个负责任的译者应当尽力把源语中的文化用目的语恰当地表达出来，而且使目的语接受者与源语接受者产生同样的反应。遇到需要"翻译"文化时，译者首先在译语中找到类似源语的表达，如"as white as snow"，在中文里也可以找到类似的说法，"白得像雪一样"；但还有很多是中西方文化互相冲突的，如英文中有"as timid as a bare"的表达，而中文不说"胆小如兔"，而说"胆小如鼠"，此类例子不胜枚举。当源语与目的语文化不相容时，译者就要尝试着采用不同的方法来传达原文意思，或者采取直译法，或者采取意译法，或者采取直译加注法，或用目的语中类似的表达来代替源语等。

第二节 语言文化与翻译

一、语言文化与翻译的文化交流

翻译活动几乎与人类的语言一样古老。两千多年来，随着社会的进步与发展，语言学及其他相关学科的兴起与发展，翻译研究也从经验杂谈或点评式的只言片语发展成一门较为科学、系统的综合学科。人们对于翻译的认识越来越趋于成熟，有关翻译的定义和性质的认识及研究就经历了一个逐步完善的过程。翻译的传统定义是："翻译是运用一种语言把另一种语言所表达的思维内容准确而完整地重新表达出来的语言活动。"近几年来，随着翻译研究领域的拓展和大量新理论、新方法的引进，人们越来越倾向于采用文化研究的视角和方法来研究翻译。学者们开始对传统的翻译之意义的字面理解产生质疑：翻译究竟是否仅限于两种语言形式的转换？实际上，翻译不仅是两种语言的转换，更是两种文化的交融。文化传播的一个重要媒介就是语言，而翻译研究的切入点首先也自然是语言，将不带任何意识形态意义的"语言"的范围扩展到带有文化霸权和意识形态色彩的"话语"（discourse）范围，因为当今时代翻译的内涵已经涉及了后者。在当今"信息时代""知识经济时代""全球资本化时代"，将翻译纳入文化研究的大语境下无疑是比较恰当的。人们对翻译有了新的认识，翻译有了新的内涵，因此我们可以将翻译定义为："翻译是译者将一种语言文字所表述的内容用另一种语言文字表述出来的文化活动。"文化是一个十分复杂的社会学范畴，包括知识、宗教信仰、文学艺术、心理、法律、道德、传统风俗、价值观念、社会意识形态、科学教育及社会成员间的交往习惯等。《辞海》对"文化"的解释为："人类在社会实践过程中所获得的物质、精神的生产能力和创造的物质、精神财富的总和。"翻译是一种文化活动，是因为翻译的产生离不开文化交流的需要，翻译是文化交流得以进行的工具，而翻译的结果又对文化的发展起到了促进作用，文化交流又反过来对翻译实践和翻译研究起到了推动作用；通过翻译进行的文化交流势必促进新思想的交流，而新思想的引入无疑也会推动翻译事业的发展。

二、学者对翻译与语言文化的认识

在我国，王国维第一个从理论上指明了翻译与思想文化交流的内在联系，最早自觉意识到了翻译的思想文化内涵，他指出："言语者，思想之代表也。故新思想之输入，即新言语输入之意味也。"香港浸会大学翻译研究中心教授张佩瑶也认为："翻译绝对不是简单的（或复杂的）语言换码，而是通过语言换码而进行文化沟通的实际场景。所谓文化沟通，又往往不是理想化的文化交流观里面两种文化坦诚相对、放开成见、互相认识的过程，而是两种（或多种）文化在不同的历史氛围和政治形势，不同的知识领域和认知模式，以及不同的权力关系和话语网络里面，因接触而产生的碰撞、交锋、抗拒、控制、角力等磨合过程。"在此，张先生强调了文化因素在翻译中的重要作用和文化的相异性。美国翻译理论家奈达在《语言、文化与翻译》(*Language, Culture and Translating*)一书中指出："For truly successful translating, biculturalism is even more important than bilingualism, since words only have meanings in terms of the cultures in which they function."他认为，对于成功的翻译，译者的双文化能力甚至比双语能力更重要，因为只有文化才赋予词语以真正的含义。语言是文化的载体，文化是语言的内蕴。语言作为文化的一部分，不仅对文化起着重要作用，同时又受文化的影响，反映文化。传统的翻译研究将研究重点主要放在语言文本之间的转换或纯粹的语码之间的转换上，往往围绕着"直译""意译"等翻译方法和翻译技巧讨论，往往忽视了译语中的文化因素，忽视了文化信息的传递，忽视了翻译的动态功能、读者反映、语用效果及社会意识形态等。随着翻译实践的增多和翻译研究的不断深入，人们越来越认识到了文化因素在翻译中的主导作用。翻译作为一种语言的转换活动，实际上是将一种语码所承载的文化信息用另一种语言表达出来。人们如今对翻译这一术语有着全面的和全新的理解：从字面形式的翻译或语言符号的转换逐步拓展为对文化内涵的翻译（形式上的转换和内涵上的能动性阐释），因此，研究翻译本身就是一个文化问题，尤其涉及两种文化的互动关系和比较研究。翻译是两种文化的交流和协商。译出语文化和译入语文化应是两个对立的文化主体。

西班牙巴塞罗那大学教授皮姆区分了跨文化（cross-culture）、多元文化（multiculture）和交互文化（interculture）的概念。跨文化指一种文化跨移到另一种文化中，多元文化指在一个社会或政区中存在多种文化，而交互文化指的是不同文化的交叉或重叠。译者所从事的翻译活动即翻译文化，存在于两大文化的交叉部分，即非原语文化，也非译语文化，是交互文化。译者是两种文化的中介，但这并不等于说译者是文化的中立者，其文化身份和文化取向不可避免地会体现在他的翻译选择和翻译方法等方面。他可以通过其翻译对现存译入语文化予以肯定或否定，加以强化或变革或颠覆等。无论如何，其文化价值取向必然会在其译作中留下痕迹。

近年来，翻译的文化研究硕果累累，说明了学者们更加关注翻译这一跨文化（cross-cultural）、跨社会（cross-social）的特殊文化交流活动。20世纪70年代西方出现了翻译研究的"文化转向"（cultural shift 或 cultural turn），形成了面向译入语文化的文化学派翻译理论。翻译研究的译入语文化取向不可避免地要涉及译者的文化身份、翻译主体问题，这无疑为我们提供了翻译研究的新视角。由原来的文本作为翻译单位转为以文化作为翻译单位，这种翻译的"文化转向"标志着翻译研究领域中的重大变革，开拓了翻译研究的新空间，具有划时代的重要意义。当然，在文化转向的大趋势中，在强调翻译的文化研究的同时，并不能忽视微观层面语言学派的翻译研究，因为语言和文化是密切相关的。翻译研究一方面应围绕着所涉语言的文化渊源、政治、经济、社会、意识形态等文化背景进行，另一方面也应注重语境、语域和语篇结构的研究。

三、语言文化与翻译的研究要素

翻译不能只研究文本（即原文文本和译文文本），还应研究文本以外的因素（extratextual factors），如翻译的目的、用途及译语社会的文学传统及其他社会文化因素。翻译是一种文化活动（cultural activity）还体现在译事是一种三元关系上，它涉及原文作者、译者和译文读者三个因素。在翻译过程中，译者如何避免纯粹的两套语言符号的转换，而真正达到语义信息和文化信息的转化确实不是一件易事。译者首先应和原文作者的思想感情达成共鸣，将原文的信息内容"化"为己有，然后发挥自身的能动作用或创造性，将原文能动地"化"入译语中，"化"入译语读者的心田里。这种"化"的过程必须是全面权衡、对比两种语言文化的过程，否则，译作不可能成为转化了的佳作，只能是机械转换的产品。译文读者往往与原文读者处于迥然不同的时代、文化和社会背景中，他们的文化素养、理解水平、兴趣爱好、审美情趣等方面都不同于原文读者，因此，译者要充分了解他们的需求，把握好他们的审美期待和接受取向，使译文真正被读者所接受。正因为此，当年严复采用桐城派的古雅笔法翻译的一系列资本主义理论书籍受到了当时的官僚和上层知识分子的欢迎，因为他的古雅的译文在语言形式上引起了这些人的兴趣，他能投其所好，因此获得了其理想的读者群。根据当时中国的社会背景，严复想通过翻译把英国的社会科学、富国强兵的文化介绍给中国知识分子，令中国也富强起来，不再受欧美列强的欺侮；想通过翻译在一定程度上把英国的一些社会科学观点按照自己的意思介绍到中国来，希望能达到影响改造中国知识分子的思想和观点的目的。严复由于了解当时的社会需求，了解当时的文化背景，其译作才拥有了其预期的读者，其译作的语言形式和当时的文化背景都是其成功的主要因素。这一事例也很好地说明了语言与文化的关系。

同样，林纾翻译的外国文学作品尽管错译漏译颇多，在语言和语义内容上可谓不忠，但在当时却有积极的社会意义：首先，其译作让中国人了解了西方社会，加强了人们的反帝反封建意识；其次，其介绍的外国小说的创作体、风格与手法等对促进我国的文学创作起到了积极的作用，其翻译对我国的文学翻译事业产生了深远的影响。从历史的观点来看，林纾在介绍外国小说方面，是一位筚路蓝缕的先驱者，他的译作使广大读者扩大了眼界，认识了外国文学作品，增强了学习外国语言文学的兴趣。总之，尽管其翻译存在这样那样的问题，但瑕不掩瑜，其作品之所以受到读者的欢迎和社会的接受，是因为它们满足了当时社会的需求和文化的需要，顺应了社会潮流，适应了读者的口味。由此可见，仅从语言层面论述译文的忠实与否是不能说明翻译作为一种文化现象的真实或现实性的。严复、林纾等的"不忠"译文对我们的文学、文化的确起到了不可磨灭的作用，怎样对这一现象进行合理化的阐释，不涉及译入语文化问题是办不到的。严复、林纾的翻译说明翻译是不同社会文化体系在接触与碰撞中发生的，对其认识无法脱离社会文化的具体语境。对译品的评判，仅囿于语言层次、文本之间的"忠"与"不忠"的讨论是无济于事的，译品的高低优劣还应考虑翻译的预期目的这一因素。严复、林纾带着改造社会和对幻想的美好未来的强烈渴望有目的地去翻译，必然会在译作中利用一切可能的机会表现自己的意志。原作对他们来说，与其说是复制的模子，倒不如说是激发灵感的源泉。总之，严复、林纾从事的翻译都有深刻的历史背景，对民族思想文化的沟通起到了积极的桥梁作用，在我国的翻译史上留下了不可磨灭的足迹，这充分说明了翻译是一种文化活动。

许均认为："一部作品被引入一个新的语言与文化环境，文本生命所以生成的条件与环境发生了变化，原作不可避免地会发生变形，问题的关键在于，原作的变形，有的是由于客观的障碍和各种差异造成的，而有的则是主观的追求。"从严复、林纾的翻译和其影响，可以看出译家在翻译过程中的主体因素的重要性。当前人们从文化角度研究翻译，关注的焦点之一则是译者的主体因素（subjectivity）。这种主体性实际上是译者的一种叛逆性，反映了译者为了达到某一主观愿望而造成的一种译作对原作的客观背离，这一主体性要受译作文化的制约。翻译的起因、隐含的读者、出版与营销政策等社会因素受人、社会政治甚至意识形态的限制，对译者有更大的影响。严复和林纾的翻译则能很好地说明这一点。研究他们所处的社会环境对他们的影响，研究其作品对文学文化及社会发展的影响，可以了解译家研究在翻译研究和文学、文化及社会发展中的意义。

第三章　文化语境下的文学翻译

　　原作和译作是作者、译者、译文读者三者之间进行思想及感情交流的工具、载体，仅从语言转换层面研究翻译、研究作者、译者和译文读者三者之间的关系是远远不够的，应着力于研究文化交流过程中的重要问题。译者是文化交融的使者，将翻译视作语言层面的转换会抹杀译者的文化功能和作用，抹杀译者的主体性作用和创造性功能，抹杀社会文化环境的影响。但译者的主体性和创造性功能的发挥必须适度。如何把握好这个"度"字，关键在于在翻译的过程中，译者在正确处理好所涉语言的言内行为、言外行为和言后行为的同时，真正切实考虑社会文化语境、翻译目的、读者需求等因素。总之，重视翻译活动中译者主体的主观能动作用这一最积极的活动因素是推动限于语言层面的翻译研究转向文化研究的重要环节之一。中外翻译史都清楚地展示了翻译的主体因素在翻译中的作用与他们对翻译活动的理论思考。主体因素受社会文化的制约。

　　文化及文化交流是翻译发生的本源，翻译是文化交流的产物，翻译活动与文化紧密相连。翻译对译入语文化有着重要的意义和影响，我们可以通过翻译摄取外域文化之精华，也可以通过翻译译介本土文化之精华。翻译所涉及的远远不只是语言符号间的过渡。翻译是在特定环境下达到特定目的的信息传递。翻译活动与权利结构、意识形态，以至与整个社会文化的状况都有着密不可分的关系。翻译的基础不在于语言符号的表达能力，而是取决于人们建构社会关系、进行人际交流的能力。翻译的产生来源于它的社会属性，而非来自语言的差异。由于人类建立了具有特定结构的社会关系，语言从此有了区分，由此产生了语言隔阂和理解困难等交际问题，因此，翻译成了解决交际困难、沟通交际的桥梁。翻译是以语言为媒介的信息传递活动和社会文化活动。奈达曾经指出：翻译的首要任务是"信息的对等"，信息的传递不可能脱离外部环境。他的功能对等（functional equivalence）或动态对等（dynamic equivalence）理论和英国翻译理论家彼得·纽马克（Peter Newmark）的交际（变通）翻译（communicative translation）理论的提出就是基于翻译的社会文化特色。译者在翻译的过程中，只有真正认识到了包括文学、历史、政治、经济、宗教信仰、社会习俗等各种文化因素的超语言因素，才能在实践中自觉进行动态对等翻译或变通翻译。译者不仅须是"双语人"，而且还须是"双社会文化人"，穿梭游弋于两种社会文化之间。这就要求译者必须对社会文化有一个全面透彻的了解。只有全面了解了社会文化现象，才能在翻译中得心应手。

四、语言文化与翻译的交际作用

语言在交际中具有双重作用，它既是交际的工具又是交际的障碍。我们往往强调前者而忽视了后者。多种多样的语言在不同的社会文化的滋养下产生，它们时时反映着各自代表的社会与文化。社会文化的多样性造成了语言之间的差异、距离和隔阂。汉语和西方语言的形成各有其社会、自然、历史和文化的因素，两者的表达方式也因思维方式的不同而各异，语义上的描写也因经验和认识的不同而有别。傅雷就曾把汉语和西方语言的不同归纳为："文字词类的不同，句法构造的不同，文法与习惯的不同，修辞格律的不同，俗语的不同，即反映民族思维方式的不同，感觉深浅的不同，观点角度的不同，风俗传统信仰的不同，社会背景的不同，表现方法的不同。"译者应拥有较强的文化意识，充分意识到这种不同和差异，在翻译中化解两种语言文化之间的矛盾，消除二者之间的距离。朱纯深举的例子则能很好地说明这一问题，"pass"一词在英语和汉语中具有截然不同的文化语义内涵，比如在崇山峻岭中看到一处"缺口"，英语用"pass"表示，于无路处找到了一个通道；汉语则说那是个"关"，该建堵城墙，开个门将其"关"上，再"一夫当关，万夫莫过（pass）"。对同一个词，汉英两种语言有完全不同的语义内涵，一个表示"堵"，一个表示"通"，究其深层原因则是由于两个民族的不同思维方式和民族心理所致。中国传统中占统治地位的意识形态素来崇尚"（单）一"而反对"多（元）"，这无形中助长了集体思维方式的封闭性。表现在翻译理论方面，中西方之差异则很明显。中西不同的哲学思想、不同的价值体系及不同的语言文化始终对中西译论体系发生着重要的影响。

中西译论植根于不同的文化土壤，必然要打上不同的文化烙印，谭载喜认为："较典型的一点区别是，西方译学理论家如奈达、霍姆斯、维尔斯、巴思内特、勒费维尔、斯内尔霍恩比、贝尔曼等人趋于强调翻译学的多文化或跨文化性，我国译学理论家如秋斯、刘宓庆等人则趋于强调翻译学应显民族特色，提倡要建立具有中国特色的翻译学。"朱纯深也认为："西方翻译理论很少刻意强调其民族或国家特色而自限，反而处处标榜或发掘其普遍的合理性、跨语言文化的适用性，处处在找'pass'。"从"pass"一词的翻译可以看出，翻译并非只是两种语言的转换，而是两种社会文化的交流。语言具有文化功能，即语言具有记载和储备该语言所代表的文化的信息或内容的作用。一种语言总是与某种特定的文化联系在一起。一种语言中的词汇和语法代表了使用该语言的民族千百万年来对各种客观事物及其相互间的联系的认识，是该民族对客观世界的高度抽象和概括，社会文化对语言有着深刻的影响。为了使不同的语言文化之间得以成功地交流和沟通，在翻译过程中，译者应竭力消除不同语言文化之间的隔阂、距离和差异，具备一种文化意识，重视原语的社会文化背景，避免由于文化差异而造成的错译和误译。要随时注意语言的文化功能会给译语读者造成的种种障碍，并在翻译过程中加以化解。

在翻译实践中，翻译技巧往往是和文化因素密切联系的。翻译不能局限于语言形式间的机械转换和对应。翻译操作注定是一种在各种语言文化因素共同作用下的折中，受诸如翻译目的、译文对象、语篇类型、译文接受环境等方面的社会文化因素的影响，并体现在译者的翻译策略的选择上。由于文化因素的制约，因此，简单地对"直译""意译""字面主义"（literalism）或"自由主义"（liberalism）做出优劣高低的评判是不可取的。翻译中，所涉两种文化的对应情况一般可以分为：完全对应、部分对应和非对应三种。对此可以根据不同的具体情况或直译，或意译，或音译，或移译，或阐释，或采用其他各种不同的翻译方法。完全对应的情况指的是那些操两种不同语言的民族有着相同或至少类似的文化认知语料，译时可采用目的语中能全面准确表达原语所承载的文化信息的现成表达法。例如，"Practice makes perfect"与"熟能生巧"所传达的信息是相同的，也同样可以直接互译。又如，"To strike while the iron is hot."趁热打铁。中国人和英国人都说："用我的心爱你。""love you with my heart."无论是在语言表达还是在文化信息方面，两种语言都是一致的，这典型地反映了不同国家和民族的语言和文化之间的相通性。部分对应指的是：两种语言所传递的文化信息相同，但表达方式不同；或表达方式相同，但传递的文化信息不同。这种情况应采用对译的方法，丢形式，保信息。

第三节 现代文化与翻译

一、现代文化翻译理论原则

（一）时代背景

20 世纪 80 年代初，中国进入了改革开放时期。随着日益频繁的中外政治、经济、文化交往，促进了翻译事业的新繁荣，引进了外国翻译理论，推动了中国现代翻译思想的发展。迎来了新中国成立后的第二次翻译高潮（主要以英汉翻译为主）。在这次翻译大潮中，大体而言，占主流地位的仍然是文学作品的翻译，主要是世界文学名著的翻译。还有一个明显的特点，是社会科学著作的翻译。面对改革开放这一历史时刻，学术界解放思想，开拓创新，借助翻译来全面系统地介绍外国新思想，促进我国学术文化思想建设。

随着改革开放翻译大潮的到来，翻译理论研究工作也得到了蓬勃发展。1986年，姜椿芳在中国译协召开的第一次全国代表大会上作了题为《团结起来，开创翻译工作新局面》的报告，标志着中国进入现代翻译思想发展时期。这一时期的普遍特点是：已经具有了淡薄的学科意识，只有使翻译成为一门"从属"学科的认识，但没有使之成为一门具有独立地位的新生学科的意识。西方进入现代翻译思想发展时期是从1959年起至1972年。相比之下，中国进入现代翻译思想发展时期比西方现代翻译思想发展时期晚了近二十年。

（二）代表人物

1. 王佐良

王佐良学生时期就写诗，并有英文诗发表，他的中篇小说《昆明居》为世人所知。20世纪50年代起，他以双向翻译从事文化交流和文学研究，把中国戏剧文学名著《雷雨》等作品译成英文，把多种英诗译为中文，主张以诗译诗，存原诗风貌；研究英国文学的中英文论著，以文艺复兴时期和现代诗歌两个领域为主。王佐良集诗人、翻译家、研究工作者于一身而各有成就。他与许国璋、吴景荣曾被誉为新中国的"三大英语权威"。

王佐良专于英国文学的研究。著有《英国文学引论》《中外文学之间》《论契合：比较文学研究集》《照澜集》《风格和风格的背后》和《英国十七世纪剧作家韦伯斯特的文学声誉》（*The Literary Reputation of John Webster to 1830*）等，译有《彭斯诗选》《雷雨》。王佐良是诗人，讲诗、评诗、译诗得心应手。他有很多著述都是讲诗的，如《英国诗史》《英国浪漫主义诗歌史》《苏格兰诗选》《英诗的境界》《英国诗选》《英国诗文选译集》《谈穆旦的诗》《英国文学名篇选注》等。上中学时，他已在报刊上发表诗作多首。在西南联大写的两首诗被闻一多先生选入自己的《现代诗抄》。20世纪40年代是他写诗的旺盛时期，写了《春天想起了莎士比亚》《异体十四行诗八首》《去国行，1947》《伦敦夜景》《巴黎码头边》《1948年圣诞》等诗作。当然，最广为流传的篇作是他翻译《培根随笔集》中的《论学习》。该译作的语言精练优美传神，被广大读者视为最权威的版本。王佐良的新时期思想观主要有以下几点。

第一，重视相关因素的协调。王佐良认为翻译本来就是一种调和的、辩证的艺术。在他的文章《新时期的翻译观》里，对中国翻译理论的发展首先提出了在继承我国传统翻译思想的基础上对外开放的指导思想。在引进现代科学理论方面，他是较早引进西方现代语言学科理论（如语义学、文体学），运用于翻译理论研究的翻译家，同时更注意到了翻译的综合性和多种相关因素之间的复杂关系，以及如何调和、辩证地处理这些相互作用的诸要素之间存在的差异和对立统一关系。这就是王佐良提出的要建立翻译研究的跨学科、综合性途径。

第二，走出传统。王佐良认为，应该使整篇译文在总的效果上与原作一致。王佐良在"忠实"这一问题上提出自己的观点。他认为："译者的任务在于再现原作的风貌和精神。译者重要的是要译出整个概念，或者整片情感。应使整篇译文在总的效果上与原作一致。如果译者掌握了整个作品的意境、气氛或效果，他发现某些细节并不直接促成总的效果，就可以根据所译语言的点作变通。这样他就取得了一种新的自由，使他振奋精神，敢于创新。在文学作品特别是诗的翻译中，更重要的是注意通篇的神似问题。"王佐良在他的多篇论文中反复强调他的翻译观点，即译文要忠实原作，译文是原作的灵魂，是整个概念、整片情感、整个作品的意境、气氛或效果。通篇神似，全局在胸，最终达到"使得整篇译文在总的效果上与原作一致"的目的。这一观点与西方当代翻译功能主义学派的目的论的观点基本一致。同时，王佐良也强调注重创新，他提出："诗贵创新，创新的一端是改造传统，创新的另一端是借用外国意境。"提出理论的同时，王佐良也在翻译的实践中切实履行自己的理论，并且不断在翻译实践中丰富和完善自己的理论成果。

第三，走向读者。王佐良提出"吸引心目中预定的读者，这是任何译者所不能忽视的大事"。他的这种理论，是其深入研究学习严复的翻译思想的结果，并在学习严复思想的基础上，不断创新，发展自己的理论。他认为，严复是20世纪60年代西方"读者反应论"的典型代表，严复的用心，就用在"接受者"身上，用在"心目中预定的读者"身上。王佐良至此，从严复的用心处着眼点而感悟到了"吸引读者——这是任何译者所不能忽视的大事"这一思想。谈到严复的"信、达、雅"与读者的关系，王佐良强调他的翻译实践就是全力争取这样的读者的实践。拿实践来检验他的理论，我们就容易看出：他之所谓"信"是指为这样的读者准确传达原作的内容，"达"是指尽量运用他们所习惯的表达方式，"雅"是指通过艺术地再现和强调原作的风格特色来吸引他们。由此可以看出，严复的翻译思想深刻地体现了他的翻译标准是从发出者移向接受者的过程，把目光投向了读者。他的翻译标准也可以说是一个社会当时的价值观的反映。王佐良深得严复的良苦用心，继承严复的翻译思想。在文章的最后，他大声疾呼："吸引心目中预定的读者——这是任何译者所不能忽视的大事。"体现了王佐良的先生一生追求的"为读者着想"的翻译思想。

第四，重视文化研究。王佐良认为"翻译者必须是一个真正意义的文化人"。王佐良的两篇文章《翻译中的文化比较》和《翻译与文化繁荣》中，论述了翻译与文化的密切关系。他认为，应该把翻译置于广阔的大文化背景下进行研究，强调文化观点和历史意识。王佐良说："翻译里最大的困难就是两者文化的不同。在一种文化里面有一些不言而喻的东西，在另外一种文化里头却要费很大力气加以解释。"王佐良指出，翻译者必须是一个真正意义的文化人。不了解语言中的社会文化，谁也无法真正掌握语言。在翻译中，译者处理的是个别的词，他面对的则是两大片文化。王佐良积极提倡把翻译研究与作为一门新学科的比较文化结合起来，他指出，如果我们能进而探讨翻译的文化意义和历史作用，或者进一步把它同比较文化这个新学科结合起来，那就能使我们在进行文化交流的时候更能透视全局，综观古今，更能根据不同对象，提高实际效果。因为文学翻译的研究在本质上是社会的、历史的、文化的研究。

王佐良的呼吁和他的翻译与文化的研究成果在社会上引起了很大反响。自20世纪80年代末至90年代初，在国内出现了一股"文化翻译热"，一度形成了翻译理论研究的"文化学派"，王佐良正是其中的代表人物。他从文化层面上对翻译进行整体性思考，可以说是我国翻译理论研究领域的一个本质性的进步。这一翻译观点与当代西方译学"文化转向"观点几乎是同步的。当代西方学者谢莉西蒙指出："20世纪80年代以来，翻译研究最激动人心的一些进展属于被称为'文化转向'的一部分。转向文化意味着翻译研究增添了一个重要的维度。不是去问那个一直困扰翻译理论家的传统问题——'我们应该怎样去翻译？什么是正确的翻译？'而是把重点放在了一种描述性的方法上：'译本在做什么？他们怎样在世上流通并引起反响？'这种转向使我们理解到翻译与其他交流方式之间存在着有机的联系，并视翻译为写作实践，贯穿所有文化表现的种种张力尽在其中。"由此可见，王佐良文化翻译思想的远见卓识。

2. 叶君健

叶君健（1914—1999），笔名马耳。著名翻译家、儿童文学家。擅长用世界语、英语写作。自幼喜爱英文，高小二年级就学英文课程，一年后便可阅读《伊索寓言》、简写本《天方夜谭》等简易读物。1933年到武汉大学攻读外国文学。在校期间便开始翻译外国弱势民族国家的文学作品。毕业后赴日本教授英文和世界语。1938年，抗战时期在武汉参加周恩来、郭沫若领导的政治部第三厅作国际宣传（翻译）工作。后在香港工作，在此期间，翻译了毛泽东的《论持久战》和其他一些最新论著，这些书在菲律宾马尼拉出版。这是毛泽东著作第一次在国外以英译本形式正式出版流传。

第三章　文化语境下的文学翻译

同时，他还翻译了当时一些优秀的中国抗战文学作品，在欧美国家刊物上发表，后集成《中国抗战小说集》。第二次世界大战结束后，他进入英国剑桥大学的英王学院，研究西方文学。

在研究工作之后，开始用英文创作小说。1958年，他参加翻译《毛泽东诗词》，并在他主编的《中国文学》上首次发表。1960年成立了毛诗英译定稿小组，修订或重译全部毛诗。1976年《毛泽东诗词》（共37首）英译本正式出版，并成为法、德、日、意、西和世界语等几种译本的蓝本。叶君健通晓英文、法文、丹麦文、瑞典文、世界语等多种语言文字。一生翻译了大量外国文学著作，尤以翻译安徒生的童话而闻名于世。主要译著有爱斯古里斯《亚格曼农王》，麦特林克《乔娜娜》，易卜生《总建筑师》，托尔斯泰《幸福的家庭》，梅里美《卡尔曼》，贝洛奇等《南斯拉夫当代童话选》等。主要论著有《读书与欣赏》《西楼集》等。

叶君健的翻译理论主要有以下几点。

第一，译者介入。叶君健认为，我们需要具有个性的译作。传统翻译观念认为，翻译就是忠实地传达原作的内容和形式，要把原作的内容确切地完全表达出来，无改变或歪曲的现象，无增添或删减的现象，无遗漏或阉割的现象。也就是说，不强调译者的作用，译者应充当"隐形人"，彻底"隐身"，要做到感觉不到译者的存在，完全忽略译者客观存在的介入行为。叶君健认为，译文要做到绝对的"信"很困难，在大多数情况下，只不过是与原文近似罢了。翻译不能说是复制，而确实有再创造的一面，因而也是一种文学创作。当然，这种再创造需要基于原作，基于"信"，而"信"的程度又与译者对原作的理解有密切的关系。而这种理解又往往与译者各方面的修养分不开，他的译本所能达到的水平，就是由他的理解程度来决定的。文学翻译不是简单的符码转化，不是单纯的翻译技巧问题，翻译是跨文化交际活动。译者作为翻译的主体，必然受制于传统习俗、价值观念和一定的社会思维定式，译者的文化身份和意识形态立场必然左右他对原文的解读，左右着译文的倾向和功能。也就是说，在翻译过程中，意识形态会影响译者所做的种种译策。叶君健先生自1958年翻译《安徒生童话全集》以来，一贯关注译者在翻译中的主体性和创造性。

第二，创造精品。叶君健认为，把一部外国作品移植到本国文学中来，如果功夫到家，就使其转化成为本国文学作品。在这一点上，"翻译"与"原著"的界限就很模糊了。这种对待翻译作品的看法，在一些比较发达的资本主义国家也是读书界的一种共识。叶君健认为："翻译不光是展现译作的东西，还要结合本国的文化和实际，创作精品。"在这里，"精品指的是一部作品被翻译成另一种文字后，能在该文字中成为文化财富,成为该文字所属国的文学的组成部分,丰富该国的文学宝藏。从这个意义上讲,翻译就不单单是一个移植问题了,它是再创造,是文学的再创造。只有文学性强的作品才能成为一个国家的文化财富,具有永恒的价值,因为这类作品起作用于人的感情、人的心灵掀动人的喜、怒、哀、乐,最终给人提供艺术的享受。翻译一部外国名著也就意味着本国文字中原没有这样的佳作,把它译过来,意味着给本国文学增添了一份财富。一部外国名著就归化到了译者本国文学领域之中,而不是外国作品了"。

3. 季羡林

季羡林(1911—2009),山东清平(今临清市)人。1930年入清华大学西洋文学系专修德文。季羡林是一位著名的语言学家、外国文学家和东方学大师。他通晓梵文、巴利文、佛教混合梵文、吐火罗文等古代语言和德、法、英、俄、拉丁语、阿拉伯语等多种现代语言。他是一位杰出的文学翻译家,他出版的英文、德文、梵文的译著近四百万字。2016年,中国翻译协会授予季羡林"翻译文化终身成就奖"。作为翻译家,其主要译著有印度迦梨陀娑的《沙恭达罗》、印度古典名著《五卷书》、印度迦梨陀娑的《优哩婆湿》、印度蚁蛭的长篇史诗《罗摩衍那》、德国女作家安娜西格斯的《安娜西格斯短篇小说集》、印度黛维夫人的《家庭中的泰戈尔》等。

季羡林的翻译理论和思想有以下几点。

第一,文化中心转移论。季羡林晚年时,一直关注东西方文化的研究。他认为"目前流行全世界的西方文化并非历来如此,也绝不可能永远如此。到了21世纪,西方文化将逐步让位于东方文化,人类文化的发展将进入一个新的时期"。季羡林生动地用中国传统老话"三十年河东,三十年河西"来形容这种现象。他认为"西方形而上学的分析已快走到尽头,而东方寻求整体的综合必将取而代之。以分析为基础的西方文化也必将随之衰微,代之而起的必然是以综合为基础的东方文化。取代不是消灭,而是在过去几百年来西方文化所达到的水平的基础上,用东方的整体着眼和普遍联系的综合思维方式,以东方文化为主导,吸收西方文化的精华,把人类文化的发展推向一个更高的阶段。这种取代,在21世纪中就可见分晓。21世纪,东方文化的时代,这是不以人们的主观愿望为转移的客观规律"。

第二,模糊艺术论。季羡林在《文艺理论建设应改弦更张》中对模糊性的论述是这样的:汉语区别于西方印欧语系语言的根本之处在于模糊性。《二十四诗品》妙就妙在模糊上。模糊能给人以整体概念和整体印象。这样一来,每个读者都有发挥自己想象能力和审美能力的完全的自由,海阔天空,因人而异,每个人都能得到自己那一份美学享受;不像西方文论家那样,对文学作品硬做机械地分析,然后用貌似严谨、科学的话语把自己的意见表达出来，牵着读者的鼻子走，不给读者以发挥自己想象的自由。

第三，神韵新解。季羡林认为，词汇有三种功能，能代表三种意思，分别是表示功能、指示功能和暗示功能。当表示功能和指示功能耗尽了表达能力之后，暗示功能就开始发挥作用。这里所提到的暗示功能，就是所谓的"韵"。并且他认为，第三种功能暗示的东西，其价值超过第一、二种功能。这些思想，对于翻译，特别是文学翻译，具有深远的历史意义，并且有重要的实用价值。

二、外国现代语言学翻译理论原则

第二次世界大战后，科技、语言学和翻译事业蓬勃发展，机器翻译也悄然兴起。人们对翻译的看法也随之改变。翻译不单单是一门艺术或一种技巧，同时也是一门科学，与文艺学、社会学、心理学、数控论和信息论等多种学科相关但又自成体系的科学。翻译理论的研究，不再局限于哲学家、文学家和翻译家，已成为语言和翻译研究专家进行系统探讨的严肃课题。因此，外国的翻译理论也得到了进一步发展。现代外国翻译理论的发展有两大特点：理论研究纳入语言学范畴，受现代语言学和信息理论的影响，因而带有明显的语言学色彩，与传统的文学翻译理论形成鲜明对照；以往理论家闭门造车、不相往来的局面被打破。理论家通过论著、杂志、论文集等方式，充分发表各自的观点。此外，由于交通手段、出版业的进步及国际学术组织的出现，各国翻译理论家之间的交往日益密切，学术交流不断加强。这一阶段研究的主要特点是出现了朦胧的学科意识，翻译研究成为语言学的一个分支，但不曾认识到翻译研究可以发展成一门独立的学科。在随后的二三十年里，翻译研究唯语言学理论方法之马首是瞻，语言学分支的各理论纷纷应用于翻译现象的分析与解释。现代外国的翻译理论主要有四大学派：布拉格学派、伦敦学派、美国结构学派和交际理论学派。

（一）布拉格学派

布拉格学派的创始人是马泰修斯（Vilem Mathesius）、特鲁贝斯科伊（Nikolay S. Trubetzkoy）和雅可布森（Roman Jakobson）。主要成员有雅可布森、列维、维内等重要的翻译理论家。布拉格学派的主要论点为：翻译必须考虑语言的各种功能，包括认识功能、表达功能和工具功能等。翻译必须重视语言的比较，包括语义、语法、语音、语言风格及文学体裁的比较。布拉格学派最有影响的翻译理论家是雅可布森。雅可布森原籍俄国，后移居捷克，第二次世界大战时迁至美国，加入美国国籍。作为学派的创始人之一，他对翻译理论的贡献主要体现在《论翻译的语言学问题》一文中。这篇文章从语言学的角度,对翻译的重要性、语言和翻译的关系及存在的问题给出了精辟的论述。这篇文章自 1959 年发表后,一直被外国理论界奉为翻译研究的经典之一。

雅可布森的论述主要有五点。第一,翻译分为三类,即语内翻译(intralingual translation)、语际翻译(interlingual translation)和符际翻译(intersemiotic translation)。所谓语内翻译,是指在同一语言内用一些语言符号去解释另一些语言符号,即通常的"改变说法"。所谓语际翻译,是指在两种语言之间即用一种语言的符号去解释另一种语言的符号,即严格意义上的翻译。所谓符际翻译,是指用非语言符号系统解释语言符号,或用语言符号解释非语言符号,比如把旗语或手势变成言语表达。第二,对于词义的理解取决于翻译。他认为,在语言学习和语言理解过程中,翻译起着决定性作用。第三,准确的翻译取决于信息对称。翻译所涉及的是两种不同语符中的对等信息。第四,所有语言都具有同等表达能力。如果语言中出现词汇不足,可通过借词、造词或释义等方法对语言进行处理。第五,语法范畴是翻译中最复杂的问题。这对于存在时态、性、数等语法形式变化的语言尤其复杂。

(二)伦敦学派

伦敦语言学派是具有英国特色的语言学派,其创始人是弗斯(J.R. Firth)。他从 1938 年开始在伦敦大学的东方与非洲研究学院教语音学和语言学,1944 年成为英国第一任语言学教授。由于弗斯长期在伦敦大学任教,所以以他为首的语言学派常被称为伦敦学派。除弗斯外,该派代表人物还有马林诺夫斯基(B.K. Malinowski)、韩礼德(M.A.K.Halliday)、卡特福德(J.C. Catford)等。伦敦学派的中心概念是,语言的意义是由言语使用的社会环境(the social context of situation)所决定的。也就是说,伦敦语言学派更多地注意到语言出现的情境,从社会学的角度去研究语言,译文的选词是否与原文等同,必须看它是否用于相同的言语环境中。该学派认为语言的意义是由语言使用的社会环境所决定的。在翻译研究领域,译文的用词与原文是否等同取决于其是否用于相同的语言环境中。

早在 1965 年,英国学者卡特福德就试图用韩礼德的范畴语法思想来建立一个基于语言学的翻译理论模式,他所说的诸如"语境"(context)和"语境意义"(contextual meaning)这些概念都源于韩礼德及其老师、伦敦学派的奠基人弗斯的语言学理论。卡特福德的《翻译的语言学理论》被视为翻译理论发展的里程碑,这本著作针对翻译定义、翻译等值和翻译转换问题进行了细致的探讨。卡特福德将翻译定义为:用一种等值的语言(译语的文本材料)去替换另一种语言(源语)的文本材料。"(Catford) the replacement of textual material in one language (SL) by equivalent textual material in another language (TL)",并提出了翻译对等论。卡特福德认为,翻译实践的中心问题是寻求等值成分,等值关系可以在"层面"(如语法、词汇、语音、词形等)和"等级"(如语法结构、句子、短语、词、词素等)的任何一个交叉点上建立。翻译等值关系并不取决于源语和译语具有相同的语言意义,而是取决于它们与该语境具有相同特征的关系。不同语言系统具有各自的形式特点。为了取得翻译等值,有些情况下必须进行相应语言的形式转换。

卡特福德借用了系统功能语法对语言的描述分类并应用层次、范畴及级阶的语言学理论作为论述语际转换的理论依据,力求科学阐释翻译过程中的转换规律和翻译等值问题。卡特福德根据翻译的范围将翻译分为全文翻译和部分翻译,前者指源语文本的每一部分都要用译语文本的材料来替代,后者指源语文本的某一部分或某些部分是未翻译的,只需把它们简单地转移并掺和到译语文本中即可。根据翻译的层次,将翻译分为完全翻译和有限翻译,前者指源语的语法和词汇被等值的译语的语法和词汇所替换,后者指源语的文本材料仅在一个层次上被等值的译语文本材料所替换。根据语言的等级将翻译分为等级受限翻译(rank-bound translation)和等级无限翻译(unbounded translation),即传统意义上的逐词翻译和意译。等级受限翻译通常是在单词"级"上建立等值关系或者词素等级。等级无限翻译不受限制,可在句子、小句或其他层次上寻求对等,同时可以上下级阶变动,并总是趋于向较高级的等级变动。直译介于逐字翻译和意译之间。

按照卡特福德的观点,翻译并不是在两种语言间传递意义,而是用译语意义替代源语意义,使其在同一情境中具有相同的功能。卡特福德认为,翻译研究的中心任务之一就是基于"对等"定义翻译理论,这也是译语文本材料替代源语文本材料的基础和依据。在卡特福德的模式中,便可以通过"形式对应"和"文本等值"加以实现。"形式对应"被定义为:任何译语的语法范畴(单位、类、结构、结构成分等)在译语的"机体"中尽可能占有与该源语语法范畴在源语中同等的地位。如汉语系统中的名词"窗户"与英语系统中的名词"window"在各自语言系统中所处的位置一样。当形式对应成为不可能时,卡特福德建议力争"文本等值",这可以通过翻译中的转换实现。"文本等值"被定义为:特定的语境中任何译语文本或部分文本成为源语文本或部分文本的等值。卡特福德认为翻译旨在产生一种与原文语义等值的译文,其理论的目的是说明如何从词汇和语法结构上产生这种语义的等值。值得一提的是,翻译等值关系与形式对应关系并不吻合,各种语言变体都会成为翻译等值关系与形式对应关系之间偏离的原因。例如，在翻译两种语言时，常常会出现语法范畴的不匹配，原文的词汇有时在译语系统中找不到等值成分，或者存在两个以上对应成分，卡特福德进而提出用概率来描述等值关系的方法。

除了"等值论"外，卡特福德还在《翻译的语言学理论》一书中用整整一章描述"转换"（shift）问题。正如哈依姆和梅森（Haim&Mason）指出的那样，卡特福德是在翻译研究中使用"转换"的第一人。翻译转换是指源语进入译语的过程中偏离形式的对应，即翻译过程中语言形式发生变化的现象。主要存在两种类型，一是层次转换（level shift），是指译语中的等值单位处于不同的语言层次，如有些概念在一种语言中用语法形式表达，而在另一种语言中则用词汇表达；二是范畴转换（category shift），主要包括结构转换（structure shift）、类别转换（class shift）、单位/阶转换（unit shift）及内部系统转换（intra-system shift）。结构转换即翻译方法上的"结构调整"，通常发生在句子级别上；类别转换即翻译方法上的"词性转译"，根据各个语言的不同习惯，一些词翻译成目的语时需要改变词性；单位/阶转换即翻译方法上的"直译"或"逐词译"；内部系统转换只有在源语语言和目的语语言享有大约相同的系统，并在翻译中出现形式不对应情况时才有可能发生。

卡特福德率先使翻译研究，摆脱了评点式、随感式和印象式的翻译批评方法，运用系统语法的框架将语言层次和范畴的转换机制应用于翻译研究，强调并深入研究成分分析和翻译对等，提出了一套比较完整的翻译理论模式，使翻译走向客观、科学的道路。卡特福德的著作也受到了翻译学界不少尖锐的批评，如被认为过于理论化，模式静态（static）。批评主要针对他在书中所使用的抽象的、理想的及脱离语境的例句，从未考虑语篇层面。意大利裔美籍学者韦努蒂（Venuti）也指出卡特福德的理论主要集中探讨词和句层面上的问题，使用的例句都是编造出来的，而非真实的（Marina Manfredi）。斯奈尔-霍恩比（Snell-Homby）曾指出，卡特福德运用的例句多数是孤立而且非常简单的，并认为翻译过程不能仅仅被视为一种语言练习，需要考虑语篇、文化及情境等要素。同时她并不认为语言学是支撑翻译的唯一学科，因为翻译容纳了不同的文化及情境。

我国学者穆雷也指出，卡特福德认为翻译理论是应用语言学的一个分支，这一观点比较片面。首先，翻译涉及两种语言及与两种语言有关的大量非语言问题，还涉及翻译活动中的心理和思维问题，因此，翻译研究不仅要研究语言问题，还要研究不同语言和文化的对比及语际转换过程中的心理机制和思维过程。只是将翻译理论归结为应用语言学的一个分支，会大大限制研究范围，使翻译过程和本质得不到正确的、全面的描述和研究。其次，卡特福德的理论主要分析和描述了翻译过程和翻译转换，却没有提及翻译标准，也没有说明为什么在翻译中要采用层次转换和范畴转换的方法。再次，卡特福德认为翻译过程是一个单向的线性过程，只能从源语到译语，他没有把翻译当作一种交际手段来考虑，过分注意原文和译文的本身，而忽视了译文的接收者。尽管存在这些局限性，卡特福德的研究方法和理论探索极大地促进了翻译研究的充实和完善，其功劳不可抹杀。

（三）美国结构学派

美国结构主义语言学派代表人物是布龙菲尔德（Bloomfield）。他提出了一种行为主义的语义分析法，认为意思就是刺激物和语言反应之间所存在的关系。20世纪50年代，布龙菲尔德的理论为乔姆斯基（Noam Chomsky）的转换生成理论所取代。乔氏理论有三个观点：人类先天具有语言能力；语言是由规则支配的；语言包括表层结构和深层结构。该理论对翻译研究的影响主要在于其关于表层结构和深层结构的论述。语言的不同主要在于各自的表层结构不同，而深层结构则具有共同特点。

（四）交际理论学派

在上述语言学理论的影响下，以沃格林（C.F.Voegelin）、博林格（D.Bolinger）、卡兹（J.J.Katz）、奎恩（W.V.Quine）和奈达（Eugene A.Nida）为代表的美国翻译理论界的结构学派形成了，而奈达最为杰出。奈达是交际翻译理论的代表。他的翻译理论可以归纳为：理论原则；所有语言都具有同等表达能力，而翻译的首要任务就是使读者看译文可一目了然；翻译的性质。按照奈达的定义，"所谓翻译，是指从语义到文体（风格）在译语中用最切近而又最自然的对等语再现源语的信息"。其中三点是关键：一是"顺乎自然"，译文不能有翻译腔；二是"最切近"，在"自然"的基础上选择意义与原文最接近的译文；三是"对等"，这是核心。所以翻译必须达到四个标准：达意、传神、措辞通顺自然和读者反映相似。从社会语言学和语言交际功能的观点出发，奈达认为翻译必须以读者为服务的对象；翻译正确与否取决于译文读者能在什么程度上正确理解译文。翻译的重要过程之一就是对原文进行语义分析。语义可分为三种：语法意义、所指意义和内涵意义。奈达认为，整个翻译程序分为四步：分析、传译、重组（按译语规则重新组织译文）和检验。进入20世纪80年代，奈达的翻译理论出现了较大变化。主要的新观点有翻译不是科学，而是技术；翻译才能是天生的；翻译不仅是一种语言交际活动，更是一种社会符号相互作用（social semiotic Interaction）的活动。

另外，比较有代表性的还有德国的莱比锡学派和苏联的流派等。

总之，20世纪外国翻译理论发展的最大特征，是翻译研究被纳入语言学与对比语言学、应用语言学和语义学等建立起内在的联系。尽管外国的翻译理论取得了重大成就，但都是在继承传统的基础上，并且并未形成一套完整的放之四海而皆准的理论体系。

第四节　文化语境与文学翻译的融合

一、文学的语境

（一）现实语境与虚拟语境

语言学家对语境进行了各种各样的划分，但从文学交流的角度来说，我们首先可以把语境划分为现实语境与虚拟语境。作家根据现实语境进行创作。因此，作家创作作品时的社会文化语境就是一种现实语境，创作的作品一经文字固定下来便成为"文本"。"文本"只有经过读者的阅读才能成为"作品"。读者阅读时所处的社会文化语境被称为接受语境，接受语境也是一种现实语境。而作家创作出来的作品无论是小说、戏剧还是童话、神话，都可以被看作是一个可能的世界，这个可能的世界构成的语境场便被称作虚拟语境。作家创作的文本来源于现实语境，而创作的文本本身又形成了虚拟语境。虚拟语境来源于现实语境，具有诗化的真实性，但又与现实语境有着本质的区别。文学作品是一个虚拟的假设性结构，是作家精心构建的一个虚拟世界。这在小说中更能得到淋漓尽致的体现，因为小说是用语言的砖石建立起来的巍巍城堡，是作家空灵的想象。这个虚拟世界是具体的，如同第一世界那么具体，有颜色，有声音，有动作，有争斗，有情爱，仿佛就是第一世界，却又不是：这一切在第一世界中根本没有发生，却好像已经发生过。曹文轩所指的"第一世界"就是现实语境。这些事情虽然没有在第一世界，即现实语境中发生，只能存在于虚拟语境中，却会使人感到一种现实的真实感，让人仿佛觉得就是现实中发生的一样。

在这个虚拟世界中实际上包含了几种不同层次的语境，只不过这些语境已"化"入语篇当中，只有靠读者阅读时去主动建构。因此，从文学交流的角度来看，确定和理解文学文本的意义首先要理解文本所处的语境。文学文本的语境建立恰恰是与语言的日常语境的脱离。当语言脱离了日常实用语境，超然于实际目的时，它就可以被解释为文学。正是基于这种思考，卡勒写道："如果文学是一种脱离了语境，与其他功能和目的脱离的语言，那么它本身就构成了语境，这种语境能够促使或者引发独特的思考。"因此,可以说"文学"这种文体本身就形成了一种语境,而这种语境与环境之间不存在参照关系,可以被看作一种虚拟的存在。这种语境使其形成了独特的文学氛围,使读者以一种不同于其他文体的阅读方式进行阅读,或者"具体化"。在阅读过程中,读者遇到违反其世界知识的情景时,会跨越这种障碍以期获得对文本的连贯的解释,尤其是在神话故事一类的文学作品中。整个文学作品就是一个完整的语境系统,普通的词汇进入文学作品便要服从作品的情绪语境,担负文学的功能,即被"语境化"。比如,一个读书人出席一次诗会和朋友联句吟诗,下笔竟写一句不成话的诗"柳絮飞来片片红"。此语一出,举座哗然。柳絮怎么能是红的呢?一个朋友为他开脱,就提笔在这个句子前面加了一句"夕阳方照桃花坞",这样一来,那句不成话的诗就变成精彩的诗句了。一句诗由情语境对词语的同化功能。"夕阳方照桃花坞"使"柳絮飞来片片红"形成了语境化参照,不仅使原诗"成话",而且使其熠熠生辉,这便是文学语境的力量。然而,作家创作的文本一经固定下来,文本就同作家创作时的语境相剥离,读者的阅读过程就是一个语境化的过程。

(二)上下文语境

上下文语境是语境的本初含义,是文学文本最直观的语境。在文学文本中,词、短语、分句、句子、段落等层次的横组合和纵组合关系构成了文学文本的上下文。一个词只有放在这些具体的上下文的语境关系中才能确定其含义。上下文是指词语、句子、段落等出现的语境,指的是一个文本中各部分之间或与整个文本之间的关系,而上下文语境"百分之九十的情况限于搭配关系"。当这个词的词义无法确定时,就得扩大其语境范围,例如:

① Prometheus said to his brother, "Be very careful when I am gone. Be sure, above all, that you do not do anything to anger Zeus. He has great powers, and is to be feared".

"gone"的意思具有歧义性,因为它既可以指"离开",也可以委婉地表达"死"的含义,因此,"when I am gone"既可以表示"我离开后",也可以表示"我死后"。故要想对其作出正确判断,就需要扩大语境范围,寻求更多的语境线索。

② "Go down to earth and capture Prometheus. Forge a metal chain and bind him to a rock and leave him there. He shall stay there for ever, for he is an immortal and cannot die."

句②中的"he is an immortal and cannot die",承前文可以看出指的是普罗米修斯是个不朽之人,永不会死;句①中的"when I am gone"承前文指的是"when Prometheus is gone",根据句②的语境提示,显然"when I am gone"

指且只能指"我离开后"。

此外，与现实中的上下文语境关系有所不同，虚拟语境中的文学语言允许一些超常搭配和超常用法。例如：

> 繁星156
>
> 冰心
>
> 清晓的江头，
>
> 白雾茫茫，
>
> 是江南天气，
>
> 雨儿来了；
>
> 我只知道有蔚蓝的海，
>
> 却原来还有碧绿的江，
>
> 这是我父母之乡！

在这首诗中，"雨儿"属于超常用法，在日常生活中使用会很不自然，而用于诗中却一点儿也不显得突兀。事实上，语义超常搭配组合是文学作品，特别是诗歌作品的惯用手法。据统计，在中国当代五位青年诗人的诗作中随意挑选出735个句法结构完整的语言单位，其中有词义反常组合的为270个，占总数的约37%。翻译中情况亦然。比如：

The boy's blank face asked the blank window.（James Joyce: *Ulysses*）

金隄译：孩子的茫茫然的脸转过去问白茫茫的窗户。

萧乾译：孩子把茫然的脸调过去问那茫然的窗户。

金译"白茫茫的窗户"丢掉了原文的拟人手法，而萧译"茫然的窗"保持了原文的拟人手法，渲染了学生不能回答问题的茫然神情和氛围。虽然"茫然的窗户"看似不正常的搭配，但正如卡特福德所说，"当原语文本本身在搭配上不正常时，译语文本中的等值的搭配异常只能是'佳译'的标志"。

（三）互文语境（文本间性语境）

文学作品中的上下文不应局限于语篇内的语义关联，还应该扩展到作品与作品之间的互文关系或文本间性关系（intertextuality），即互文语境，或文本间性语境，霍姆斯称之为文学互文（litearay intertext）。

最早提出互文性的是法国文艺理论家克莉斯蒂娃。她认为任何文学文本都无法孤立地进行释义，因为所有文本都相互联系，而这种联系就必然影响到对该文本的解释。互文性本指一个文本与一种文化中其他相关文本之间的关系，后来语篇语言学家们把这个概念引入语篇分析，用来指一个语篇的产生和理解有赖于对其他语篇的了解这样一种事实，认为"每一个语篇都是对其他语篇吸收和转换的结果"。换言之，"互文性就是一个语篇对以前语篇在内容和形式上的继承和发展，当前语篇以以前语篇作为语篇生成的语境因素之一，本身又作为以后语篇生成的一种语境因素"。也就是说，语篇和语境是一种辩证的关系：语境创造语篇，语篇也创造语境，语境和语篇唇齿相依。

互文性可以分为宏观互文性和微观互文性。宏观互文性是指一个文本的整个写作手法上与另一个或多个文本具有相似或相关性，使文本在宏观上与其他文本具有联系。微观互文性是指一个文本的某些词句或某些段落的表达与另一个或几个文本相关。由于文化交流，互文性的出现不仅仅局限于同一文化，一个文本也会与其他文化中的一个或几个文本相关。

蒋晓华经过总结，认为对互文性一般有三种理解：

第一，后结构主义或解构主义观（post-structural or deconstructional view）：每个文本都是由"互文性"引文马赛克般地拼嵌起来的；每个文本都是对其他"互文"文本的吸收和转化。

第二，历时和聚合观（diachronical and paradigmatical view）：互文性被看作是不同文本之间的参照关系，在这种互文参照里融进了文化内涵与知识结构。这实际上是一种外互文性（extratextuality）。

第三，共时和组合观（synchronical and syntagmatic view）：互文性被看成是同一文本内有关因素之间的关系。这实际上是一种内互文性（intratextuality）。

总而言之，文学语篇的互文语境指某一文学文本对于其他文学文本的引用、参考、暗示甚至整体写作手法的描摹，不仅涉及同文化的文本，还可能涉及其他文化的文本。可以说，文学语篇的魅力在一定程度上体现在其丰富的互文语境上。对于翻译而言，译者对互文语境的把握程度决定了译者与原作者在何种程度上能够达到视域融合。

（四）情景语境

文学作品写景状物，一切事件都发生在特定的情景之中，作品中的人物也处于各种关系当中。韩礼德把这种情景语境称为语域，分为"语场""语式""语旨"。"语场"指语言发生的环境；"语式"指言语交际的媒介，包括口头语和书面语；"语旨"指交际参与者之间的关系。在文学作品中，这些情景语境都是通过语言固定下来的，并且"化"入文本之中了，成为作者饱蘸感情创作出的"情绪化和艺术化的生活图景"。文学作品中的情景语境有时与现实生活中的情景语境非常相似，有些情景则是作家空灵的想象，在现实生活中根本不可能存在。

（五）文化语境

首先把语境概念扩展到文化语境的是马林诺夫斯基，之后海姆斯（Hymes）、古德温（Goodwin）、甘伯兹（Gumperz）等人也从不同侧面论述了语言和文化之间的关系。特别是韩礼德，他"清楚地阐述了情景语境与文化语境之间的互补关系，把情景语境看作是文化语境的具体实例，把文化语境看作是情景语境的抽象系统。在他看来，情景语境与文化语境不是两种不同的现象，而是同一种现象，差别在于观察角度的异同或距离的远近。近距离看到的是一个个具体的情景语境，远距离看到的则是总体的文化语境"。可见，一切语境都是一定文化中的语境，而且语境之间呈交叉和包含关系。"语境之中包含着语境，每个语境具有一种功能，充当更大语境的一个组成部分，所有语境都包含在所谓的文化语境中。"对于文学作品来讲，其创作者处于一定的文化语境中。作品中的人物也是文化语境中的创作者创作出来的，必然带有特定的文化特征，是文化不可分割的一部分。翻译跨越两种文化语境，因而翻译与文化语境休戚相关，译者的翻译活动也发生在一定的文化语境中，文化语境与翻译水乳交融。

二、文学翻译的语境

（一）文学翻译

译界对于文本类型从不同的角度进行了不同的划分。比如，纽马克把文本按功能分为三大类型，即抒发文本、资讯文本和呼唤文本。抒发文本宜用侧重于原语的语义翻译法（semantic translation），而资讯文本和呼唤文本则应该用侧重于目标语言的传意翻译法（communicative translation）。语义翻译要在目标语言的语义和句法结构容许的范围内尽量译出原文确切的语境意义，而传意翻译则为译文读者制造的效果尽量近似于对原文读者所产生的效果。之后，在《翻译教程》（*A Textbook of Translation*）中，纽马克对语义翻译和传意翻译的定义做了适当修改：语义翻译试图在目标语言的语法结构的限制下，译出原文确切的语境意义，并且必须较多考虑原文的审美价值；而传意翻译则试图译出原文的语境意义，同时使内容和语言都容易为读者接受、理解。

显然，按照纽马克的分类，文学翻译属于语义翻译的范畴。从纽马克的论述来看，无论采用何种翻译方法，"语境意义"是必须译出的。在翻译理论界，比较常见的做法是把文学翻译单独作为一种文本类型加以研究，目前译界对翻译的探讨也主要在文学翻译方面。"文学翻译作为翻译的一个特殊类型，历来是翻译实践和研究的中心领域。就审美分类的概念而言，这种把文学作品单独划分出来的合理性不言而喻。"文学文体是一种特殊的文体，它以艺术手法诉诸读者的感官和感情，是对语言创造性地使用，具有以下几个特点：词汇丰富，含意深刻；句式多变，词格迭出；情态丰富，风格多样。因此，文学作品也需要运用特别的翻译表现手法：加强修养，深入感受；注意修辞手法，重视语言表现；敏于鉴赏，精于权衡；不求形似，但求神似。那么，什么是文学翻译呢？茅盾认为："文学的翻译是用另一种语言，把原作的艺术意境传达出来，使读者在读译文的时候能够像读原作时一样得到启发、感动和美的感受。"

张今对文学翻译所下的定义为："文学翻译是文学领域内两个语言社会之间的交际过程和交际工具，它的目的是要促进本语言社会的政治、经济和文化进步，它的任务是要把原作中包含的社会生活的映像完好无损地从一种语言移注到另一种语言中去。"文学翻译是一种艺术。"文学翻译既然是艺术，就应该发挥艺术所特有的社会作用——认识作用、教育作用和审美作用。为了达到这一目的，译者必须运用本时代和本阶级的眼光，去发掘原作中反映的社会生活的本质方面，去发掘原作者作为社会人和艺术家的面貌，并且积极运用自己的全部创作才能（思想、感情、想象力、联想力、共鸣力、生活经验、历史知识、审美趣味、逻辑感、艺术分寸感、语言技巧，等等），把原作的艺术意境用另一种语言再现出来。"单独把文学翻译作为一种文本类型进行研究还有另外一个重要原因，那就是文学翻译牵涉极为丰富的翻译语境。语言学对于语境有了比较成熟的研究成果，这对翻译语境的研究有着重要的借鉴和指导作用，但语言学的语境研究毕竟是单语语境的研究。翻译涉及两种语言和两种文化，注定涉及更为复杂的语境关系。翻译家叶延芳说："文学翻译，严格说来，它是所有翻译中难度最大的一种，因为文学作品不是科学思维的产物，而是心灵与缪斯结缘的一种审美游戏。"正是基于以上原因，我们不是笼统研究翻译，而是把文学翻译作为一种特殊的文本类型进行较为系统的语境化研究。

（二）翻译语境

在译界首先提出翻译语境（The Translation Context）概念的是丹尼尔·肖（R. Daniel Shaw）。在《翻译语境：翻译中的文化因素》（*Translation Context: Cultural Factors in Translation*）一文中，他把翻译语境界定为翻译过程中聚合起来的文互动的总和，把翻译语境图示为：信源（Source）→译者（Translator）→信宿（Receptor）。其中，"Source"是为即将翻译的文本提供意义的文化，"Receptor"是原文本得以重构的语境，旨在让新的读者理解原作者意欲表达的内容。译者作为两者之间的斡旋者，把不同系列的心理倾向和假设搬到了翻译桌上。

彭利元引入丹尼尔·肖的"翻译语境"概念，认为"在翻译的理解和表达阶段，译者一直都要考虑语境因素对语言形式及其意义的影响"，他考虑的这些语境因素我们称之为"翻译语境"。翻译语境是原文本所有语境因素与译者解读原文本时由原文本的语码和语境激活的相关译语语境因素的总和，是两种语言和文化对比融合的结果。翻译实践的一切活动都是在这个语境中进行的。另一个提出"翻译语境"概念的是李运兴，他的英文提法为"the Translational Context"。他解释道："翻译语境指的是影响翻译选材和翻译策略与技巧的社会文化及制度因素。"并且指出可以借鉴的领域有"社会语言学，交际理论，功能语法，以及文化研究等"。可见，李运兴所提的翻译语境是指翻译的选材阶段。

（三）文学翻译的语境

"语境本来就是语言的客观属性"，而翻译涉及文本的转化与生成过程，因此，语境也必然是翻译的客观属性。但是，对于不同的文本类型，语境类型的划分也略有差异。"文学语言不同于一般语言，它的丰富信息不是直接宣泄于词语的表面，而是蕴含在词语的深层结构之中。也就是说，它除了宣示以外，还具有丰富的启示义。宣示义和语言符号是一种对应关系，一是一，二是二，明白确定；启示义是潜在的、运动的，它随着语境、情感氛围和文化结构的变化而变化。"因此，文学翻译与实用文体的翻译相比较而言，其涉及的语境因素更为复杂。

1. 原语语境与译语语境

语境研究与翻译有着天然的联系。比如，马林诺夫斯基在谈文化语境时就是着眼于翻译问题的。"马林诺夫斯基认为文化语境包含从礼仪到日常生活的各个方面，文化语境对于信息的解读起到关键作用。"但是，我们应该注意到，他所着力扩大的文化语境是"原文"的文化语境，是以解读"原文"为目的的。单语语境的研究对于解读原文有着重要的意义，但是翻译作为一种跨语言跨文化的活动，不能仅将语境集中在原语语境上，还得考虑目的语语境。当然，注重目的语语境也不可走向极端，把翻译只定位在目的语语境中。比如，曼迪就对图瑞的语境定位提出批评。图瑞把翻译（译作）定位在目的语社会文化语境中，认为翻译是目的语系统中的"事实"。然而，没有理由把翻译以这种方式定位，因为原语文本也在原语的社会文化语境中操作，因而也会影响到目的语文化是否选择原文及翻译方法。因此，在研究翻译时，原语和译语的社会文化语境均应该考虑进去。

霍姆斯在论述诗歌翻译时谈到诗歌翻译的三种语境，即语言语境（linguistic context）、文学互文语境（literary intertext）及社会文化语境（socio-cultural situation）。与曼迪的想法不谋而合，霍姆斯所论及的三种语境既涉及原语语境，又涉及译语语境。他认为，在语言转换的过程中也必然涉及语境的转换，也就是说，译者应该采取"异化"还是"归化"，"历史化"还是"现代化"的翻译策略。因为文学翻译与技术性文献翻译的不同点在于文学翻译要受到原作的权力等语境因素的制约，特别是原作属于名著或者经典著作时。历史上不乏一些文本操纵的例子。如果译者没有受到原作的威胁，就可能改变原作，"把作者带向读者"，使之适应目的语文化，反之，则可能把"读者带向作者"。

2. 间性语境

（1）文化间性语境

皮姆（Anthony Pym）在《翻译史研究方法》（*Method in Translation History*）中用示意图标示了翻译文化问题：

文化1——译者——文化2

这里，译者在两大文化之间活动，他不仅是不同文化的搭桥人，而且是文化之间交互文化的滋生者和运作者。这种交互文化就是翻译文化，它既不同于文化1，又不同于文化2，但又跟两者有着千丝万缕的联系。译者翻译活动的产物也就是翻译文化的产物。可以说，跨文化性是翻译的本质属性。其实，这种翻译文化对译者产生了深远的影响，同时译者在翻译过程中的斡旋也对翻译文化起到了一定作用，使翻译文化趋于原语文化或趋于译语文化，或者说在译作中原语文化的元素多些或译语文化的元素多些。原语文化和译语文化的这种千丝万缕的关系我们称之为翻译的文化间性语境。这种文化间性语境主要表现在原语文化和译语文化地位的高低，文化影响力的大小及语境的高低等。而无论是文化地位的高低还是影响力的大小，都是通过译者的认知来发挥作用的，是在同其他语境因素交织的基础上译者进行权衡的结果。译者对于文化的不同认同方式在一定程度上决定了译者的翻译策略。文化间性语境影响译者的文化取向，其最直接的体现是文化态势问题。"文化态势其实就是交流中的文化双方所处的相对位置（position）和所采取的策略态度（posture）。它首先取决于双方的势力（power）和对于自己相对于对方势力的理解。"强势文化必须具有以下几个特点。首先，历史渊源。历史渊源必须源远流长，有悠久的历史和丰厚的文化资源，保证了一种文化的气脉生动有力和影响持久深远。其次，综合实力。在当下的交际和交流过程中显示出强盛的综合国力和持久的影响力。最后，心理认同。处于交往状态的主体在文化心理上要有明确的认同感和较强的凝聚力，对于自己民族的文化价值和信念系统保有信心，同时也要能够尊重他人的文化价值观和生存方式、思维方式与交际方式等。

综合考虑这些因素就能比较客观、明晰地判断文化的强势和弱势地位。比如，晚清时期，中国文化与西方文化相比明显处于劣势地位，综合实力显然不如西方国家，但这种文化态势并没有得到当时国人的心理认同。他们虽然承认"技不如人"，但依然认为中国是世界的中心，为中国的五千年文明深感自豪。这种"大国"心理情结掩盖了事实上的劣势，使当时的译者对原作缺乏应有的尊重，导致了"豪杰译作"的盛行。文化间性语境的另一个重要体现就是霍尔的高低语境理论。霍尔对某些国家进行了排序，按从高语境文化国家到低语境文化国家：日本—中国—朝鲜—阿拉伯国家—希腊—拉丁美洲国家—意大利—英国—法国—美国—德国。高语境国家语境因素非常重要，交流方式比较含蓄，相对来讲，直接用语言交流的信息就少；而低语境国家语境所含信息相对较少，语言交流信息多，交流一般遵循直接的原则，喜欢直来直去。霍尔的高低语境理论对于翻译过程中的"隐、显"关系的处理具有很大的指导作用。

（2）主体间性语境

译者在翻译过程中充当了许多角色。一般认为，译者是特殊的读者，译者的阅读是从阅读原文开始的。译者在阅读过程中通过文本同原作者展开对话。但是，我们应该注意到文学交流中的对话机制与现实生活中的一般对话机制是非常不同的。"一般意义上的对话机制，是指说话者与受话者运用口语进行接触性活动的能力。文学交流中的对话机制，却建立在作者与读者共同面对由文字符号构成的文本的非接触性活动上。由于文本从中阻隔，作者与读者无法进行面对面的直接接触。因此，文学交流中的对话更多地呈现为自我对话的状态。在创作过程中，作家'主我'更多地是同转换到文本结构中的'宾我'的对话。"但是，我们应该特别清醒地认识到这种对话机制并非所谓"独白"。"独白"和"对话"是巴赫金在评论洪堡特的唯心主义语言学和索绪尔的结构主义语言学时提出的。巴赫金批评他们"考察语言是从说者的角度出发，仿佛只有一个说者，而没有对言语交际的其他参与者的不可或缺的态度。即使他人的作用受到注意，也只是视为仅仅消极理解说者的一个听众。表述满足于自己的对象（即所述思想的内容），满足于说话者本身。语言实际上只需要说者（仅仅是说者），以及说者言语的内容"。在这段话中，巴赫金实际上批评这种研究是脱离语境的"独白"话语,而"事实上,词是一个两面的行为。它既取决于是由谁说出的,也取决于是向谁说的。作为词,它恰恰是说者和听者,发话人和受话人之间相互关系的产物。每个词都表达了'一个'(one)与'他人'(other)的关系。我从他人的角度,最终是从我所属于的群体的角度,来表达自己。一个词是在我与他人之间架起的桥梁。如果桥梁的一端依赖于我,那么另一端就依赖于我的听者。一个词是由说者和听者,发话人和他的对话者共享的领地"。这段话精辟地概括了语言运用的本质,即对话性。但是,我们同时也应该看到这种对话性并不是现实生活中言者与听者之间即时的面对面的对话,而是一种"隐含对话",即所谓"主我"与"宾我"之间的对话。"当我作为一个语文学家试图理解作者贯注于文本中的含义时,当我作为一个历史学家试图理解人类活动的目的时,我作为'我'要同某个'你'进入对话之中。"

在文学翻译中,作者与译者、译者与读者之间的对话也显然属于这种"隐含对话"。因为在翻译过程中,作者和读者往往是不在场的,也往往不具有同一时空关系。

三、文化语境与文学翻译的建构

翻译行为实质上是一种具体的话语实践,翻译话语正是在这样的内涵中获得意义。它受到文化语境的制约,不仅包含翻译文本,而且涵盖了某一特定历史时期人们对翻译的看法、评论及对翻译文本的评论。20世纪90年代翻译的文化转向研究从描述文本为中心的语际转换扩大到更为广大的范畴,即特定实践内文化构建的过程。在此背景下,文学翻译成为特定历史、社会和文化语境中的重写。借鉴福柯话语控制原则的三要素来透视阐释和制约翻译话语的无形力量,作者的主体地位毋庸置疑。与此同时,译者、目的语接受环境和读者的主体性地位也呼之欲出,他们都是文学翻译作品意义的创造者和分享者,是文学翻译话语的建构者。

(一)译者的主体性

所谓译者的主体意识,指的是译者在翻译过程中体现的一种自觉的人格意识及其在翻译过程中的一种创造意识。文本的意义不是随便就能自显的,它不会像照相底版一样自动感应,译者要在信任的基础上去侵入,去积极地捕捉意义。在阅读时,译者有任何一点儿分心、疲乏愚笨或漫不经心,文本的符号就会离他而去,符号所表达的各种意义就会深藏不露。译者唯有全身心地投入自己的心灵和热情,调动自己的社会经验去体会、去捕捉、去领悟,才有可能从文本的字句入手,然后透过字句去捕获原语文本的意义,这个过程就是译者充分发挥主体性的过程。译者的主体性行为主要体现在翻译文本选择和翻译策略选择两个层面上。

1. 译者文本选择的主体性

"翻译是一个不可避免的归化过程,其间,异域文本被打上使本土特定群体易于理解的语言和文化价值的印记。这一打上印记的过程,贯彻了翻译的生产、流通及接受的每一个环节。它首先体现在对拟翻译的异域文本的选择上,通常就是排斥与本体特定利益相符的其他文本。接着,它最有利地体现在以本土方言和话语方式改写异域文本这一翻译策略的制定中,在此,选择某些本体价值总是意味着对其他价值的排斥。再接下来,翻译的文本以多种多样的形式被出版、评论、阅读和教授,在不同的制度背景和社会环境下,产生着不同的文化和政治影响,这些使用形式使问题进一步复杂化。"①

中国大规模译介外国文学始于中日甲午战争之后。了解西方、求富图强、救亡图存、民族革命和科学启蒙成为当时压倒一切的文化理念,译者对翻译文本的选择自然紧紧围绕着这些中心话语。严复在《原强》中指出:凡是可以实现"鼓民力、开民智、新民德"的外国作品均可以成为翻译对象。梁启超在《论译书》《佛典之翻译》《翻译文学与佛典》中多次将翻译视为"强国第一要义",提出"国家欲自强,以多译西书为本"。译者不仅构建了异域文本和文化的本土表述,而且也构建了一个能有力地维持或者修改目的语文化的价值谱系和翻译话语。

"五四"初期,新文化运动的倡导者高举"人的文学"之大旗,宣扬个人主义。中后期,文学研究会又打出"为人生"的大旗,倡导文学要贴近和反映现实。在此情况下,文学翻译者开始关注国外的现实主义作品。抗日战争时期,受抗日救亡文化意识的支配,文学翻译的选材遵循"合于我们社会"的原则,侧重世界各国反法西斯文学作品的译介。中华人民共和国成立后,文化语境再次发生变化,文学翻译的选材也出现了新变化:中华人民共和国成立初期,文学翻译主要集中在苏联和东欧国家作品的译介;20世纪50年代末到60年代中期,随着冷战和中苏关系的恶化,意识形态话语和民族国家话语成为文学翻译选材的决定性因素。

2. 译者翻译策略选择的主体性

翻译史中,译者的翻译策略具体表现在"直译"与"意译"、"异化"与"归化"、"忠实"与"解构"、"可译"与"不可译"之间的选择,译者通过对翻译策略的选择,实现对翻译话语的构建和权力的争夺,获得较多的资本,最终取得文化的支配权:

---

① 劳伦斯·韦努蒂:《翻译与文化身份的塑造》,载许宝强、袁伟《语言与翻译的政治》,中央编译出版社,2001,第359—360页。

第三章 文化语境下的文学翻译

"翻译能够制造出异国他乡的固定形象,这些定式反映的是本土的政治与文化价值,从而把那些看上去无助于解决本土关怀的争论与分歧排斥出去。翻译有助于塑造本土对待异国国度的态度,对特定族裔、种族和国家或尊重或蔑视,能够孕育出对文化差异的尊重或者基于我族中心主义、种族歧视或者爱国主义之上的尊重或者仇恨。"①

19世纪末,中国文学翻译呈规模化发展,在"五四"新文化运动后更是走向繁荣。在此期间,原创作品和翻译作品之间没有泾渭分明的界限,大多数作家翻译与创作并举,出版物往往同时收录原创作品和翻译作品。如徐志摩的《翡冷翠的一夜》《猛虎集》就收有多首译诗或译文;郁达夫的小说集《沉沦》、周作人的散文集《谈龙集》等作品集都兼收了翻译和创作作品,体现了翻译与创作的同性。其中,翻译过程中译者增删、改写、转述、节缩等充分体现了译者对翻译策略的自由选择,忠实的文学翻译标准被悬置,翻译处于文化"格义"的尴尬地位,"橘化为枳"的变异乃是常态。拜伦的长诗《唐璜》第三章《哀希腊》在中国有四个译本:梁启超用元曲、马君武用七言古诗、胡适用离骚体、苏曼殊用五言绝句来翻译同一章节。这充分体现了译者的主体性诉求,"重视政治启蒙的梁启超发现的是政治家的拜伦,而重视心灵世界的苏曼殊发现的却是艺术家的拜伦"。②

"一名之正,旬月踟蹰",严复在"天演"(evolution)和"天择"(selection)的译名厘定中煞费苦心。在汉语中,"天"集哲学、审美、道德于一身,具有天道、客观规律的意蕴,"evolution"译作"天演"体现了不以人的意志为转移的、合乎道义的客观规律。此外,严复在《天演论》翻译中采用了增加按语、增评、删节和改写等归化译法把原文中的进化伦理观变成了社会达尔文主义,意在说明进化规律不仅适合于自然界,而且适用于人类社会。严复采用归化的翻译策略和言说方式力图使冥顽不化的晚清士大夫们接受当时先进的西方思想,改革图强。冯友兰说:"在严复的译文中,斯宾塞、穆勒等人的现代英文变成了最古雅的古文,读起来就像是读《墨子》《荀子》一样。"③

与严复形成鲜明对比的是鲁迅先生极力倡导的"异化"翻译策略。这与当时中国语文的缺陷密切相关,因此,鲁迅自觉地将异化与改造中国语文联系在一起。"这样的译本,不但在输入新的内容,也在输入新的表现手法,中国的文或话,法子实在不太精密了,作文的秘诀是在避免熟字,删掉虚字,讲话的时候,也时时词不达意,这

---

① 劳伦斯·韦努蒂:《翻译与文化身份的塑造》,载许宝强、袁伟《语言与翻译的政治》,中央编译出版社,2001,第359—360页。
② 邵霞:《论翻译话语对意识形态的依附关系》,《商洛学院学报》2013年第5期。
③ 陈福康:《中国译学理论史稿》,上海外语教育出版社,1992,第298页。

就是话不够用……要医这病，我以为只好陆续吃一点苦，装进异样的句法去，古的、外省外府的、外国的，后来便可以占为己有。"①

总之，译者往往按照自身的文化传统、思维方式和自己所熟悉的一切去解读和翻译文学文本。目的语读者的视域决定了译者对另一种文化的选择、切割、认知和阐释。

（二）目的语接受环境的主体性

长期以来，西方奉行主客二分的形而上哲学观：人是主体，接受环境是对主体形成制约的因素，是客体，两者是对立的、分离的。但是黑格尔消解了主客二分的主体性哲学。张汝伦在《主体的颠覆：从黑格尔到马克思》一文中阐述了黑格尔的观点："主体不仅指意义上的自我或意识，而且也是一种存在样式，即在一个对抗中实现统一的自我发展过程。一般而言，这个过程就是存在。事物在这个过程中经历种种变化，但仍是同样的东西。在此意义上，一切事物都是主体。但是，真正能自觉地实现自己的主体是人，只有他有自我实现的力量，有在一切生成过程中成为自我决定的主体的力量。但是人这个主体不是绝对的，相对于绝对的精神（Geist）即体现为理性过程的历史世界，他又是客体，是精神这个绝对的主体实现自己的中介或手段（Medium）。"②

马克思同样对西方传统的主体观念进行了颠覆：主体性并不是人的自主性和能动性，而是人的社会性和历史性，是人的基本历史活动——劳动。而劳动是不为人的主观愿望左右的活动，也具有主体性的特征。马克思将主体和客体彼此换位，历史性的实践则是这种彼此换位的过程。在文学翻译中，目的语接受环境的主体性体现了译者主体性作为人的一种活动的历史性。在很多情况下，译者主体性尚不足以在目的语的文化语境中构建全面而完整的翻译话语，译者的主体性是有限的主体性。表面上看，是译者背离了原语文本，彰显了主体性，实际上真正的主体性要素却是目的语接受环境中的某些组成部分。"通常认为，文学翻译的创造性叛逆的主体仅仅是译者，其实不然，除译者外，读者和接受环境同样是创造性叛逆的主体。"③文学翻译的接受是一个双向的过程，目的语接受环境与话语里关乎权力和欲望的那部分文化语境密切相关，目的语的接受环境会甄选、安抚、操控、支配、排斥甚至颠覆进入该环境的翻译话语，"为其预想的实际内容画出了可能的、可观察的、可测量、可分类对

---

① 同上。
② 张汝伦：《德国哲学十论》，复旦大学出版社，2004，第43—45页。
③ 谢天振：《译介学》，译林出版社，2013，第13页。

象的各种框架;这种求知意志在一定意义上先于一切经验把某种位置、某种视线和某种功能(是观察而非阅读,是证实而非评论)强加在认知主体上"①。比如在 17 和 18 世纪,由于法国在政治、军事、文化和艺术方面的巨大成就,其他欧洲国家为法国马首是瞻,体现在法语翻译中,对原语文本的处理都要遵循法语的语法、词汇和语义规范,符合法国文学当时的分类形式和美学模式。葛浩文翻译的《狼图腾》在国外很受欢迎,很大程度上是因为它契合了当地人们关注环保和伦理等问题的文化语境。

另一个具有代表性的例子当推"寒山诗"在美国的流传。"寒山诗"在中国本土几乎无人知晓,更谈不上什么文学地位,1954 年,寒山的诗被译成英文在美国发表后,"寒山在美国赢得了他在中国一千年也没有占上的文学地位"。学者研究发现:充满禅机和崇尚自然的"寒山诗"迎合了美国当时的学禅之风和嬉皮士运动。寒山本人衣衫褴褛、站在高山上迎风大笑的狂士形象也使得嬉皮士把他视为自己心中理想的英雄。在这个案例中,译者或读者的主观行为和作用并不突出,是整个接受环境发挥了主体功能,促成了"寒山热"。②

(三) 读者的主体性

在伽达默尔看来,理解具有哲学意义,它是人类主体的行为方式,更是人类自身的存在方式。哲学阐释学反对理解文本就是理解文本作者的原意,认为理解应该是从理解者自身的前结构出发,对文本作出与理解者自身情境相关的阐释。作者制造了文本,但是使文本进入话语事件并获得意义的只有读者。该理论使读者在理解中的地位得以提升。萨特在《什么是文学》中指出:"《大个子魔纳》的奇妙性质,《阿尔芒斯》的雄伟风格,卡夫卡神话的写实和真实程度,这一切都从来不是现成给予的;必须由读者在不断超越写出来的东西的过程中发现这一切。当然作者在引导他;但是作者只是在引导他而已,作者设置的路标之间都是虚空,读者必须自己抵达这些路标,它必需超过他们。一句话,阅读是引导下的创作……"③

文学翻译中,文本呈开放系统,意义被延伸、被播撒,当译者作为原作的理解者彰显主体性地位的时候,其译作已然不再是原作的忠实再现,而是成为文学作品的一种存在形式,是以原作意义为基础的背离。与此同时,具有独立身份的译者还会向目的语读者发出邀约,邀请他们带着自身的视域走进文本的视域进行理解,去填补英加登所说的"不定点"和伊瑟尔所说的"空白",并召唤一切由视域融合而产生的新意

---

① 福柯:《话语的秩序》,载许宝强、袁伟《语言与翻译的政治》,中央编译出版社,2001,第 6 页。
② 射天振:《译介学》,译林出版社,2013,第 131 页。
③ 萨特:《萨特文论选》,施廉强译,人民文学出版社,1991,第 120 页。

义，努力发掘译作中的潜在价值，使其成为现实价值。

如果将翻译文本的流传视为一个话语实践过程的话，译作的诞生其实并不意味着话语事件的终结。事实上，话语事件还在继续，因为目的语读者会带着自己的前结构对文本进行再次阐释，从而体现作者的唯一性与读者的无限性，原旨的唯一性与解读的多样性，作者的权威性与读者的能动性。理解不是主体的一次性行为，而是一个事物本身和我们的前判断之间无穷的"游戏过程"。文本在社会中产生的功效最终取决于目的语读者的理解、评论和接受，没有目的语读者的接受，不管译者的主观意图如何，译文都不会产生意义和影响。因此，"读者在生产意义这一点上与作者同样重要。每一个被给予和编入意义的能指必须由接受者从意义上加以阐释和解码"。①

目的语读者内化了目的语的社会文化规范，如果翻译文本冒犯了某种文化规范，目的语读者群中那些竭力维护目的语社会文化规范的当权者就有可能出面干预，他们不能容忍翻译文本中的意识形态话语与他们对文本的期待格格不入。文学翻译话语在宣告建构一个世界的同时，也就行使了另一个言外行为，即利用文化惯例召唤读者利用语言一起想象一个世界，而读者需要一个能够支持自己希望的语境。这个语境由读者采用的一组假设构成，是认知环境的组成部分。目的语文化语境下，文学翻译话语的读者往往会听任自己的意愿或突发的灵感从话语中择取对他来说最具有吸引力的东西，从侧面的、边缘的、次要的方位进入文本，变更话语的施为性、建构性、表述性和指涉性关系，组成自己的独特视野和解读世界的方式。

总而言之，文学翻译话语建构不是一种孤立的语言转换活动，作者、译者、读者和目的语接受环境中的任何一个主体均不能统摄整个话语事件，都不是绝对的主体，而是以对方存在为前提的一种共在的自我。不同的主体加入文本的阐释中参与意义的建构，形成一个各种因素相互制约的活跃的活动场，对文本的意义进行协商和对话从而达成一致，因此，翻译主体是一个包含作者、译者、读者和目的语接受环境的多重主体，每个主体在文本阐释中承认他者存在的合理性和有效性，各主体呈主体间性。主体间性是文学翻译话语构建的润滑剂，而积极、互动的主体间性为作者、译者、读者和目的语接受环境的和谐共存提供了可能，也为视域融合从而走向人类灵魂的沟通开辟了一条必由之路。值得注意的是，文本毕竟是作者创造的文本，因此，无论我们如何强调译者、读者和目的语接受环境的重要性，作者对于文本意义的规定性是不可忽视的，译者和读者的主体性必须在作者和文本对于意义的规定性中进行，不进入作

---

① 霍尔：《表征：文化表现与意指实践》，徐亮、陆兴华译，商务印书馆，2003，第33页。

者和文本的视域，理解就是脱离了主体间性的单向度理解。主体性必须是主体间性中的主体性。

　　文学以其独特的方式再现和分析源于事物本质和运动的冲突，考察文学不可能不涉及它赖以发展并为之奋斗的社会历史文化语境，文学翻译也如此。文学翻译作为语言间知识、文化交流传播的方式，本身也是一种话语。文学翻译话语包含各种翻译理论、术语、技巧和文本等，所有翻译文本都是在一定文化语境中生成的，作为源于语言、又超越语言的语言实践活动。文学翻译话语被置于文化语境之中，与其他实践活动相互作用，共同组成人类的全部文明。文化语境视域下的文学翻译话语研究不仅能拓展翻译研究的思路和视野，更能对为什么产生某些作品做出有力的分析，从而触及时代的脉搏和译者的思想深处。

第四章　英汉散文翻译策略与译例赏析

散文是一种取材广泛、内容丰富、形式多变、结构灵活、手法多样的文学体裁。它内容宽泛、手法灵活，蕴含着丰富的情感和真知灼见，具有独特的情感的美、理性的美。散文是一种取材广泛、内容丰富、形式多变、结构灵活、手法多样的文学体裁。散文概念的内涵和外延从古到今有很大差别。中国有悠久的诗文传统。诗是有韵味的文字。散文的概念涵盖了诗歌以外的几乎所有文字，包括诸子散文、历史散文、小品文及奏章、疏论、序跋、碑铭、表志等官方与私人事务应用文体。散文作为一种文学翻译，在开展翻译活动的过程中较为复杂。由于中国散文有其自身特点，行文自由，句式松散，有多个无主句并列，基本为作者的随笔之想。英语则较注重外在的语法结构，借助一切形式将句子整合。本章针对英汉散文翻译策略与技巧进行了分析，并结合了一些译例，以提高散文翻译的准确性。

第一节　散文综述

关于散文的定义，现代文论家从各个角度予以阐释。周作人说散文就是美文，强调散文的艺术特征；胡梦华则认为散文是"用清逸冷峻的笔法所写出来的零碎感想文章"，强调散文笔法的轻巧和篇幅的短小；还有的学者认为散文是"用第一人称的手法，以真实、自由的笔墨，主要用来表现个性，抒发感情、描绘心态的艺术短文"[1]，强调散文的写作人称特点和抒情特性。总而言之，散文是一种写作形式、创作方法极为灵活的文学样式。散文家可以从五光十色、包罗万象的生活与自然的海洋中撷取诗意与哲理的浪花，在充满真情实感的思想、意识、情感、情绪的洪流中创作充溢着情感美、理性美的精品。而作为欣赏者，可以从历代文人的散文创作中体会到或豪迈或委婉、或娓娓动人或慷慨激昂的情感与理性的美。

---

[1] 刘锅庆、逾嘉：《当代艺术散文精透·序》，北京十月文艺出版社，1989，第 2 页。

第四章 英汉散文翻译策略与译例赏析

一、散文的含义与范围

　　散文是一种最灵活、自由的文体，它较之小说、剧本，有其更迅速、广泛反映现实生活的作用。散文的含义与范围，历来不尽相同。在我国古代，它是同骈文相对而言的，凡不押韵或不重骈偶的文章，统称之为散文，包括文学作品和非文学作品，范围甚广。"五四"后，散文才被当作与小说、剧本、诗歌并列而属文学范畴的一种体裁。其范围虽大为缩小，但仍包含广泛，其中有记叙性散文（除一般记叙散文外，还有速写、游记、史传文学、文艺通讯、报告文学）、抒情性散文、议论性散文（杂文是其中的一种主要形式）。

　　我国当代著名散文作家秦牧说："（散文）这个领域是海阔天空的，不属于其他文学体裁，而又具有文学味道的一切篇幅较短小的文章都属于散文的范围。它也许是文艺性的政治、社会论文……它或者是个人抒情气氛很强烈的东西，它或者包含着一个散事……它也许如实记事，也许夹叙夹议，也许气象万千，也许三言两语……"秦牧还主张那些具有文学味道"谈天说地谈的远一点的，像知识小品、旅行记，三言两语的偶感录，私人的日记书简之类"，也都应在散文里有一定的地位。（秦牧《花城·海阔天空的散文领域》）

　　秦牧的这些话，颇有代表性地反映了当今关于散文含义与范围的一种看法。同时，还有另一种看法，持这种看法的认为：杂文、文艺通讯和报告文学等均有其自身的某些明显特征与绚丽光彩，应从散文里独立出来；散文的含义应再确切些，范围应再缩小些。这样，散文就应是以记叙或抒情为主，形式灵活而又篇幅短小的一种文学体裁，它把杂文排除在外，也不包括文艺通讯和报告文学等。根据这一说法，散文与杂文的主要区别在"议论"上。杂文是篇幅短小的、文艺性的社会论文，它是以议论为主的。文艺通讯与报告文学十分相近，在多数情况下，它们实际是一种体裁的不同名称。

　　目前，由于包括散文在内的许多文体的概念并不完全一致，各相近文体间"同"大"异"小，区别并不多，具体到某一篇文章，有时我们很难确切地说它是属某种体裁。例如，魏巍的《依依惜别的深情》《谁是最可爱的人》就既可以说是文艺通讯，又可以说是散文。金代文章批评家王若虚在《文辨》中说："或问文章有体否？曰：无。又问无体否？曰：有。然则果如何？曰：定体则无，大体须有"。今天，我们理解散文的含义，辨识文体，也应持此种态度，不可太拘泥。前述这一狭义的说法，较为普遍。例如，《人民文学》等文学刊物中被当作"散文"发表的作品，就是以此说为依据的。所以，我们这里所讲的"散文"也采用此说。

101

二、散文的特点

（一）篇幅短小，取材和内容广泛

同小说、剧本相比，散文的篇幅是短小的。我国散文的传统很悠久，有许多千古传诵的名作。凡是名作，大多写得十分精练、隽永，不过三五百字。唐代柳宗元《永州八记》之《钴鉧潭西小丘记》，只有四百来字，有叙事有议论，不仅写景细致生动，还表现了他抑郁的情怀，耐人寻味。宋人周敦颐的《爱莲说》更短，不过百余字。我国古代散文的这种传统是应当继承的。由于汉语的发展及内容的不同，现代散文的篇幅当然可以也应该比古文长一些，但是我们不能无视散文的特点，任意拉长。一般说来为广大读者所喜爱的作品，往往不超过两三千字。

文学作品要反映社会生活。散文因为不像小说、剧本那样必须具备较完整的故事情节及鲜明的人物形象，所以题材也就显得十分广泛了。它除了同小说、剧本一样可以正面反映我们时代的重大题材，还可以写一些片段的材料。在现实生活里，凡是我们的所见所闻所感，虽然只是一个片段、一个场景、一点儿思想的火花，一曲感情的波澜——所有这些无法用小说或剧本反映的内容，却往往是散文的好题材。它长于写"小"题材，在小题材方面，它的天地十分宽阔。即使是那些反映重大题材的散文，为了写得亲切具体，也往往多在"小"处着笔，写片段的动人细节。如刘白羽的《红太阳颂》，歌颂的是毛泽东同志的伟大胸怀与不朽业绩。反映这一重大题材，作者没有多写中国革命的历史进程与重大事件，而写得是个人几次同毛主席幸福会见的情景，是一些片段材料。文章虽也涉及如毛主席1945年到重庆、1967年畅游长江等重大事件，但作者着重写得却只是自己亲身经历的一些细节与个人感受。

题材广泛，特别是在"小"题材方面有宽阔天地，确实是散文的一个主要特点。我们应善于运用这一特点，使散文能更迅速地从不同的生活侧面来讴歌、反映我们伟大的时代。当然，这并不是说，在散文写作中我们可以想写什么就写什么，无须在题材上费什么气力了。这里，有两点是必须注意的。

第一，写自己有深切感受的人、物和事。散文作家们在论及散文题材广泛性时，几乎都要谈到这一问题的重要性。有许多感人的或蕴含着深刻哲理的好散文，都是在作者对某人、物或事有深切感受的情况下写出来的。如果魏巍同志不是"在朝鲜的每一天，我都被一些东西感动着，我的思想感情的潮水，在放纵奔流着"，怎么能写出《谁是最可爱的人》来？如果吴伯箫同志不是在延安生活了八年，亲自参加了大生产运动，对他曾使用过的一辆纺车有深厚的感情，怎么能写出《记一辆纺车》来？

第二，把所写的人、物和事，放在广阔的时代背景上，从深处开掘其思想意义，即应能从浪花见激流，赋予"小"题材以"大"意义。例如，鲁迅先生的《从百草园到三味书屋》所写的内容是：在百草园捉蟋蟀、拔何首乌、捕鸟雀；回忆长妈妈所讲的美女蛇的故事；在三味书屋时所见到的先生的严厉，学生的向往自由生活及偷偷地画画等情景。既没有完整的故事情节，也没有什么重大事件，片片段段，而这些片段，一经鲁迅先生连缀在一起，就反映了一个重大主题，即通过对从百草园的欢畅生活到三味书屋呆板岁月的叙述和描写，批判了封建教育的腐朽。鲁迅的这篇文章写于1926年，当时正是文化领域的反动势力提倡"整理国故""尊孔读经"的时候，为适应革命斗争的需要，鲁迅写了这篇向封建势力进攻的很有战斗性的文章。

与小说和诗歌等其他文学体裁相比，散文是取材最广泛的文体。小说是叙事性的，它是对一定历史环境中典型人物的行动过程的记叙，小说中需要情节、事件、人物关系和场景描写。诗歌是抒情性的，是剪裁若干意象来寄托特定的情感。散文可以说没有一定之规，散文的材料从某种意义上讲是无限的，它可以是现实也可以是想象，可以是历史也可以是未来；它贯通古今，又融合中外。从散文的内容上看，散文既可以记录风土人情，也可以描述自然风景；它可以模拟宇宙万象，也可以深入内心幽微深渺的意识和无意识的去处，它上天入地、神驰物外，追随着散文家神奇曼妙的语言旅程，可以感受到充满异地风情的生活百态。比如，沈从文的《常德的船》中的一段：

> 比洪江油船小些，形式仿佛也较笨拙些（一般船只用木板作成，这种船竟像用木柱作成），平头大尾，一望而知船身十分坚实，有斗拳师的神气，名叫"白河船"。白河即酉水的别名。这种船只即行驶于沅水由常德到沅陵一段，酉水由沅陵到保靖一段。酉水滩流极险，船只必经得起磕撞。船只必载重方能压浪，因此尾部如臀，大而圆。下行时在船头缚大木桡一两把。木桡的用处是船只下滩，转头时比舵切于实际。照水上人俗谚说："三桨不如一篙，三橹不如一桡。"桡读作招。酉水浅而急，不常用橹，篙桨用处多，因此篙多特别长大，桨较粗硕，肥而短。船篷用棕子叶编成，不涂油。船主多永顺保靖人，姓向姓王姓彭占多数。酉水河床窄，滩流多，为应付自然，弄船人所需要的勇敢能耐也较多。行船时常用相互诅骂代替共同唱歌，为的是受自然限制较多，脾气比较坏一点。酉水是传说中古代藏书洞穴所在地，多的是高大宏敞充满神秘的洞穴。由沅陵起到酉阳止，沿酉水流域的每个县分总有几个洞穴。可是如沅陵的大酉洞、二酉洞，保

103

靖的狮子洞，酉阳的龙洞，这些洞穴纵有书籍也早已腐烂了。到如今这条河流最多的书应当是宝庆纸客贩卖的石印本历书，每一条船上照例都有一本"皇历"。船家禁忌多，历书是他们行动的宝贝。河水既容易出事情，个人想减轻责任，因此凡事都俨然有天作主，由天处理，照书行事，比较心安，也少纠纷，船只出事时有所借口。酉水域每个县分的船只，在形式上又各不相同，不过这些船不出白河，在常德能看到的白河油船，形体差不多全是一样。①

沈从文出生于湖南凤凰县，那里是苗人聚居的地方，那里的民生、居所、风俗与水有着不解之缘。在离开故居漂泊的旅程中，故居的水、水中的船常常萦绕在他的脑海中。在这篇散文中，沈从文以娓娓动人的悠闲笔触记录了故乡的地理、河流和苗人以水为生、以船为家的生活。有的散文具有浪漫主义的抒情之美，散文家追随着内心情感的洪流放纵自己的神思，借用想象、联想、记忆与再现把多种时空的诸多形象连接起来，组成一个围绕着某种意蕴而又自由驰骋的、开放的文字空间，既饶有趣味又具有抑扬顿挫的情感之美。再看徐志摩散文《想飞》中的几段：

是人没有不想飞的。老是在这地面上爬着够多厌烦，不说别的。飞出这圈子，飞出这圈子！到云端里去，到云端里去！哪个心里不成天千百遍的这么想？飞上天空去浮着，看地球这弹丸在太空里滚着，从陆地看到海，从海再看回陆地。凌空去看一个明白——这才是做人的趣味，做人的权威，做人的交代。这皮囊要是太重挪不动，就掷了它，可能的话，飞出这圈子，飞出这圈子！

人类初发明用石器的时候，已经想长翅膀，想飞。原人洞壁上画的四不像，它的背上掮着翅膀；拿着弓箭赶野兽的，他那肩背上也给安了翅膀。小爱神是有一对粉嫩的肉翅的。挨开拉斯是人类飞行史里第一个英雄，第一次牺牲。安琪儿（那是理想化的人）第一个标记是帮助他们飞行的翅膀。那也有沿革——你看西洋画上的表现。最初像是一对小精致的令旗，蝴蝶似的粘在安琪儿们的背上，像真的，不灵动。渐渐的翅膀长大了，地位安准了，毛羽丰满了。画图上的天使们长上了真的可能的翅膀。人类初次实现了翅膀的观念，彻悟了飞行的意义。挨开拉斯闪不死的灵魂，回来投生又投生。人类最大的使命，是制造翅膀；最大的成功是飞！理想的极度，想

---

① 沈从文：《沈从文散文选》，湖南人民出版社，1981，第239—240页。

象的止境,从人到神!诗是翅膀上出世的;哲理是在空中盘旋的。飞:超脱一切,笼盖一切,扫荡一切,吞吐一切。①

徐志摩是中国现代文学史上最具有浪漫气息和个人主义色彩的诗人,徐志摩的一生是一个把"爱""自由""美"的人生哲学生活化、现实化的旅程,是一种用尽全力张开自由的翅膀超越凡俗向理想境界飞升的过程。在《想飞》中,飞乃是一种具有象征意义的符号:飞的冲动代表着潜藏在人类内心深处的创造的、意欲实现自我本质力量的深切愿望;飞的翅膀则是人类历经磨砺、不断提高自身学识、能力,强大自我的过程。徐志摩的《想飞》显示的是充盈在现代人的精神世界中的蓬勃生动的解放自我、改变世界的情感、力量和意志。徐志摩用浓烈饱满的情感和恰当的修辞手法描绘人类深藏于内心的梦想的力量,那些历经磨难、挫折而依然在心灵深处燃烧不止的火焰。诗人用他特有的诗化语言揭示了一个朴素的真理:对人类而言,人生就是一个不断锤炼自我、提升力量、冲破一切内在和外在的束缚实现自我的过程。

(二) 散文的手法多样,形式灵活

有人说,诗的主要特点在"诗"字上,杂文的主要特点是"杂",散文的主要特点是"散",这是有道理的。散文的"散",除了包含无音韵、格律限制的"散"体语言(此乃散文与诗的区别)这层意思外,主要指的是区别于小说、戏剧的写法方面的"散"。就表达方式来说,是叙述、描写、抒情、议论等的灵活运用。如记叙性散文,虽以记叙为主,作者却能随时站出来抒情或议论,有的可以抒情成分多些,近乎抒情散文;抒情散文虽以抒情为主,却都离不了叙述和描写,有的又和议论相结合。就结构来说,散文要散得开,它围绕主题和中心线索,可以时而写现在,时而写过去,海阔天空,挥洒自如。

《从百草园到三味书屋》散而不乱的特点是很突出的。文章以"我童年时从百草园的欢畅生活到三味书屋呆板岁月"的一段经历为中心线索,连接起各个片段。开头点出百草园是童年时的乐园后,迅即展开在百草园生活的回忆;先写夏秋两季的情景,后写冬日的乐趣;以"我不知道为什么家里人要将我送进书塾里去"为过渡,又写怎样离家到三味书屋的……其中与百草园或三味书屋无关的美女蛇的故事,是从"长的草里是不去的,因为相传园里有一条很大的赤练蛇"开始插叙的。叙完之后,"这故事很使我觉得做人之险",担心有美女蛇,"走到百草园草丛时,也常常这样想",又把那散开去的插叙收拢到中心线索上来。

---

① 徐志摩:《徐志摩散文选集》,百花文艺出版社,1985,第114—115页。

写在三味书屋的种种情景，是对封建教育的批判与讽刺，直接为表现主题服务；写百草园，衬托三味书屋生活的呆板乏味、封建教育对青少年思想的束缚，间接地表现了主题；从听长妈妈讲美女蛇故事的叙写里，我们又看到要规规矩矩听旧秩序摆布的封建思想对人们的毒害多么深远，使主题得到了更深刻的表现。主题，像一条红线贯穿全篇把所有片段材料组织成艺术整体。

曹靖华的《往事漫忆——小米加步枪》以人民在取得政权和捍卫政权中除了枪杆子的作用外，"小米之功，是不能抹煞的"开头，中间四段写了许多有关小米的回忆。结尾又照应开头，突出主题"小米加步枪的延安精神，永远鼓舞我们战胜一切困难"，想起这些往事，"对未来充满了无比的信心"。中间四段，除了都与小米有关外，彼此并没有什么联系，为了说明小米的珍贵，甚至还有离题稍远的笔墨。在这四段里，有简洁的叙述、生动的描写、感人的抒情，灵活运用了多种表达方式。这篇散文，确实是"漫"忆，充分发挥了散文的特长，令人感到分外亲切。而主题的统一，首尾的照应，特别是它从头到尾围绕中心，紧扣题目，又是它散而不乱的原因。在这里，很见作者的功力。

散文由于内容的包罗万象而形成结构和手法的多样性。散文可以跨越时间、空间的限制，把不同历史时期的故事、逸闻有机结合在一起。比如余秋雨的文化散文，在对名胜古迹、地理风貌的描述中穿插有关于此地的逸闻趣事，如地方人物、流传的故事、有关的诗文记载，使得文章知识性强，富有趣味，内容含量也显得丰厚充盈。也有一些散文富有诗意，比如余光中的《听听那冷雨》中的一段：

听听，那冷雨。看看，那冷雨。嗅嗅闻闻，那冷雨，舔舔吧，那冷雨。雨下在他的伞上这城市百万人的伞上雨衣上屋上天线上，雨下在基隆港在防波堤海峡的船上，清明这季雨。雨是女性，应该最富于感性。雨气空濛而迷幻，细细嗅嗅，清清爽爽新新，有一点点薄荷的香味，浓的时候，竟发出草和树林沐浴之后特有的淡淡腥气，也许那竟是蚯蚓和蜗牛的腥气吧，毕竟是惊蛰了。也许地上的地下的生命也许古中国层层叠叠的记忆皆蠢蠢而蠕，也许是植物的潜意识和梦吧，那腥气。①

这段采用自由联想的方法，诗人调动多种感觉器官"听""看""嗅""舔"来采集素材，利用发散性思维形式把历史素材与现实素材联系在一起，内容丰富，含义深远，给人新奇的感受。

---

① 余光中：《鬼雨》，花城出版社，1989，第107页。

第四章 英汉散文翻译策略与译例赏析

散文的手法多样还表现在表达方式的综合运用上。一般而言，诗歌善于抒情而小说长于叙述，散文则可以错综运用记叙、说明、抒情、议论、描写等多种表达方式。叙述可以铺叙伸展，说明可以模形拟物，抒情则情思洋溢，议论则点题深化，多种表达手法的运用可以使散文波澜起伏、跌宕有致、错落参差，富有动态美。如史铁生《我与地坛》中的几段：

①地坛离我家很近。或者说我家离地坛很近。总之，只好认为这是缘分。地坛在我出生前四百多年就座落在那儿了，而自从我的祖母年轻时带着我父亲来到北京，就一直住在离它不远的地方——五十多年间搬过几次家，可搬来搬去总是在它周围，而且是越搬离它越近了。我常觉得这中间有着宿命的味道：仿佛这古园就是为了等我，而历尽沧桑在那儿等待了四百多年。

②看来差别永远是要有的。看来就只好接受苦难——人类的全部剧目需要它，存在的本身需要它。看来上帝又一次对了。

于是就有一个最令人绝望的结论等在这里：由谁去充任那些苦难的角色？又由谁去体现这世间的幸福，骄傲和快乐？只好听凭偶然，是没有道理好讲的。

就命运而言，休论公道。

那么，一切不幸命运的救赎之路在哪里呢？

设若智慧或悟性可以引领我们去找到救赎之路，难道所有的人都能够获得这样的智慧和悟性吗？

我常以为是丑女造就了美人。我常以为是愚氓举出了智者。我常以为是懦夫衬照了英雄。我常以为是众生度化了佛祖。①

《我与地坛》虽然长达一万余字却绝不单调，既有岁月所积淀的深沉的故事，又有经过漫长思索而达到的宗教的圣境。他的笔忽而像傍晚的夜莺在林间发出婉转悠扬的鸣叫，忽而又像饱经沧桑的老人面对一生的苦难发出深长的叹息，忽而又像一位哲人，在冥思苦想宇宙与生命的奥秘，委婉曲折而动人心魄。

（三）散文长于抒情，语言优美

散文是长于抒情的一种文学体裁。首先，它形式灵活，作者可以根据表达的需要，随时运用抒情方式。其次，它一般都采用第一人称，写"我"的所见所闻所感。在作者的叙写中，我们能直接听到作者的声音，感觉到他脉搏的跳动。这两点，除诗

---

① 史铁生：《对话练习》，时代文艺出版社，2000，第22、35页。

歌以外其他体裁是无法与之相比的。散文虽有抒情散文和记叙散文之分，其实，二者并无绝对的界限。抒情散文固然应有真挚浓厚的感情，记叙散文也不能没有作者感情的激荡，不同的只是前者较多直接抒情，后者大都寓情于叙述或描写之中。用抒情的方式直抒胸臆，这是一种重要的抒情手段，运用适当，确实能有动人心弦的作用。如茅盾的《白杨礼赞》的结尾："让那些看不起民众、贱视民众、顽固的倒退的人们去赞美那贵族化的楠木（那也是直挺秀颀的），去鄙视这极常见、极易生长的白杨吧，我要高声赞美白杨树！"间接抒情的手段很多，如选用最含情的典型材料与细节；恰当地安排语言，从语言的节奏里传达感情等。在这里，简要讲一讲"托物言志"。

托物言志或寄情于景，作为一种间接抒写感情的艺术手法，在诗和散文里是经常为作者所采用（在多数情况下它也常常要辅之以直接抒情）。例如，鲁迅《秋夜》里的那直刺夜空的枣树，扑火焚身的小青虫，以及瑟缩在寒风里的小红花等，都是有所寄托的。鲁迅正是通过这秋夜情景的描绘，表现他的心境，在黑暗阴冷的旧中国，他寄希望于未来，热情赞美那追求光明、勇于战斗的人们。茅盾《白杨礼赞》里的白杨，也是有所寄托的："我赞美白杨树，就因为它不但象征了北方的农民，尤其象征了今天我们民族解放斗争中所不可缺的质朴、坚强，以及力求上进的精神。"朱自清《荷塘月色》里那月色映照下荷塘幽美而又有些阴冷、寂寞的景色，恰恰就是他对黑暗现实不满而又寻求不到出路的抑郁心情的写照。用这种手法来抒情，蕴含深厚，更富有诗意，耐人寻味。

在运用这一手法时，应特别注意的是：写"物"必须"形"真"神"似，"物"与"志"、与"所寄托"之间必须有某些相似或联系。《白杨礼赞》里所写的白杨，其外形的质朴、参天耸立及不畏严寒等，不正是它的形象吗？这形象，可以很自然地引起我们的联想，从而看到它与正在为民族解放而斗争的我国北方民众的某些明显的相似之处。

因为散文的篇幅短小，所以，它对于语言的要求是比较高的，作者应推敲字句，讲究语言的优美。就这一点来说，也同诗有些相近。

从许多作品来看，优美的散文语言应有以下几个要求：

第一，精确、凝练。精确、凝练，就是用最恰当而又尽可能少的语言反映客观事物，表达思想感情。请读这一段文章：

> 凉秋八月，天气分外清爽。我有时爱坐在海边礁石上，望着潮涨潮落，云起云飞。月亮圆的时候，正涨大潮。瞧那茫茫无边的大海上，滚滚滔滔，一浪高似一浪，撞到礁石上，唰地卷起几丈高的雪浪花，猛力冲激着海边的

第四章 英汉散文翻译策略与译例赏析

礁石。那礁石满身都是深沟浅窝，坑坑坎坎的，倒像是块柔软的面团，不知叫谁捏弄成这种怪模怪样。几个年轻的姑娘赤着脚，提着裙子，嘻嘻哈哈逗着浪花玩……你听她们议论起来了："礁石硬得跟铁差不多，怎么会变成这样子？……""是叫浪花咬的。"一个欢乐的声音从背后插进来。"（杨朔《雪浪花》）

《雪浪花》描写了一位名叫"老泰山"的渔民。开头写"我"初见"老泰山"时的情景：海浪在"茫茫无边"的大海上，"滚滚滔滔"，"一浪高似一浪"，"卷起几丈高的浪花"，从形象上写出海浪气势的雄伟；"撞""唰地卷起""猛力冲激"，又从动作上写其力量的巨大。在海浪冲激下那像铁一样的礁石，竟变成了满身都是"深沟浅窝，坑坑坎坎"，像"柔软的面团"，从礁石的变形更可想见海浪的威力。作者就是运用这样一些精确的词语，生动地描绘出了海边壮观图。"'是叫浪花咬的'，一个欢乐的声音从背后插进来……"未见其人，先闻其声。一个"咬"字，一下子就表现了"老泰山"那乐观、饶有情趣的性格和深刻的见识。这是一句很有性格的语言。如说"是叫海浪冲的"，未尝不可，但就一般化了。一字之差，能令人物和浪花都活跃起来。海浪是由无数浪花汇成的，"老泰山"也"恰似一朵浪花"。别看是一个普通渔民，而"塑造着人民江山"的正是这无数"老泰山"一样的普通人，这是本文的主题。开头写海浪，有衬托、比喻的作用，正是为了写人，它包含着多么丰富、深刻的思想，其语言又是何等凝练啊！

第二，生动形象，饱含感情。生动形象就是写人、绘景有声有色，惟妙惟肖。冰心的名篇《樱花赞》之所以有艺术魅力，除内容外，生动形象、饱含感情的语言美，应是重要原因之一。在作者一行离开金泽市的这天，本是该市所有司机决定罢工的日子，为了送中国朋友，他们宁愿把罢工时间向后推迟一小时。当在车上听到日本友人谈起这一情况时，作者写了这样一段文字：

> 我的心猛地跳了一下，像点着的焰火一样，从心灵深处喷出了感激的漫天灿烂的火花……
> 清晨的山路上，没有别的车辆，只有我们这十一辆汽车，沙沙地飞驰。这时我忽然看到，山路两旁，簇拥着雨后盛开的几百树几千树的樱花！这樱花，一堆堆，一层层，好像云海似的，在朝阳下绯红万顷，溢彩流光，当曲折的山路被这无边的花云遮盖了的时候，我们就像坐在十一只首尾相接的轻舟之中，凌驾着驰荡的东风，两舷溅起哗哗的花浪，迅捷地向着初升的太阳前进！

这是一曲中日人民友谊的颂歌！作者用描写、比喻等手法，把在汽车上看两旁那盛开的樱花及车驰在花海里的情景，写得多么绚丽，其中所蕴含的感情又多么深厚动人啊！

第三，语调和谐，读来顺口。针对近几年来散文作品不甚重视语言，特别是有些作品不能朗读上口的问题，不少老作家都有些意见。曹靖华在《谈散文》里说："不但诗讲节奏，散文也该讲这些，讲音调的和谐。也应下字如珠落玉盘，流转自如，令人听来悦耳，读来顺口……"

请读鲁迅先生描写百草园景色的一段文字：

> 不必说碧绿的菜畦，光滑的石井栏，高大的皂荚树，紫红的桑椹；也不必说鸣蝉在树叶里长吟，肥胖的黄蜂伏在菜花上，轻捷的叫天子（云雀）忽然从草间直窜向云霄里去了。单是周围的短短的泥墙根一带，就有无限趣味。油蛉在这里低唱，蟋蟀们在这里弹琴。翻开断砖来，有时会遇见蜈蚣；还有斑蝥，倘若用手指按住它的脊梁，便会啪的一声，从后窍喷出一阵烟雾。

这段文章的语言不仅准确凝练、形象生动，音调也十分和谐动听，真如珍珠之落玉盘。它之所以有如此效果，一在于字词的平仄相间，二在句子较短接近口语，三在散句之中有颇为整齐的对偶、排比，句式既整齐又有变化。

可见，讲究语调的和谐上口，并非无关紧要的事。我们应向鲁迅先生及其他优秀作家学习运用语言的艺术技巧。优美的语言，多种多样，应不拘一格。有的文字朴素，有的辞藻华丽，只要它们有充实、正确的内容，就"浓妆淡沫总相宜"，不能因个人的偏爱而排斥其他。需要注意的是，有些初学写作者总以为辞藻华丽才是美，有些人甚至不管有无必要，总爱滥用形容词与感叹词。"英雄的八亿中国人民，正以翻天覆地，移山倒海之势，浩浩荡荡，威威武武，奔勇向前……"类似这样任意堆砌、华而不实的语言，是应当坚决避免的。我们认为，优美的语言，首先应表现在内容的正确及语言的精练上。

（四）散文的理性美

散文的美既在于生活的诗意的提炼，亦见于理性的领悟。文学虽是形象的艺术，其中起关键作用的乃是情感、经验的提炼，然而真正达到深厚蕴藉的文学境界必须经由智性的思考。散文的世界若只有情，情的世界若只由感官与直觉指引，那它所达到的境界也有限。真正优秀的散文，需要情景的迁移，令阅读者既可领略雄健浩渺的自然物象的感官之美，又可领受种种难以言传的情绪感受的涤荡，还可感悟到凝聚于其中的理性、知性的妙谛。下面是爱因斯坦《我的世界观》中的几段：

  我们这些总有一死的人的命运是多么奇特呀！我们每个人在这个世界上都只做个短暂的逗留。目的何在，却无所知，尽管有的自以为对此若有所感。但是不必深思，只要从日常生活就可以明白：人是为别人而生存的——首先是那样一些人，他们的喜悦和健康关系着我们自己的全部幸福；然后是为许多我们所不认识的人，他们的命运通过同情的纽带同我们密切结合在一起。我们每天上百次地提醒自己：我的精神生活和物质生活都依靠别人（包括生者和死者）的劳动，我必须尽力以同样的分量来报偿我所领受了的和至今还在领受着的东西。我强烈地向往着俭朴的生活，并且时常为发觉自己占用了同胞的过多劳动而难以忍受。我认为阶级的区分是不合理的，它最后所凭借的是以暴力为根据。我也相信，简单淳朴的生活，无论在身体上还是在精神上对每个人都是有益的。

  我完全不相信人类会有那种在哲学意义上的自由。每一个人的行为，不仅受着外界的强迫，而且还要适应内心的必然。叔本华说："人能够做他所想做的，他不能要他所想要的。"这句话从我青年时代起，就对我是一个非常真实的铭言：在我自己和别人生活面临困难的时候，它总是使我们得到安慰，并且永远是宽容的源泉。这种体会可以宽大为怀地减轻那种容易使人气馁的责任感，也可以防止我们过于严肃地对待自己和别人；还导致一种特别给幽默以应有地位的人生观。

  要追究一个人自己或一切生物生存的意义或目的，从客观的观点来看，我总觉得是愚蠢可笑的。可是每个人都有一定的理想，这种理想决定着他的努力和判断的方向。就在这个意义上，我从不把安逸和享乐看作是生活的目的本身——这种伦理基础。我叫它猪栏的理想。照亮我的道路，并且不断地给我新的勇气去愉快地正视生活的理想，是德、美和真。要是没有志同道合者之间的亲切感情，要不是全神贯注于客观世界——那个在艺术和科学工作领域里永远达不到的对象，那么在我看来，生活就会是空虚的。人们所努力追求的庸俗的目标——财产、虚荣、奢侈的生活——我总觉得都是可鄙的。①

  这是爱因斯坦的一篇富含理性美的散文佳作。爱因斯坦不仅拥有杰出的智慧，还

---

① 华夏书：《爱因斯坦》，哈尔滨出版社，2002，第25页。

是位具有人文精神的科学家。在这篇短文中，他用质朴、坦率、亲切的语言向人们说明了支撑他奋斗一生的人生信仰——人是为别人而生存的。这种利他主义的人生观赋予了爱因斯坦卓越的人格。他一生投身于科学领域，热烈地追求真理，更重要的是，在科学与正义、技术与道德的关系上，他始终认为人文精神是指引科学家的最高原则，科学家应该把科技运用于造福人类的事业中去。

第二节　散文的译法与技巧

汉语属于汉藏语系，是象形文字；英语属于印欧语系，是拼音文字。英语和汉语分属不同语系，不同类型，英汉两种语言的差异鲜明而突出。汉语语法隐性，结构柔性，是意合的感性文字，"独特的审美感性是汉语最显著的特色。这一点世界上所有的语言与汉语比较都可以说是望尘莫及"。从总体上说，英语是"形合"的语言，汉语是"意合"的语言。"所谓'形合'（hypotaxis），指借助语言形式手段（包括词汇手段和形态手段）显示句法关系，实现词语和句子的连接；所谓'意合'（parataxis），指不借助语言形式手段而借助词语或句子的意义或逻辑联系实现它们之间的连接。前者注重语句形式上的接应（cohesion），后者注重行文意义上的连贯（coherence）。""形合"与"意合"差异的具体表现是汉语在词汇上表现为动词优势，但动词本身不具时态、语态、语气和单复数变化等，因此虚词和语序很重要，汉语句子结构流散、疏放，语法形式隐性而富于弹性，句子一般倾向于短小明快（如流水句就是汉语的一大特色）；而英语则刚好相反，词汇上表现为名词、介词优势（这主要由于英语句子由稳定的"主谓提挈机制"为主干，动词与主语的搭配、牵制关系牢不可破，因此动词的使用频率和灵活程度远远低于汉语），句子结构严密，语法组织显性而稳定，句子相对较长。

汉英语言的这些差异在翻译散文时都应充分注意，采取恰当的翻译方法，使译文既能达意，又相对符合译入语语言规范。

一、中译英策略

（一）句法策略

汉语句子形式相对松散，句子短小简洁，主要依靠隐含的意义和逻辑实现衔接和连贯，语法形式标记弱化。"用中文写作的人，不论他是多么有名的作家，都没有句子的概念。汉语中的一段话，各人的语感不同，可以断成不同的句子。汉语句子的断句伸缩性，体现在作者、读者对同一段话的停顿断句不同上。相反，英语中的一段话，任何人都会把句号安放在相同的位置上，可见英语句子的断句缺乏弹性，句子的界线是明确的。"汉语句子译入英语时，通常需要重组句子结构，构建符合英语语言习惯的形式逻辑，使语法关系由隐性转为显性。刘宓庆提到汉语句子译入英语时，常用的方法有"分切"和"合并"。

1. 分切

刘宓庆这样解释分切的方法："大多数情况下，汉语句子是比较短的，有些语段中有长一点的句子，也常被逗号分开，这就成了翻译时的自然分切处。这些逗号的设置，着眼于语流的自然停顿，一般置于意群（语义支点与板块）之间，汉英大体一致。"分切就是根据意群，将汉语中由逗号分开的较长句段分割并译成若干英语句子。汉语的句子，特别是流水句，有时一逗到底，如果也依样画葫芦译成英语的一个句子，往往行不通。所以找准意群分切点，将这样的汉语句段分割开，是汉语散文英译时常用的技巧。

①因为其变更是渐进的，一年一年地、一月一月地、一日一日地、一时一时地、一分一分地、一秒一秒地渐进，犹如从斜度极缓的长远的山坡上走下来，使人不察其递降的痕迹，不见其各阶段的境界，而似乎觉得常在同样的地位，恒久不变，又无时不有生的意趣与价值，于是人生就被确实肯定，而圆滑进行了。（丰子恺《渐》）①

Since the change takes place by slow degrees-year by year, month by month, day by day, hour by hour, minute by minute, second by second, you feel as if you were permanently your same old self always seeing much fun and meaning in life, like one, walking a long, long way down an extremely gentle mountain slope, hardly perceives its degree of incline or notices the altered scenes as he moves along. You thus take a positive view of life and find it endurable.

原文一长句在分割线处断为两句。

②我渐渐的仰头上去，看红云渐淡而渐青，／经过天中，沿弧线而下，／

---

① 万颖：《翻译美学视角下的丰子恺散文英译实践》，《文学教育（上）》2016年第4期。

青天渐淡而渐红，太阳就在这红云的中间。（孙福照《红海上的一幕》）①

I looked far upwards into the sky by degrees and beheld the red clouds gradually pale themselves and change into the light blue color. They passed the highest point in the sky and began its descent along the curve. Just at this moment, the blue sky became less blue and more reddened, and the sun was found amidst the red clouds.

在这一句汉语原文中，主题多次转换：我→红云→青天、太阳。译者根据主题的转换，以一个主题归入一个英语句子，将原文分切为三处，译为三个英语句子。

③但那时年少，血旺气盛，誓与凡俗抗争到底，/于是连哄带骗将一净高1.74米女孩拐回家做起了太太,/这一壮举颇为"残疾人"们扬了一段眉，吐了半口气。②

Back in those days, I was a callow young chap vastly capable of daring and foolhardiness, and determined to wrestle with this prejudice against mens lack of height. So by hook or by crook, I married a girl who was 1.74 metres in height. Such an astonishing tour de force thus achieved greatly bolstered the morale and esteem of those of us who were "handicapped".

原文虽只有一句，但包含原因、结果、总结等多层内容，因此译者就依照意群，将原文顺其自然地分割为了三句。

④一俑身穿交襟长袍，衣袖上宽下窄，/袍下摆提起系于腰间，/两臂下垂，紧握双拳；一俑上身裸露，耸肩凸腹，/双目圆睁，眼白如烛，/胸肌隆起，/下着短裤，左臂下垂，右手捧腹，/双腿外叉，赤足着地，/身体壮实，精悍有力。③

One figure wears a long robe with crossed lapels and full sleeves which taper to the cuffs. The hem of the robe is lifted and tied at the waist. The figure's arms hang at his sides and his fists are tightly clenched. The second figure has a naked torso,raised shoulders

---

① 张梦井：《优雅的译文必须以正确理解原文为基础——〈中国翻译〉"红海上的一幕"英译读后感》，《中国翻译》2008年第2期。
② 田华：《英汉对比与翻译》，辽宁大学出版社，2018，第59页。
③ 《彩绘黑人男立俑(2件)》，《中国翻译》2004年第1期。

and protruding belly. His eyes are fixed in a stare, the whites gleaming bright. His chest muscles bulge. Below, he wears a pair of shorts, and stands with legs astride, his left arm hanging at his side, his right hand supporting his belly. His bare feet stand firm upon the ground. In all, the powerful physique radiates a sense of strength and vigor.

关于这段介绍兵马俑的文字的翻译,译者倪诺诚(Robert Neather)这样说道:"虽然文本的主要结构可再现于译文,但是有些单句当然要稍微调整。比如第一段落里四字短句非常多,特别是在第二俑的描写里。那一段文字一共包括十二个以逗号连在一起的四字短句,对译者来说,难度相当大,因为这些短句之间的关系可以说是'意合性'的,所以不容易译成'形合性'的英文句子结构。在本人的译文里,这十二个四字短句被译成六个英文句子……本人用这种方式来处理原文是因为这样断句似乎符合原文叙事的逻辑,非常典型地证实了汉译逻辑次序,译文的句子也稍做有节奏感……以免叙事太单调,读起来更通顺。译文里的叙述大部分是依照中文的次序,只在第四句里,'双腿外叉'的位置改变,跟'下着短裤'联合在一起。"这个例子反映了分切句子的必要性。在分切的时候,句子的成分和叙事顺序有时也要做适当调整,以适应译入语的表达习惯。

2. 合并

"汉语的语段以'形散而神聚'为特征,而英语具有比较严谨的形式组织要求。因此,显而易见,汉英翻译中必须研究如何加强原语语句的组织程度,化'流散'为'聚集',也就是并句问题。"换句话说,就是汉语句子中隐含的语法关系和形式结构,如从属关系等,将主次结构弱化的竹形汉语语段,通过各种语法手段,连缀成主次分明的树形英语句子。

⑤一片独有一点蛀孔,镶着乌黑的花边,在红、黄和绿的斑驳中,明眸似的向人凝视。(鲁迅《野草》)①

There was one in which an insect had made a hole, which, fringed with black, stared at you like some bright eye from the chequered red, yellow and green.

这个例子的汉语原文和英语译文相比较,汉语的句式结构简洁得多,是由一个主

---

① 邓小红:《最早的鲁迅〈野草〉的英译文——冯文洛的三篇〈野草〉译作钩沉》,《汉语言文学研究》2020年第3期。

语"一片"统领三个谓语动词"有""镶""凝视",时态、语态基本没有在形式上体现,文句似散落却顺畅;而英语的句子则转化为由"there be"句型作主干结构,增添了两个定语从句,并使用了一般过去时、过去完成时、被动语态等语法手段体现动作先后和主谓关系,将原文的动词串成了层次繁复却分明的结构。

⑥我特别喜欢他的那幅向日葵,朵朵黄花有如明亮的珍珠,耀人眼目,但孤零零插在花瓶里,配着黄色的背景,给人的是种凄凉的感觉,似乎是盛宴散后,灯烛未灭的那种空荡荡的光景,令人为之心沉。①

I like his "Sunflowers" in particular, with its glorious blossoms glittering like pearls, but the blossoms, held in a vase placed against a yellow background, look lonesome and make you feel miserable, the way you feel when the feast is over and the guests are gone but the lights and candles are still glimmering in the deserted hall.

这个译例的原文是多达79字的句段,有多个主谓结构,并且存在无主句,时态、语态和⑤一样,都是隐性的,没有形式上的体现,是较典型的汉语"意合"句段。译文在结构上进行了整合,将全句整理为一个由"but"连接的转折关系的并列句,并将原文中的部分短句转换为介词短语、分词短语或时间状语从句等,使原文由"意合"转化为了"形合"。

⑦芬芳拂面,一泓清水是你的生命之源。(潇琴《又见水仙》)②

With wafts of fragrance you come out to greet me; a bowl of clear water meets your life's need.

这句原文中间用逗号隔开,看似一句,其实从结构上来说,是完整的两个句子。前半句"芬芳拂面"中主语是"芬芳",谓语是"拂",宾语是"面";后半句则是个系表结构的句子。如果按照英语的形式逻辑,这就是两句话。为了迎合英语的句式特点,又能尽量保留汉语的风味,译者做了一些调整。如把主语"芬芳"置于介词短语中作状语,添加新的主语"you",两个小句中间改用分号,这样可以最大程度保留原文两句间没有连级的句式特点。为了表现语言之美,译者还在两句结尾处的押韵:"me""need"。译文利用英语的层次感和形式美弥补了原文淡雅飘逸的意境。

⑧我多少次想把这一段经历记录下来,但不是为这段经历感到愧悔,便是为觉察到自己要隐瞒这段经历中的某些事情而感到羞耻,终于搁笔。

---

① 田华:《英汉对比与翻译》,辽宁大学出版社,2018,第35页。
② 潇琴:《又见水仙》,《中国翻译》2007年第3期。

(张贤亮《男人的一半是女人》)①

So many times I have intended to write down these experiences of mine, only to be discouraged either by repentance for what I have done, or by the shame I felt as I knew I would be covering some of them up.

原文中从形式上来说相对松散的汉语词句，在译文中通过词性和句法功能转换，各就各位，各司其职，条分缕析，合并成了主干结构突出、层次感很强的英语句子。

（二）功能策略

语言作为人们交流信息、表达思想、抒情状物、传递知识等的工具，具备多重功能。综合各语言学及功能学派的相关理论，语言的功能主要包括：人际功能（interpersonal function）、达意功能（ideational function）、表情功能（expressive function）、祈使功能（vocative function）、美学功能（aesthetic function）、组篇功能（textual function）、指示功能（directive function）、信息功能（informative function）、描写功能（representational function）、意动功能（conative function）、酬应功能（phatic function）、元语言功能（metalingual function）等。翻译一个文本时，比起在形式和意义上追求译文和原文的对等，保持两者的功能一致是更基本的要求（有些译文的功能受翻译目的、目标读者、赞助商要求等因素的影响需要与原文不同，另当别论）。一个语篇，或者一个语篇的段落，其功能很少是单一的，往往兼具多重功能。译者需要根据翻译目的，分清功能的主次，选择合适的翻译策略。

英国翻译学家罗杰·贝尔（Roger T.Bel）认为翻译学中的"对等"不仅是语义的（semantic），也是风格的（stylistic）。语际转换时，译者要琢磨的应该包括源语语篇的以下四个方面：

  the semantic sense of each word and sentence
  its communicative value
  its place in time and space
  information about the participants involved in its production and I reception②

---

① 孙会军、郑庆珠：《论〈男人的一半是女人〉英译本中敏感因素的跨文化传递与译介原因》，《解放军外国语学院学报》2015年第6期。
② 刘艳春、胡显耀：《翻译共性的解释路径和理论模型刍议》，《东北大学学报（社会科学版）》2020年第5期。

这四个方面实际上就是形式、功能、目的等语篇特征。贝尔提出可以通过识别话语参数确定语篇的语域和功能，并引用吉卜林（R. Kipling）的一段诗生动形象地归纳了六个确定语篇功能的问题：

I keep six honest servingmen

(They taught me all I knew);

Their names were What? and Why? and When?

And How? and Where? and Who?[①]

贝尔认为每个问题界定了至少一个变化参数 [Each of these questions defines one (or more) parameters of variation]，通过分析这六个问题，可以掌握语篇的基本特征，如信息发送者、接受者及两者的关系，信息发送的方式和渠道，信息发送的范围和目的等。通过这样的语篇分析，可以确定形式、功能、目的等文本信息，因而是选择合适的翻译策略的前提。因此进行语篇翻译之前，译者首先要搞清这六个问题的答案，以定位语篇的功能。

语篇翻译时，就其功能转换而言，德国翻译理论家克里斯蒂安·诺德（Christiane Nord）提出了文献型翻译（documentary translation）和工具型翻译（instrumental translation）两大策略。文献型翻译从原文作者的角度出发，按照原文作者的思路撰写译文，尽量再现原文作者的情感，再现原文交际的文化。工具翻译从译文读者的角度出发，按照译文读者的思路撰写译文，尽量靠近译文读者的文化，利用他们的思维方式、认知范围和背景知识，帮助他们理解和接受原文的信息。工具型翻译的定义是："An instrumental translation is intended to fulfil a new communicative purpose in the target culture without the recipient being conscious of reading or hearing a text which. in a different form, was used before in a different communicative action." 主要译法有等功能翻译（equifunctional translation）、异功能翻译（heterofunctional translation）、类功能/体裁译（homologous translation）。

⑨而杭州湾喇叭口的地形特殊，海湾水域广阔，但河口狭窄，加之河床泥沙阻挡，易使潮流能量集中，江潮迅速猛涨，流速加快，涌潮现象频频发生。钱江涌潮，一年四季，周而复始。全年共有一百二十天的"观潮日"。每天有日、夜两潮，尤以秋潮为最佳。每当大潮来时，开始远处呈现一条白线，声如

---

① 阿柚：《吉卜林——一个会说故事的人》，《新世纪智能》2019年第16期。

第四章 英汉散文翻译策略与译例赏析

闷雷。数分钟之后，白线向前推移；继而巨浪汹涌澎湃，如万马奔腾，潮声震天动地，真有排江倒海之势，最高潮差达八点九三米。钱塘江涌潮举世无双，其奇、其高可与亚马孙河媲美，被誉为"世界八大奇观"之一。①

Its outlet to the ocean, Hangzhou Bay, is extremely wide, shaped like a large trumpet. When the sea tide rises, it brings with it a huge amount of water, pushing inland at a great speed. However, the river narrows abruptly at this point. This, together with the rivers sandy bed,prevents the water's smooth progress. As waves follow one after the other. the tide surges and creates a gigantic wall of tidal water,the so-called "tidal bore".The tidal bore operates in a cycle; there are only 120 days on which it is good to watch the bore. Moreover, there are two tides per day, the day tide and the night tide.

The tides are greatest in autumn, the most spectacular time to view it. On the September day when the greatest tidal bore first appears, it is shaped like a long, white streak, and one hears a sound like muffled thunder in the distance. A few minutes later, a long, white streak of water chases itself down the river. As the tidal waves travel upstream, the water piles up higher and higher,as though tens of thousands of untamed horses were galloping upstream. The deafening noise inspires awe and admiration. Tidal waves created by the bore are known to have reached 8.93 meters in height. The tidal bore of the Qiantang River is now considered to be one of "the Eight Wonders in the World".Its unique shape and height have been compared to those of the Amazon River.

原文是一篇介绍钱塘江涌潮的短文，节选的这段文字介绍了涌潮产生的原因和涌潮的壮观景象。短短一段文字里，四字词语和成语用了十三个，句式灵活，措辞简练，体现了汉语的审美情趣。译者在翻译时，根据文章的功能和目的，对原文的语序和表达方式进行了一定调整。"这类文章以内容为中心，以读者为中心，以传达信息

---

① 王俊芳：《旅游英语教材应融入更多基本历史地理知识》，《潍坊学院学报》2008年第3期。

为主要目的。因此，翻译这类文章的原则也应以传递信息和唤起读者感情并采取行动为主要目的。为此，翻译也应以内容为中心，以读者为中心。信息传递一定得准确，译文要让读者乐于接受。"为了将原文的内容充分地表达出来，并符合英语的语言习惯，译者进行了一定程度的改写，例如介绍涌潮成因的部分，"如果把英语回译成汉语，大致意思如下：'钱塘江的地势特征，是形成这一自然奇观的原因。'这一句是总提，下面再详细叙述：钱塘江出口杭州湾非常宽阔，但呈喇叭形，海潮来临时，大量的海水以极大的流速涌入江里。而河口突然变窄，加之河底泥沙阻挡，海水难以通过。但后浪追前浪，浪头重叠，犹如一堵高高的水墙，俗称'涌潮'。这与其说是'翻译'……还不如说是'重写'"。

⑩昔者庄周梦为蝴蝶，栩栩然蝴蝶也，自喻适志与，不知周也。俄然觉，则蘧蘧然周也。不知周之梦为蝴蝶与，蝴蝶之梦为周与？周与蝴蝶则必有分矣。此之谓物化。①

Once upon a time, I, Chuang Chou, dreamt that I was a butterfly, fluttering hither and thither, to all intents and purposes a butterfly. I was conscious only of my happiness as a butterfly, unaware that I was Chou. Soon I awaked, and there I was, veritably myself again. Now I do not know whether I was then a man dreaming that I was a butterfly, or whether I am now a butterfly, dreaming that I am a man. Between a man and a butterfly, there is necessarily a distinction. The transition is called "the transformation of material things".

这篇选自《庄子》的短文是众多庄子寓言故事中最脍炙人口、最具浪漫气质，也最富哲理的一篇。庄子用简洁的语言叙述了一个简单的故事，而揭示的却是深奥的道理：物我相融，物我两忘乃是心灵澄明超然的最高境界，亦即"道"的境界。这篇短文是"言简意赅"这个成语的极好注脚。林语堂的译文处理得非常成功的一处就是代词"I"的使用。原文中除了一个反身代词"自"之外，没有出现第一人称代词，而全是用作者的名字"庄周""周"，有些小句则没有主语，是无主句，如"栩栩然蝴蝶也""俄然觉，则蘧蘧然周也""不知周之梦为蝴蝶与"等。代词"I"在篇首顺利导入，不着痕迹地向英语读者说明了这篇短文的主人公"Chuang Chou"就是作者本人，免去了注释的烦琐，避免了下文"Chou"的不断重复，而且解决了无主句转

---

① 国蕊：《陈景韩对第一人称叙事小说翻译的探索》，《明清小说研究》2016年第4期。

换的问题。可以说一举多得,很好地利用了英语中代词的组篇功能,使译文再现了原文栩栩如生的描写和短小精悍的行文。

按照诺德的译法分类,郭建中译的钱江涌潮介绍文字属于工具翻译中的"等功能翻译",而林语堂译的庄子寓言则是纪实翻译中的直译。从上述两例可以看出汉英两种语言个性差异明显,在实现各种语言功能时,在形式上的体现有时截然不同。例如,在审美倾向上,汉语"求雅的意识强,悠久的文学传统使我们至今仍然相当重视行文的整饬与雅观","极易形成并偏爱使用对偶排比结构","与此相连的四字结构仍然出现频率较高",讲究遣词造句;又由于汉语的语法限制较小,因此导致"措辞造句上的极大灵活性与因此而造成的语句的定型化与稳固性的程度的偏低;组织词语时的选择性、任意性、不定性、游移性与斟酌性乃至个人间用语上的差异性等的偏多偏大……汉语太活了,而这既是现代汉语的弱点也是它的长处……现代汉语如果真的用得好时,它也会成为最具魅力与艺术性的绝妙表达工具"。汉语散文英译时,原文审美功能的再现需要顾及译入语的语言特点、翻译的目的和文本的其他功能。其他语篇功能在语际转换时也同样要视需要调整。

二、英译中策略

汉英两种语言的差异前文已约略分析过,不再赘述。汉语散文英译时要充分考虑双语差异,反之亦然,两者的词法、句法和语言功能的差异是译者要加倍注意的。

对于不同语言间表达方式的差异,安德烈·勒菲弗尔(Andre Lefevere)和苏珊·巴斯内特(Susan Bassnett)在他们合著的论文"Where Are We in Translation Studies"中这样分析:"Different cultures may, of course, make use of essentially the same textual grid. The French, German, and English cultures, for instance, make use of the same textual grid, with slight variations in emphasis, because that is the grid they inherited from Greco-roman antiquity through the shared vicissitudes of history. Other cultures, like Chinese and Japanese culture, have textual grid that are much more unique and not shared with other cultures. The interesting point in all this, though, is that these 'textual grid' seem to exist in cultures on a level that is deeper, or higher, or whatever metaphor you prefer, than that of language. In other words, the 'textual grid' pre-exists language (s). These grids are man-made, historical, contingent constructs: they are by no means eternal unchangeable, or even always already there. They can, and do, appear given for all eternity only when, as so often happens, they have been interiorized by human beings to such an extent that they have become totally transparent for them, that they appear 'natural'."根据勒菲弗尔和巴斯内特的观点，篇章的组织结构是与文化紧密相连的话语方式的总和，并且这种话语方式由文化预先框定，是先于语言存在的。因此，在进行英汉互译时，"若按原文机械地、逐字逐句地翻译往往是不行的。因此，为了取得类似于原文的效果，词句的增减，词序的调整，有时就不可避免，甚至是十分必要的。如果译者'忠实'于原文的意识太重，太拘泥于原文的字词和句式……亦步亦趋地翻译"，往往会使得译文有悖于译入语的话语方式。

（一）句法策略

英译汉的句法翻译重要的一点是汉语西化的问题。关于西化，鲁迅先生早在 20 世纪二三十年代就提出过他的观点。鲁迅主张"硬译"，认为通过"硬译"可以避免使原文被"削鼻剜眼"，可以最好地再现原作的丰姿，而这样做的根本目的是丰富汉语语言。鲁迅认为汉语文法句法不够完备，所以需要通过"硬译"来吸收外来语中的有益成分。"一面尽量地输入，一面尽量地消化、吸收，可用的传下去了，渣滓就听他剩落在过去里。"

鲁迅提出这样的观点，有独特的时代背景，他的初衷是促进白话文的快速发展，并由此带动国民教育、提高国民素质，是本着"拿来主义"救国救民。经过几十年的发展，白话文已经日趋成熟，"文言的简洁浑成，西语的井然条理，口语的亲切自然，都已驯驯然纳入了白话文的新秩序，形成一种富于弹性的多元文体"。但新的问题出现了。20 世纪七八十年代以来，中国进入社会经济全面发展时期，翻译事业也随之迎来史上第四次高潮，翻译活动量大面广，同时也泥沙俱下，造成翻译质量良莠不齐，其中，汉译作品的话语方式过度或恶性西化就是一个突出的问题。比较而言，汉语句式比英语句式约束少，词的阴性阳性、时态、语态、单复数等形式制约在汉语中微乎其微，因而汉语更灵动善变。余光中说："比起来，还是中国文化看得开些——阴阳不分，古今同在，众寡通融，真是了无绊碍。"余光中曾举了一个例子说明汉语的简练，就是《寻隐者不遇》这首诗：

松下问童子，言师采药去。
只在此山中，云深不知处。

余光中选用该例主要是要说明汉语可以有无主句，而主语在英语中则必不可少。这首诗要按英语语法规则把主语补回去，就成了这样：

第四章　英汉散文翻译策略与译例赏析

　　我来松下问童子，童子言师采药去。
　　师行只在此山中，云深童子不知处。

　　"这一来，成了打油诗不打紧，却是交代得死板落实，毫无回味的余地了。这几个主词不加上去，中国人仍然一目了然，不会张冠李戴找错人的，这正好说明，有时候文法上的'精密'可能只是幻觉，有时候恐怕还会碍事。"其实严格说起来，这首诗要真译成英语，需要补充的语法要素不仅是主语，还有时态、介词、从属连词等，如果这些一并补充齐全，恐怕连打油诗也难做了。灵活是汉语的优点，但也给英译汉带来一个常见问题，即译文常常翻译腔浓重，换句话说，译文容易受原文的影响，出现西化的汉语句子，把完全不必要的重重形式束缚转嫁到原本潇洒利落的汉语中，使译文语句中不中、洋不洋，不伦不类。余光中在《中文的常态与变态》一文中列举了多种盲目西化的汉语句子，也就是变态的或病态的汉语句子，如仿效英文而过度名词化、"之一"泛滥、介词滥用等。

　　译者不仅是文本语际转换的媒介，更是文化传播的使者。把外语文本介绍给国内读者的翻译工作者，还担负着保护汉语纯洁性和生命力的神圣职责。随着中西方文化交流日益频繁，各类英译汉作品的读者群、听众群、观众群日渐扩大，译文质量也因此直接影响国民的汉语素养。"中文通达的人面对无所不在的译文体，最后感到眼界不清、耳根不净，颇为恼人。中文根底原就薄弱的人，难逃这类译文体的天罗地网，耳濡目染，久而习于其病，才真是无可救药。"对于这样遭西化洗劫的中文，"如果教育制度和大众传播的方式任其发展，中文的式微是永无止境，万劫难复的"，"有一天恶性西化的狂潮真的吞没了白话文，则不但好作品再无知音，连整个民族的文化生命都面临威胁了"。

　　具体到句法翻译策略，依视角不同，可以有很多分法。这里根据上面讨论的西化问题，简略说明两点。

　　第一，善解原意，展现原文的音韵美、节奏美、意境美。汉语中存在越来越严重的恶性西化现象，但任何事物都有对立面，有恶性西化，也就有善性西化。白话文经历短短几十年发展史走向成熟，善性西化功不可没。善性西化调和西方话语方式和汉语特质，丰富和完善了汉语的白话文。"善性西化的样品在哪里呢？最合理的答案是：在上乘的翻译里。翻译，是西化的合法进口，不像许多创作，在暗里非法西化，令人难防。一篇译文能称上乘，一定是译者功力高强，精通截长补短，化瘀解滞之道，所以能用无曲不达的中文去诱捕不肯就范的英文。这样的译文在中西之间折冲樽俎，能不辱中文的使命，并且带回俯首就擒的西文，虽不能称为创作，却是'西而化之'的好文章。"

每种语言都具有独特的美感，英语形式严谨、层次分明，并富有拼音文字特有的节奏感和音韵美。英译汉时，忠实于原意，并将原文的独特美感融合到译文中，而且译文地道流畅，绝不生硬晦涩，这就是"西而化之"的上乘境界。

⑪ It was New Years Night. An aged man was standing at a window. He raised his mournful eyes towards the deep blue sky, where the stars were floating like white lilies on the surface of a clear calm lake.①

那是个新年之夜。一位老人伫立/在窗边。他/抬起双眼，把悲哀的/目光投向蓝幽幽的天幕。夜空像一个/清澈静谧的大湖，星星/像一朵朵/百合花/漂在湖面。

曹明伦点评这篇译作时说，要使译文音调和谐，富有节奏，要避免三个通病：句式单调，"的的不休"；音节单一，欠奇偶对照；尾字谐韵，平仄不分。译文中，译者注意了译文的节奏感，句子中奇数音节和偶数音节的短语交替出现，使音韵富于变化，避免单调乏味。"散文讲究句式长短开阖，跌宕起伏，音节奇偶相间，轻重交错。这种文体特征译者不可不辨。"

⑫ Get a livelihood, and then practice virtue.②

先谋生而后修身。

原文是格言警句体。"and"这个并列连词前后体例对称，不仅词数都是三个词，而且都是祈使句，句式工整。钱锺书采用了训导意味浓厚的文言文，"而"字前后也各三个字。这个译例不仅译意精准到位，而且丝丝入扣，已臻"化境"。

⑬ Now Prohibition, whether as a proposal in England or a pretence in America, simply means that the man who has drunk less shall have no drink, and the man who has drunk more shall have all the drink. It means that the old gentleman shall be carried home in a cab drunker than ever, but that, in order to make it quite safe for him to drink to excess, the man who drives him shall be forbidden to drink even in moderation. That is what it means, that is all it means,that is all it ever will mean. It means that often in Islam：where the luxurious and advanced drink champagne, while the poor and

---

① 袁莉：《文学翻译主体论》，上海译文出版社，2019，第25页。
② 同上书，第28页。

第四章　英汉散文翻译策略与译例赏析

fanatical drink water. It means that in modern America: where the wealthy are all at this moment sipping their cocktails, and discussing how much harder labourers can be made to work if only they can be kept from festivity. This is what it means and all it means; and men are divided about it according to whether they believe in a certain transcendental concept called justice, expressed in a more mystical paradox as the equality of men. So long as you do not believe in justice, and so long as you are rich and really confident of remaining so, you can have Prohibition and be as drunk as you choose. (*What I Saw in America*) ①

　　禁酒，在英国议而未行，在美国行而不实，无非是这么回事：原先喝得少的人不得再喝，原先喝得多的人任从大喝。老爷当可喝个空前大醉，叫车载回家；但是，为了保证大人纵酒而无妨，必须宣布仆夫小饮为犯禁。就是这么回事，不外乎这么回事，永远也不过是这么回事罢了。在伊斯兰世界往往是这么回事：豪奢而开通者喝香槟，贫苦而痴迷者喝淡水。当今美国是这么回事：此刻有钱人呷着鸡尾酒，讨论研究，不让工人快活，只让工人干活，要是能办得到，能出多少活。就是这么回事，不外乎这么回事。对于禁酒，人们意见分歧，区别在于是否相信所谓正义——这个抽象概念还有一种更为玄妙矛盾的表达法，叫作人人平等。只要你不相信什么正义，只要你钱财在手，而且确有把握永远保得住，那禁酒由他，醉酒由你好了。

　　这个语段的翻译，在造词造句、讽刺揶揄、风格韵味上都和原文取得了极佳近似，由表及里、淋漓尽致地再现了原文的一切语言要素。

　　第二，删繁就简，体现汉语特质，发挥汉语优势。严复的翻译三标准"信、达、雅"，一直被中国翻译界奉为金科玉律。"信"固然是第一位的，但"顾信矣，不达，虽译，尤不译也，则达尚焉"。（《天演论·译例言》）不"达"，译了也白译，足见"达"的重要。汉译英时译者要用这三个标准衡量译文，看是否忠实于原文，还要看是否地道、通顺、优美的英文。译入外语尚且如此，译入本族语时起码应该一视同仁，除了要忠实于原文，更理所应当使用地道、通顺的，而不是洋泾浜的英式汉语。

---

① California Dish, "What I Saw (and Cooked) at the American Culinary Revolution," *Gastronomica*, no. 4(2004).

125

⑭ "Books," said Hazlitt, "wind into the heart: the poet's verse slides in the current of our blood. We read them when young, we remember them when old. We read there of what has happened to others, we feel that it has happened to ourselves. They are to be had everywhere cheap and good. We breathe but the air of books." (*Companionship of Books*)①

"书籍具有一种能潜入人心的力量,"海兹列特讲道,"诗人的佳句往往便与我们的血液周流一处。少而习之,皓首难忘。所读内容虽多是他人际遇,所得印象却不啻自身经历。何况书籍索价极廉,购求亦易,因而不觉使我们溢满书香。"

比较一下原文和译文,不难看出译文省去了很多形式标记。省略得最多的是第一人称复数代词"we",原文有五个"we",译文主位的"我们"一个都没有,只有一个作定语的"我们"和一个作宾语的"我们"。另外,第三人称代词"they"和"them"同样大幅省略。从属连词也一一略去,如"when""what""that"。时态、语态、单复数等变化译文中更不着痕迹。略去如此种种,译文不仅充分发挥了汉语流转自如的优势,而且将原文的意蕴、节奏、哲理尽收其中,是化西为中的典范。

⑮ The night was as dark by this time as it would be until morning; and what light we had, seemed to come more from the river than the sky, as the oars in their dipping struck at a few reflected stars. (Charles Dickens: *Great Expectations*)②

这时夜色已经黑透,看来就要这样一直黑到天明;我们仅有的一点儿光亮,似乎不是来自天空,而是来自河上,一桨又一桨的,搅动着那寥寥几颗倒映在水里的寒星。

该例原文虽是小说,但这个语段景物描写手法与散文并无二致。和⑭一样,译文同样化原文中有形的语法标记于无形,如从属连词"as"、主词等,将其隐藏不显,由韵味悠长的意义之线串联成句,将一串主次分明、茎蔓相连的"形合"葡萄,幻化成几颗散落玉盘、貌离神合的"意合"珍珠,不仅最大限度地保留了原文信息,而且

---

① 盛楠、黄亚忠:《论英译汉中汉语四字格的妙用及其审美——以 Companionship of Books 的翻译为例》,《海外英语》2019 年第 6 期。
② 张慧、陈裕鹏:《综合语与分析语视角下的小说翻译赏析——以〈远大前程〉王科一译本为例》,《科教文汇(下旬刊)》2020 年第 12 期。

译文非常熨帖顺滑，极显译者功力。

⑯ Chilly gusts of wind with a taste of rain in them had well nigh dispeopled the streets.

阵阵寒风，带着雨意，街上冷冷清清，几乎没有什么人了。①

"……英文句子，主、谓、宾一目了然，原因和结果清清楚楚，如果按这样的顺序、结构直译成汉语，势必凝滞不化。为了使译句能体现汉语句式的特点，译者大胆地进行了结构调整，将原文一句切分成了译文四个短语（小句），充分利用句子内部语义上的联系，不用任何关联词，由风到雨，到街，再到人，用白描的手法将一幅寒夜凄雨图呈现在读者面前，处理之妙，令人击节。"

（二）功能策略

在讨论汉语散文英译的功能策略时，举例说明了翻译应针对译文的语篇功能采取相应的翻译方法，语篇功能在英译汉时同样是应该考虑的因素。上述的语篇功能，从本质上说，就是韩礼德为代表的伦敦学派观点中语域（register）三要素之一的"语式"（mode）。韩礼德认为语域主要由三种情景特征构成：语场（field）、语式、语旨（tenor）。其定义分别是："The FIELD is the total event, in which the text is functioning, together with the purposive activity of the speaker or writer; it thus includes the subject-matter as one element in it. The MODE is the function of the text in the event, including therefore both the channel taken by the language-spoken or written, extempore or prepared- and its genre, or rhetorical mode, as narrative, didactic, persuasive, phatic communion' and so on. The TENOR refers to the type of role interaction, the set of relevant social relations permanent and temporary, among the participants involved. Field, mode and tenor collectively define the context of situation of a text." 韩礼德的语域概念涵盖的情景特征相对较系统全面。也有语言学家，如利奇（Leech），将语域基本等同于语言使用的正式程度，"指在特定的社会环境（如学术界、宗教界，正式的或非正式的场合）使用的语言变体。可以根据题材（话语范围）区分为各种专业语言、行话等；根据正式程度（交谈方式）区分为庄重体、正式体、通常体、随便体等"。韩礼德的功能语言学观点进一步完善了语域概念，使情景理论成为概括性很强的系统理论。

---

① 袁莉：《文学翻译主体论》，上海译文出版社，2019，第37页。

文化透视与英汉文学翻译

功能学派的语境和语域概念对现代翻译理论与实践的发展意义重大。语域概念突破了翻译学中"忠实"与"对等"的视界，将微观语言层面与宏观语言环境相结合，使追求语域对等、避免语域误译成为新的翻译标准。语境因素对文本意义的生成和理解具有决定作用，因而翻译和语境密不可分。"译文语篇之构成是在各种语境的引导和制约下以原文语篇为模本的语篇再生过程。谈语篇翻译免不了要谈语境，而谈语境免不了要谈语域。语域者，适用于特定语境的语言变体也。翻译中的语域分析既是理解原文语篇的易进之路、渐悟之方，更是构建译文语篇的阶藉之由、始涉之津。"通过语域分析，可以描写、解释、评价、预测翻译现象和翻译问题，并规划翻译原则和策略。

语域是宏观环境作用于语言的产物，其概念是虚泛、抽象的，但它的实现离不开实在、具体的词句，因而再现原文语域，还是要通过微观的语言手段，如语音、词汇、句法、修辞等。"汉语是一种语域包容性极强的语言，至少比英语的语域包容性更强。关于这点，原因有二，一是汉语使用流传的历史比英语更长，而一般说来，一种语言的语域包容性与其使用流传的历史长度成正比；二是笔者指出的'与注重意蕴的汉语相比，英语语言更注重形式逻辑'。"换句话说，英语更注重形连，汉语更注重意合。虽然哈蒂姆和梅森说"语域这种语言变体主要表现为说话人所用的语言形式（如语法和词汇）之各不相同，但由于英语重形连，汉语重意合，故英语的语域变化主要变在语法层面，而汉语的语域变化则主要变在词汇层面。……而由于英语的语域变化主要表现在句层，汉语的语域变化则主要表现在词层，所以英语句层表现出的语域变化在汉语译文中往往在词层得以体现"。由此可见，汉语的灵活多变并不局限于语法层面，还可以通过词层、句层等多层次语言形式表现于语域层面。

⑰ In the days when everybody started fair, Best Beloved, the Leopard lived in a place called the High Veldt. Member it wasn't the Low Veldt, or the Bush Veldt, or the Sour Veldt, but the seclusively bare, hot, shiny High Veldt, where there was sand and sandy-coloured rock and seclusively tufts of sandy-yellowish grass. The Giraffe and the Zebra and the Eland and the Koodoo and the Hartebeest lived there, and they were seclusively sandy yellow- brownish all over: but the Leopard, he was the sclusivest sandiest- yellowish-brownest of them all-a grayish-yellowish catty-shaped kind of beast, and he matched the seclusively yellowish-greyish-brownish colour of the

第四章 英汉散文翻译策略与译例赏析

High Veldt to one hair. This was very bad for the Giraffe and the Zebra and the rest of them; for he would lie down by a seclusively yellowish-greyish-brownish stone or clump of grass, and when the Giraffe or the Zebra or the Eland or the Koodoo or the Bush-buck or the Bonte-buck came by he would surprise them out of their jumpsome lives He would indeed! And, also, there was an Ethiopian with bows and arrows (a seclusively greyish-brownish yellowish man he was then), who lived on the High Veldt with the Leopard and the two used to hunt together-the Ethiopian with his bows and arrows and the Leopard' sclusively with his teeth and claws-till the Giraffe and the Eland and the Koodoo and the Quagga and all the rest of them didn't know which way to jump, Best Beloved. They didn't indeed! (*From How the Leopard Got its Spots*) ①

　　亲爱的孩子，从前所有动物身上都没有斑纹，那时候豹子住在一个叫"高高草原"的地方。请记住，那不是"低低草原"，不是"灌木草原"，也不是"湿冷草原"，而是光秃秃、热烘烘、亮闪闪的"高高草原"。那里的沙是黄色的，岩石是黄色的，连一簇簇野草也都是黄褐色的。那里居住的什么斑马呀、羚羊呀、长颈鹿呀，也都是浑身上下黄乎乎的。但要说黄得同那片草原的颜色最最相似的，那就得数长得像猫的豹子啦。豹子身上的颜色同"高高草原"的颜色简直一模一样，对斑马、羚羊和长颈鹿来说丝毫不差，这可真是太糟糕了。因为豹子经常藏在黄色的大石旁或草丛间，当斑马、长颈鹿和各种各样的羚羊从旁边经过的时候，它就会出其不意地扑上去吃掉这些爱跳的动物。它的确会吃掉它们！再说"高高草原"上还有个带着弓箭的埃塞俄比亚人，当时他浑身也是黄褐色的。这个猎人经常和豹子一道打猎，猎人用长弓和利箭，豹子用尖牙和利爪。到后来，斑马、羚羊、长颈鹿和其他动物都不知道该走哪条路了。亲爱的孩子，它们真不知道该走哪条路！

　　这个段落原文选自英国作家吉卜林的故事集《原来如此的故事》(*Just so Stories*)中的一篇。"多读几遍原文，我们会发现，这个语篇的语域特点颇像当年孙敬修老人

---

① 吉卜林、曹明伦：《豹子身上的斑纹是怎样来的（节选）》，《中国翻译》2007年第5期。

129

> 文化透视与英汉文学翻译

给中国儿童讲故事的风格——亲切自然，通俗晓畅，幽默生动，绘声绘色。"由于原文是写给儿童的故事，译者充分考虑了语域特色，在措辞、组句、语气上注意了与该语域适配。例如运用叠词"高高草原""低低草原""光秃秃""热烘烘""亮闪闪""黄乎乎""最最相似"等增添语气词，"什么斑马呀、羚羊呀、长颈鹿呀"，使译文充满童趣，使之贴合原文语域。

⑱ It is rather for us to be here dedicated to the great task remaining before us——that from these honored dead we take increased devotion to that cause for which they gave the last full measure of devotion——that we here highly resolve that these dead shall not have died in vain, that the nation, under God, shall have a new birth of freedom——and that government of the people, by the people, for the people, shall not perish from the earth. (*The Gettysburg Address*)

对于我们生者来说，有所报效，似更应奋力于他们一向坚贞以赴、多所推进的未竟事业，奋力于留待我们去完成建树的伟绩殊勋；诚能这样，我们必将更能从英魂那里汲引壮志，奋发忠诚，而他们正是为了我们的事业而肝脑涂地，竭尽忠诚。这样，我们必将愈加坚信这些死者之不枉牺牲，这样，这个国家，上帝鉴临，必将在自由上重获新生，而这样，一个民有、民治与民享的政府必将在世界上永远立于不败之地。①

原文是林肯1863年为葛底斯堡公署落成典礼所作的演讲。"讲话虽短，而意义重大，人权宣言精神与民主主义思想在这篇演讲中可谓揭露无遗，得到了经典式的表达。在语言上这篇演说也是以少胜多，简练雅洁的罕见典范。它题旨集中，文气贯注，庄严宏伟，音韵铿锵，措辞用语与所叙内容非常相称，因而一直是世界演说文学中最为人传颂的一个不朽名篇。"节选的这句是全文最后一句，也是最长的一句，全句四个"that"从句形成排比，层层递进，气势恢宏。译者充分考虑了原文的庄严性、重要性和典雅性。译文选词简洁凝练，文白并济，在词层适当使用了四字词语、文言词汇，在句层根据汉语的行文习惯调整了语序，进行了适当拆分、合并、重组，将原文的四个排比从句译为两个表示过程、三个表示结果的排比句，有效再现了原文组织严谨、语势宏大的风格。

---

① 李宏德：《基于框架分析理论的〈葛底斯堡演说〉词文本分析》，《外语与翻译》2018年第2期。

第三节　散文文本英译实例

一、散文综合译法

纽马克（Newmark）认为"自公元前1世纪直到现在，直译和意译争论的焦点一直都集中在字面形式/思想内容（the letter/the spirit）、词/意义（the words/he sense）或形式/信息（form/ message）的矛盾上，争论双方都太理想化，都忽略了翻译应当考虑翻译目的、读者的特点和文本的类型"。针对翻译界直译、意译争论不休的局面，纽马克提出了语义翻译和交际翻译，并且认为这是适用于任何文本的翻译方法（appropriate to any text）。他给语义翻译和交际翻译下的定义是："语义翻译指在译入语语义和句法结构允许的前提下，尽可能准确地再现原文的上下文意义。"（…the translator attempts, within the bare syntactic and semantic constraints of the TL, to reproduce the precise contextual meaning of the author）"而交际翻译指译作对译文读者产生的效果应尽量等同于原作对原文读者产生的效果。"（the translator attempts to produce the same effect on the TL readers as was produced by the original on the SL readers.）语义翻译强调信息传递的形式和内容，而交际翻译则强调信息产生的效果。例如：

甄士隐梦幻识通灵　贾雨村风尘怀闺秀①

语义翻译：Zhen Shiyin in a Dream Sees the Jade of Spiritual Understanding Jia Yucun in His Obscurity Is Charmed by a Maid.

交际翻译：Zhen Shiyin makes the Stone's acquaintance in a dream; And Jia Yucun finds that poverty is not incompatible with romantic feeling.

再例如：

He who would search for pearls must dive deep.②

语义翻译：要想得明珠，必须潜水深。

交际翻译：不入虎穴，焉得虎子。

纽马克认为，长期以来，直译和意译的争论都仅仅停留在理论层面，忽略了翻译

---

① 李烨、蒋炜:《影响杨译本〈红楼梦〉接受性因素的分析》,《安康学院学报》2021年第1期。
② 钟颖:《英语翻译教学与中国特色文化翻译的融合》,《校园英语》2021年第4期。

的目（the purpose of translation）、读者的特点（the nature of the readership）和文本的类型（the type of text）等必须考虑的要素。相对于逐字翻译和归化翻译、直译和意译、忠实翻译和地道翻译，语义翻译和交际翻译不仅差距最小，而且互有交叉，不可完全对立和割裂。纽马克认为语义翻译和交际翻译最能实现翻译的两个主要目的：准确和简洁。（only semantic and communicative translation fulfil the two main aims of translation, which are first, accuracy, and second, economy.）"语义翻译法集逐字译、字面翻译和忠实翻译的优势，交际翻译集归化、意译和地道翻译的优势，应该说是最理想的翻译方法。"因此，纽马克将语义翻译和交际翻译理论视为自己对翻译学的最大贡献。

语义翻译要求在准确再现原文上下文意义的基础上，兼顾原文的审美价值（aesthetic value），即原文自然优美的音韵（the beautiful and natural sound）。纽马克认为忠实翻译较刻板而缺乏弹性，而语义翻译则相对更灵活。而语义翻译和直译的基本区别在于语义翻译尊重语境（respect context），有时如果一个比喻在目的语中无意义，语义翻译会根据需要作出诠释甚至解释；语义翻译首先忠于作者。（In semantic translation, the translator's first loyalty is to his author; in literal translation, his loyalty is, on the whole, to the norms of the source language.）

纽马克将语义翻译称为艺术，交际翻译称为技术，并认为这两种翻译策略分别适合不同类型的文本。纽马克根据布莱尔（Buhler）和雅克布森（Jacobson）的观点提出文本的六种功能：表达/情感功能（the expressive function）、信息功能（the informative function）、召唤/呼唤功能（the vocative function）、审美功能（the aesthetic function）、酬应/人际功能（the phatic function）、元语言功能（the metalingual function）。其中前三种功能是文本的主要功能，各有其代表性文本。表达功能型文本主要有严肃而富于想象的文学作品（serious imaginative literature，包括诗歌、小说、戏剧等）、权威性声明（uthoritative statements，包括政治演说、文书法律文件、科学或哲学学术著作等）、自传、随笔、个人书信等；信息功能型文本包括教科书、科技报告、报刊文章、科学论文、会议记录等；劝说功能型文本包括通知、说明书、宣传品、通俗小说等。"绝大多数信息性、祈使性、人际性、部分审美性及元语言性文本和文本片段，适宜用交际翻译……但如果原文是表达性文本或是重要的审美性文本，其表达形式和内容一样重要，那么……都需要采用语义翻译，如自传、私人信件、抒发个人情感的文学作品应用语义翻译。"散文通常是抒情言志的,按照纽马克的文本功能分析,散文理所当然地归类为表达功能型文本,语义等值的重要性高于交际等值,应采用语义翻译的方法。

⑲ Rats desert a falling house.①

屋倒鼠搬家。

这个谚语的译文保留了原文的喻体,没有用汉语中现成的"树倒猢狲散"来替代,并且译文注意贴合原文音韵特色,原文五个单词,译文正好也是五个汉字。语义翻译就是这样贴近原文和原语文化。

⑳ The sun had set some time ago. But its rays still rose over the horizon, lighting up the huge masses of cloud moving from the west over the entire sky. The clouds were heavy and somber, altogether inky below while the very tops, the crowns so to say.seemed to have been dipped in violent blood-red and yellow paint.②

太阳落山已经有一会儿了。但是阳光还升在地平线之上,照亮了从西方向东移动遮满天空的大块大块的云头。这些云都是乌沉沉的,云脚几乎是墨一样黑,而在顶尖……却像是刷过了猩红和明黄的油漆一般。

这段写景文字的译文看起来没有经过额外的加工、雕琢,顺顺当当、优美自然而又不落痕迹,丝毫没有佶屈聱牙的翻译腔,又如实再现原文的比喻和修辞,尽显原文风采,是语义翻译的佳例。

㉑ 我只知道自己的生日和乳名。生日是自己长大以后听家里大人说的,是农历十月十五酉时生人,所以我的乳名叫"酉",北京人的习惯爱用儿化韵,前面加个"小",后面加"儿",就叫"小酉儿"。③

I only remember my birthday and my infant name. I was told about my birthday by my foster parents when I grew up. I was born in the you period (between 5p. m—7p. m) 15th of the 10th month of the Chinese lunar year. So I was named you. Prefixed with xiao-young, and suffixed with a diminutive er an intimate way of addressing young and small things by Beijingers, my name, therefore, became Xiao You'r.

---

① 赵佳琪:《基于关联翻译理论的汉语谚语翻译》,《科技资讯》2019年第20期。
② 黄颖萍:《浅谈自考英语中英译汉短文翻译的几点技巧》,《哈尔滨职业技术学院学报》2013年第1期。
③ 彭丹丹、毛婧:《等效翻译初探》,《南昌高专学报》2007年第6期。

语义翻译和直译的区别是：语义翻译除了注重原文的形式和意义，也关注语境、重视读者的理解，遇到造成译文表达障碍和译文读者理解障碍的地方，需要通过恰当的技巧来化解。本例中很多汉文化特色浓厚的词语，如"酉时""小""儿""儿化韵"等，译者都细致巧妙地做了文内注解，保证了语义的有效传递。

㉒《随园诗话》："画家有读画之说，余谓画无可读者，读其诗也。"随园老人这句话是有见地的。读是读诵之意，必有文章词句然后方可读诵，画如何可读？所以读画云者，应该是读通画中之诗。①

Yuan Mei has this to say in his *Suiyuan Notes on Poetry*:"Artists I believe in the reading of a painting, yet I can find nothing to be read in a painting, what one reads is the poetry it bears." The old gentleman was making a good point here. Reading means reciting, or chanting aloud the words to appreciate the meaning, so one must have the words, the text, before one can do the reading. As such, how can you read a painting? The so-called reading of a painting, therefore, should be reading the poetry it carries.

这个语段的文眼是"读"。"读"字在原文中频繁出现，而其中"读是读诵之意"，解释了这里的"读"并非普普通通的"阅读"。为了让译文读者明白这个微妙的差异，译者采用了增译，译为"Reading means reciting, or chanting aloud the words to appreciate the meaning"，增补原文以充分传递原文信息，是语义翻译常用的技巧。

㉓可是做工是昼夜无休息的：清早担水晚烧饭，上午跑街夜磨面，晴洗衣裳雨张伞，冬烧汽炉夏打扇。半夜要煨银耳，侍候主人耍钱；头钱从来没分，有时还挨皮鞭……（鲁迅《聪明人和傻子和奴才》）②

杨译：Then I work all day and all night. At dawn I carry water, at dusk I cook the dinner; in the morning I run errands, in the evening I grind wheat when it's fine I wash the clothes, when it's wet I hold the umbrella; in winter I mind the furnace, in summer I wave the fan. At midnight I boil white fungus, and wait on our master at his gambling

---

① 袁昕澄：《〈随园诗话〉中的诗歌创作与批评理论》，《文化学刊》2020年第7期。
② 陈月辉：《语域分析象征意义与翻译评估——以〈聪明人和傻子和奴才〉及译文为例》，《齐齐哈尔师范高等专科学校学报》2015年第2期。

parties; but never a tip do I get, only sometimes the strap...

张译：And I toil day and night without rest. I carry water at dawn and cook dinner at dusk. I run errands all morning and grind wheat at night. I wash the clothes when it's fine and hold an umbrella for my master when it's rainy I take care of the heating stove in winter and keep cooling my master with a fan in summer. I boil white fungus for him late at night. I wait on him at his gambling table without ever getting a tip. Instead I sometimes get a good thrashing.

形式再现是语义翻译的重点之一。这段原文多对仗，七字句的对仗有四句，六字句的也是四句。七字句的很工整，六字句的除了字数一致，句子格式、成分并不对应。七字句对仗两种译文均采用了对等修辞格，鉴于英语的句法要求与汉语相异，杨译将原文的一个个小句拆分成对仗工整的句对，张译则使用句内对仗结构翻译这四个小句。后四句六字句原文格式就不严密，两个译本都译得较灵活。

二、交际翻译法与技巧

作为二分法中相对立的翻译技巧，语义翻译和交际翻译的差别很大。"语义翻译为了表现原作的思维过程，力求保持原作的语言特色和独特的表达方式，发挥了语言的表达功能，而交际翻译关键在于传递信息，让读者去思考、去感受、去行动，为某类读者'量体裁衣'，发挥了语言传达信息、产生效果的功能。"这两种译法的主要区别，纽马克这样论述：

Communicative translation addresses itself solely to the second reader, who does not anticipate difficulties or obscurities, and would expect a generous transfer of foreign elements into his own culture as well as his language where necessary. But even here the translator still has to respect and work on the form of the source language text as the only material basis for his work. Semantic translator remains within the original culture and assists the reader only in its connotations if they constitute the essential human (non-ethnic) message of the text. One basic difference between the two methods is that where there is a conflict, the communicative must emphasize the "force rather than the content of the message". The semantic translations...would be more informative but less effective. Generally, a communicative translation is likely to be smoother, simpler, clearer, more direct, more conventional conforming to a particular register of language, tending to undertranslate, i.e. to use more generic, hold-all terms in difficult passages. A semantic translation tends to be more complex, more awkward, more detailed, more concentrated and pursues the thought-processes rather than the intention of the transmitter. It tends to overtranslate, to be more specific than the original, to include more meanings in its search for one nuance of meaning.①

归纳起来，语义翻译和交际翻译的差异主要体现在以下几点。第一，语义翻译忠实于原文作者和原语文本，交际翻译则主要考虑第二读者，即译文读者；语义翻译对读者的文化水平和语言能力要求高，交际翻译的要求低。第二，语义翻译重信息和内容，交际翻译重表现力和效果。第三，语义翻译遣词上倾向于具体化，并常为明确意义进行增补；交际翻译遣词上则倾向于概括化，意义偏于笼统化，因而语义翻译常常过译，交际翻译则常常欠译。第四，就译文效果而言，语义翻译较笨拙、冗长、晦涩，常与译入语语言习惯相悖；交际翻译更顺畅、简洁、清晰、直接，并更符合译入语习惯。

尽管纽马克更看重语义翻译，认为语义翻译应该是第一选择，但交际翻译仍然不可或缺。前面分析过文本的三大主要功能，并提到表达功能型文本较适合使用语义翻译法；而信息功能型和劝说功能型文本，如广告、公示语、新闻报道、科技文体等，则更适合使用交际翻译法。而且一个文本的功能往往是混杂重叠的，纯粹单一功能的文本较少，因而，即使是以表达功能为主的文本，交际翻译也未必毫无用武之地。

㉔Don't make it hard for us again.②

别说了，免得又弄僵了。

吕叔湘的翻译以自然、质朴、畅达著称，极少生硬晦涩的翻译腔。这和他汉语功力深厚有着莫大的关系，他可以驾轻就熟地运用汉语词句来传情达意。按照纽马克的二分法，吕译的很多人物对白采用的是交际翻译法，译文亲切自然。

㉕在朋友的心目中，你早已沦为不值得计较的人。"莫名其妙"是你在

---

① 闫月贺：《纽马克的语义和交际翻译研究》，《现代商贸工业》2020年第21期。
② 袁莉：《文学翻译主体论》，上海译文出版社，2019，第25页。

第四章　英汉散文翻译策略与译例赏析

江湖上一致的评语。①

In your friends' eyes you have already stepped beyond the pale, are of no account. On the grapevine your reputation is "that impossible fellow".

这篇译文作者较多地采用了交际翻译的方法。如标题"尺素寸心",译者将其译为"Thus Friends Absent Speak",这样译,是考虑到"直译则不达",只好用对策。"尺素寸心"代表书信,最好是找同样代表书信的英文成语或名句。想不起来,就参考工具书,如《英语典故词典》。"Thus friends absent speak" 出于约翰·邓恩(John Donne)的《致亨利·沃顿爵士》(*To Sir Henry Wotton*)一书。在摘录的这个例句中,除了巧用英语典故,译者也选用了对译文读者来说更具亲和力、更容易引起共鸣的两个习语"step beyond the pale""on the grapevine",起到了增强信息传递的效果,是很典型的交际翻译的例子。

---

① 周榕、郭沫、秦波:《英语翻译与语言学》,安徽师范大学出版社,2019,第46页。

第五章　英汉小说翻译策略与译例赏析

　　小说是一种典型的以叙事和故事讲述为主要内容的文体，是读者非常喜爱的一种文学形式。小说注重情节性，因此对情节的描写是展现小说语言特点的重要方面。作者在写作过程中会使用具体的形象代替抽象的演绎，从而丰富小说的表达形式。翻译小说，其目的是要使阅读翻译文本的读者达到愉悦的效果，而英文小说的翻译对促进世界文学的交流有着重要作用。英汉小说翻译的过程也是一个在原有作品上进行再创造的过程，本章就英汉小说翻译策略展开介绍，并结合一些实例进行赏析。

第一节　小说综述

一、小说的概念、特点与分类

（一）小说的概念

　　"小说"一词，最早见于《庄子·杂篇·外物》："饰小说以干县令，其于大达亦远矣！"[1]干，求也；县，悬也。其意为，修饰琐屑之话，以求得好名声是很困难的。唐人成玄英对《庄子》的疏解："干，求也；县，高也。夫修饰小行，矜持言说，以求高名令问者，必不能大通于至道。字作'县'字，古'悬'字多不著'心'。"[2]鲁迅先生在《中国小说史略》中解释庄子的话"案其实际，乃谓琐屑之言，非道术所在"[3]，鲁迅先生认为，庄子所说的"小说"跟后来通行的"小说"概念不同。庄子是在讲一个钓鱼故事时讲了这两句被后世小说研究者引而又引的话。联系前后文

---

[1]　郭庆藩：《庄子集释》，王孝鱼点校，中华书局，1985，第925页。本书下文引用庄文及释文，除非特别注明，均据此版本。

[2]　同上书，第927页。

[3]　鲁迅：《中国小说史略》，载《鲁迅全集》第9卷，人民文学出版社，1991，第5页。本书下文该书原文，均据此版本。

第五章　英汉小说翻译策略与译例赏析

看:"夫揭竿累,趋灌渎,守鲵鲋,其于得大鱼难矣;饰小说以干县令,其于大达亦远矣。"① 这段话的意思是:拿着短短的钓竿,奔走在小河浅沟之间,守候小鱼,想钓到大鱼就难了;修饰浅识小语想求得崇高的名誉,离明达大智同样很远。显然,庄子的"小说"二字,绝非现在文体意义的小说。后世借用庄子微不足道之意,框定这类文学作品,是为了跟那些治国平天下的大道理的文字,跟所谓"正统"文学如诗歌区别开来。学者经常拿庄子的"饰小说以干县令"作文体意义的"小说"来看,这真像青州俗话所说:哭了半天,还不知道谁死了。直到东汉,"小说"才作为文体种类提出。桓谭在《新论》中说"若其小说家合从残小语,近取臂论,以作短书,治身理家,有可观之辞"。此处的"小说"才与后世文体意义的小说接近。

班固《汉书·艺文志》说:"小说家者流,盖出于稗官。街谈巷语,道听途说者之所造也。孔子曰:'虽小道,必有可观者焉,致远恐泥,是以君子弗为也。'然亦弗灭也。闾里小知者之所及,亦使缀而不忘。如或一言可采,此亦刍荛狂夫之议也。"② 从这些论述中可以看出:第一,古人相当轻视小说,将一切不关紧要的、不庄重的、供人娱乐消遣的叫小说;第二,小说不等于故事。《汉书·艺文志·诸子略》汲取刘向父子《七略》的成果,班固《汉书·艺文志》举出十家',即儒家、道家、阴阳家、法家、名家、墨家、纵横家、杂家、农家、小说家,"可观者九家",小说家列第十位。《汉书》收小说十五家、一千三百八十篇,多已失传。鲁迅《古小说钩沉》集《青史子》一则。鲁迅解释班固的话说:这些书,"大抵或托古人,或记古事,托人者似子而浅薄,记事者近史而悠谬"③。荒谬无稽,不能作为历史依据。《汉书·艺文志》所举小说,对后世小说的构思产生了一定的影响,需要知道两件事。其一,"伊尹说"为《吕氏春秋》转录,大意是,有人在桑树间得一婴儿,献给君,君令庖人察其来历,得知婴儿之母怀孕后,梦到神告知本地将发水,赶快东走。此女东走,家乡为水淹没,自己变成一棵桑树,婴儿就生在桑树上。这个小说片段说明,中国小说产生伊始,就和神话有关。其二"虞初周说",虞初是汉武帝时的方士侍郎,号黄车使者,《史记》云"虞初,洛阳人",即张衡《西京赋》"小说九百,本自虞初"。虞初,后来常借指小说家,如清初多人文言小说集名《虞初新志》。古人把性质不同的各类杂记都归于小说,使"小说"有"短书""杂书"的特点。

---

① 郭庆藩:《庄子集释》,王孝鱼点校,中华书局,1985,第925页。
② 班固:《汉书》第三卷,颜师古注,中华书局,1964,第1745页。本书下文引用该书原文,均据此版本。
③ 鲁迅:《中国小说史略》,载《鲁迅全集》第9卷,人民文学出版社,1991,第7页。

恒谭称小说为短书，王充称小说为短书小传，刘知几称小说为小说厄言、短部小书、短才小说。

从文字意义上看，"小"者，不重要也；"说"通"悦"。"小说"本身带有不关紧要、供人娱乐之意。

小说是以刻画人物为中心，通过完整的故事情节和具体的环境描写来反映社会生活的一种文学体裁。小说有三个基本要素：人物、故事情节、环境（自然环境和社会环境）。小说反映社会生活的主要手段是塑造人物形象。小说中的人物，被称为典型人物。小说中的人物是作者根据现实生活创作出来的，并不等同于现实生活中的真实人物，可以"杂取种种，合成一个"。通过这样典型的人物形象来反映生活，就更集中、更有普遍的代表性。小说塑造人物的手段可以是概括介绍，也可以是具体描写；可以写人物的外貌，也可以刻画人物的心理活动；既可以写人物的行动对话，也可以适当插入作者的议论；既可以正面起笔，也可以侧面烘托。小说主要通过故事情节来展现人物性格，表现中心思想。小说的基本内容来源于生活，但它通过整理、提炼和安排，就比现实生活更高、更集中、更具有代表性。小说的环境描写和人物的塑造与中心思想有极其重要的关系。在环境描写中，社会环境是重点，它揭示了种种复杂的社会关系，如人物的身份、地位、成长的历史背景等，对揭示人物性格起主要作用。自然环境包括人物活动的地点、时间、季节、气候及景物等。自然环境描写对表达人物的心情、渲染气氛也有重要作用。

（二）小说的特点

1. 词汇与句式

在小说中，作者主要通过词汇选用与句式安排来揭示小说的主题，达到一种艺术效果。小说语言中的词汇在叙述和引语中的特点有所不同。在叙述时，所使用的词汇一般比较正式、文雅，具有浓厚的书卷味。引语来自一般对话，但又与一般对话有不同之处，其具有一定的文学审美价值。小说的引语需要摒弃一般对话中开头错、说漏嘴，因思考与搜索要讲的话所引起的重复等所用的词汇与语法特点。在句式方面，小说中所使用的句式不仅具有模式化的特点，如对称、排比等，同时存在与常用句式的"失协"。不同的句式可以营造不同的艺术效果，因此作者可以通过不同句式来实现其意图。

2. 叙述视角

通俗来讲，小说其实就是在讲故事。因此，小说的语言是一种叙述故事的语言，传统小说理论强调小说的内容，也就是注重所讲的是什么故事，主要研究故事的要素。而现代小说理论将关注点放在如何讲述故事上,主要研究小说的叙述规则、方法及话语结构、特点。小说叙述大多使用第一人称和第三人称的形式。以第一人称叙述的故事是叙述者了解的、经历的、推断出的或者通过与其他人物谈论而发现的东西。在第一人称叙述视角中,叙述者本人即是故事的参与者,既可以是故事中的次要或边缘角色,也可以是故事的中心人物。第三人称的叙述视角通常是作为旁观者或全知者进行叙述,叙述者置身于故事之外,对故事中的角色直呼其名或者以"他""她""他们"来区分。在旁观叙述中,叙述者站在客观的立场讲述故事而不作任何评论。此外,第三人称叙述还包含了一种"有限视角"叙述。在这种叙述模式下,叙述者以第三人称讲述故事,叙述保持在故事中某单一人物(或某几个人物)所感受、思考、记忆或感觉到的范围之内。这一叙述技法后发展为现代主义小说的"意识流"技巧。有时,小说还使用第二人称叙述的视角。在这一叙述模式中,故事就是(或至少主要是)叙述者对其所称为"你"的受叙者所讲述的东西。这个"你"可能是某一特定的虚构人物,或是故事的读者,又或者是叙述者本人,或者并非是明晰的某个人。故事则在叙述者告诉受叙者他/她在干什么、曾经干过什么、将要或被要求在将来做些什么中展开。

3. 修辞

与其他语篇相比,小说是文学语篇中使用修辞格最多的。作者通过使用修辞格来更好地传神达意。在小说中,使用最多的修辞手法有比喻、拟人、夸张、讽刺等。例如,劳伦斯的小说《菊馨》中的一句话"The pit bank loomed up beyond the pond, flames like red sores licking its ashy sides, in the afternoon's stagnant light." 其中,"flames like red sores licking"将"火焰"比喻为"火红的疮疡",这使人们对火焰的色泽有了更加清晰的印象,同时体会到其传达出来的一种隐隐的痛感,达到一语双关的效果;"lick"本意是指"舔"这一动作,这里作者将其用在了"flame"身上,把火焰写活了,修辞格的妙处就在于此。

4. 形象性与象征性

通常情况下,小说语言是通过意象、象征等手法形象地表明或表达情感和观点的,比较少使用抽象的议论或直述其事。在小说中,作者经常会使用形象的表达来具体描绘一些人物、事件或场景,以具象体现抽象,用有形表现无形,使读者有身临其境之感,产生一定的感悟。小说中经常用象征的手法。象征并不明确或绝对代表某一思想和观点,而是通过启发与暗示的形式引发读者进行想象,以有限的语言表达丰富的言外之意和弦外之音。小说通过形象的表达与象征的手法,进行启迪暗示,表情达

141

意,增添了小说语言的文学性,提升了小说的艺术性,是小说语言的显著特点。小说的这一特点是在和诗歌、戏剧、影视文学等相比较之中体现出来的。我们知道,诗歌的特点在于抒情。它要求诗情、诗意,具有比较严格的韵律语言,要求高度凝练,这大大限制了它的书写功能,因此不可能对人物作精细的描写。戏剧、影视在表现人生上显得有声有色,但其表现的范围都不能不受时间、空间诸物质条件及视听效果的限制,而对于无影无声的思想、情感、大量平淡的日常生活及心理活动等,是难以展现的。小说则不然。小说不受时间和空间的限制,为了表现人物的性格和命运的变化,作家既可以写人物过去的经历,也可以写人物的现在处境;既可以写特定场所中的人物行为,也可以写不同环境中的人物活动。短则几小时,长则几十年;静则居室冥想,动则驰骋千里。小说能够多角度、全方位地刻画人物。小说可以凭借各种艺术手法,从各个角度对人物进行肖像描写、心理描写、对话描写、行为描写和环境描写,既能展现人物的音容笑貌、言谈举止和衣着服饰等外在形态,也能呈现人物心理和思想情感等内在活动,还能完整展现人物与环境的关系。从物质生活到精神领域,从个人性情到社会关系,作家都可以根据需要而加以具体细致的刻画。

5. 情节与环境

情节,是由一系列能展示人物之间、人物与环境之间关系的事件、细节所组成的。情节一般包括开端、发展、高潮和结局,有的还有尾声。作品一般依据人物的经历,按顺序展开情节,构成完整的故事。有的作品按时间顺序展开;有的作品按时间因果关系展开;有的作品打破了叙述人完整描述故事的单一方法,而通过不同角度,运用各种技巧描写,体现情节的完整。小说在刻画人物时,离不开完整、复杂的故事情节。因为情节是展示人物性格的手段,情节越完整、复杂,人物的思想性格越能多方位地细致地得到展示。所以,与其他叙事文学体裁相比较,小说的情节更加完整生动,往往头绪纷繁、线索众多、错综复杂、跌宕回旋。长篇小说更是如此。

环境是人物活动的根据,是事件发生的场所,因而文学作品主要描写的环境是文学作品中不可缺少的有机组成部分。因为文学作品主要描写的对象是人,人总是生活在一定的环境中,与周围环境发生紧密联系,因而写人时必须写环境。但对比各类文学体裁,其环境描写的特点有很大不同。比如,叙事诗的环境描写,主要是为了达到借景抒情的效果,显得简洁而夸张;散文的景物描写,也带有浓厚的感情韵味;剧本的环境描写则更简单了,因为在舞台演出时,有布景和道具,剧本作家只需概述一下环境的粗略轮廓就可以了。小说环境描写的特点具有广阔性和具体性。因为小说描写的人物事件,必定是在某一时代具体的背景下展开的。小说刻画人物时必定要展示人物所处的社会环境。只有这样，才能写出小说中人物思想性格形成的原因，这是展示人物性格特征的必要手法。

6. 讽刺性与幽默性

侯维瑞指出：形象与象征启发读者向着字面意义所指的方向找更丰富、深入的内涵，讽刺则使读者从字面意义的反面去领会作者的意图。讽刺指的是字面意思与隐含意思相互对立。善意的讽刺往往可以使语言诙谐、幽默。讽刺可以强化语篇的道德、伦理等教育意义。幽默则有利于提高语篇的趣味性。讽刺与幽默的功能并不相同，但是二者相结合则会获得意想不到的效果。要实现讽刺和幽默的效果，可以采取多种手段，如语气、音调、语义、句法等。小说语言的讽刺和幽默效果的表现形式多种多样，它们是表现作品思想内容不可或缺的手段，更是构成小说语言风格的重要因素。

（三）小说的分类

小说分类的标准很多，也很复杂。根据题材的时代可以分为历史小说、现代小说和当代小说。以题材内容可以分为爱情小说、武侠小说、公案小说、侦探小说、科幻小说、纪实小说等。从篇幅的长短可以分为长篇、中篇、短篇和微型小说，这是人们常用的划分标准。

1. 长篇小说

长篇小说，篇幅长，容量大，能够比较深广地反映广阔复杂的社会生活。一般情况下，长篇小说总是出现众多的人物形象，包含纷纭错综的情节。它通过对人物形象的塑造，或是反映某一历史时期的重大社会事件的发生、发展和结局，如《三国演义》；或是描写一个家庭，甚至几个家庭的兴衰际遇，如《红楼梦》……长篇小说的内容、特点，决定了它必须非常注重章节结构，分成若干章节、若干卷或若干集。在组织情节上，不管是采取单线（即全书只有一个中心线索），或双线（即安排两条相互交叉的情节线索），或多线（即在一条主线之外，还有两条以上相互交织的副线）的结构方式，这种结构必须使作品中的人物、故事情节、环境的组合达到完整、和谐统一。

2. 中篇小说

中篇小说介于长篇小说和短篇小说之间，但它并非是短篇的拉长，也不是长篇的缩短。中篇小说所描绘的社会生活、所处理的事件、所展示的人物社会关系，都比长篇要单纯，但比短篇要复杂、广泛。在中篇小说中，出现了比短篇小说更多的人物，但人物关系并不像长篇那样复杂、丰富。它的情节比短篇复杂、有较多变化，不像短篇那样简单，但也不像长篇那样矛盾交叉、错综复杂。一般来说，中篇小说的篇幅约三四万字到十来万字。

3. 短篇小说

短篇小说的篇幅容量比较短小，一般两万字以下，两千字以上，人物集中，故事单纯，结构紧凑。往往截取生活中富有典型性的某一侧面或片段加以集中描绘，以提示社会生活的意义。它往往通过一个主人公，一条线索，只写几个小时或几天之内集中发生的事，但使读者读了以后能联想到更远更多的事，能够以小见大。

4. 微型小说

微型小说的篇幅更短，几百个字至一两千字。情节单一，人物很少。多取材于日常生活中的一件小事，寓有褒贬或哲理。

二、小说的要素

现代意义上的小说通常具备这些要素：情节、主题、人物、环境、基调等。

（一）情节

英美高校通用的《诺顿文学导论》(*The Norton Introduction to Literature*)认为，"简单地说，情节是行为的一种组织安排方式，行为是一个或一系列想象的事件"。该书还指出，情节"通常涉及冲突"，即"两种对立力量之间的斗争"；情节涉及五个部分：开端、发展、高潮、逆转、结束。虽然情节涉及从开端到结束的五个部分，但是它"不仅仅是一种组织叙事文本或用于批评分析的公式"，而是对读者的"情感和智性"反应造成一定的影响。可见，情节是一种叙述组织方式，是一种人类智力活动行为，而非一种故事发生的自然行为。情节具有动力创造系统的功效。

人类日常生活发生的行为是线性的，按照自然流动的先后次序来进行。这种以线性事件顺序发生的行为可称为"故事"。而小说文本情节化后的行动可以不必遵守自然事件顺序。线性顺序被打乱之后，线性故事行为被重新加以组织和安排时，就有了情节。故事和情节存在一定的联系，但又有区别。故事通常表现为时间和因果的线性关系；情节则更强调言说的方式，也就是怎么说的问题，它是被创造的。情节不等于故事内容，它不依附于故事之上，而是完全独立于故事之外。情节不是原事态的经历，而是使经历转化到话语叙述形态之中；生活事件的经历本身不是情节，只有经过话语叙述方才可以算作情节。情节可以是小到单个句子的微观调整，也可以大到谋篇布局的宏观组织。它的诗学旨趣是对读者的阅读效应产生影响。把握小说话语中，特别是句子话语方面的情节因素，对于小说的翻译尤为重要。相同的信息可以用不同的叙述方式来表达，每一种叙述方式所产生的阅读效应有很大差异，这主要是因为情节因素发生了作用。

（二）主题

主题是根据小说的一系列因素而总结出来的思想情感、道德价值判断、时代风貌等具有抽象化和普遍化特点的陈述。小说的主题是它的支配思想或中心观点，是小说或直或曲地对生活具有统一作用的概括。时代语境对小说主题产生很大影响。例如，在巴尔扎克、狄更斯、哈代、司汤达等的作品中可以发掘出共同的创作主题——对金钱统治下的罪恶现实的无情批判；在艾略特、乔伊斯、卡夫卡的作品中可以体会现代人生活的孤独、空虚、荒诞与异化处境。前者体现了19世纪小说主题的时代性，后者则反映了20世纪小说主题的时代变迁及隐含的作家个性化特征。除了时代语境之外，作家的个体因素也会影响其作品的主题表现。例如，狄更斯出身贫寒，童年贫苦，因此他的小说很多都以苦难童年为主题；哈代出生乡野，对英国南部的乡村田野有特殊的情感，同时在达尔文思想的影响下，有着悲观的宿命论思想，因此哈代的小说常弥漫着悲剧性主题。需要提及的是，虽然主题是每一部小说的创作要素，但是并非所有小说的主题都是显而易见的。小说主题有显性与隐性之分，显性主题易于把握，如18世纪后期英国作家简·奥斯汀的作品多有非常明显的主题：她的小说几乎全部描写的是英国乡村中产阶级的日常生活，以中产阶级青年女子的爱情或婚姻纠葛作为主题。作品中的正面人物尊重自己的人格，在理智与情感的作用下做出选择。她的作品具备鲜明的主题，通过描绘乡村世态人情，批判金钱势力，主张婚姻自主。有的小说的主题是隐性的，这类小说通常晦涩、模糊、模棱两可。

（三）人物

根据英国小说家福斯特（E.M. Forster）的观点，小说中的人物，即"小说里的角色"。[①] 就人物在小说中的功能而言，小说人物可以分为主人公、主要人物、次要人物、陪衬性人物等；就伦理价值判断而言，小说人物可以分为正面人物和反面人物。现代小说叙述学较少使用上述分类方法，多使用福斯特的圆形人物和扁平人物分类法。福斯特认为，扁平人物是类型式人物或漫画式人物，"是作者围绕着一个单独的概念或素质创造出来的"[②]。扁平人物的性格和心理发展较为单一，变化不大。而圆形人物在性格、言行、动机、内心世界、精神境界、气质性情等很多方面都体现出复杂多变的特点，难以根据好与恶的标准做简单化的归类处理。小说人物是文本内人物，是通过语言塑造或描绘出来的。作者通过语言将小说人物身上的道德情感、喜怒哀乐、气质性情、言行举止等展示出来。小说翻译家将一种语言转化为另一种语言，

---

① 何其莘、仲伟合、许钧：《高级文学翻译》，外语教学与研究出版社，2009，第203页。
② 同上。

实际上也是塑造人物的过程，是一项创造性的工作。

（四）环境

1. 小说文本内部环境

就小说文本内部而言，小说的环境指的是作品的时间与地点因素，也就是小说中的情节是何时在何地发生的。宇宙万物的运行离不开时间和空间因素。可以将小说视为一个小宇宙，时间是经，空间是纬，经纬相连，这样小说的事件才可以穿梭其中。小说中的时间环境可以是过去的，如姚雪垠的历史小说《李自成》；可以是当代的，如菲茨杰拉德的长篇小说《了不起的盖茨比》的时间背景就是作家本人生活的时代；还可以是将来的，甚至是虚构的神话时间背景，如英国作家托尔金（J.R. Tolkien）的玄幻小说三部曲《指环王》（*The Lord of the Rings*）的时间环境就属于虚构的神话时间环境。就地点环境而言，室内与户外、城市与乡村、本土与国外、海上与陆地等都可以成为小说的地点环境因素。在同一部小说中，地点环境因素也不是单一的，会随着情节的发展而变化。

2. 小说文本外部环境

小说文本外的环境，可称为"潜文本环境"或"超文本环境"，指的是小说文本所指涉的时代文化语境。了解文本外的大环境对把握和理解小说十分重要。任何一部文学作品的理解都不可避免地会涉及时代文化语境，如福克纳的短篇小说《献给艾米莉的玫瑰》（*A Rose for Emily*）叙述了一位美国南方白人妇女的悲剧。若读者不了解美国南方白人文化的淑女神话，就难以全面理解艾米莉的人生悲剧。

（五）基调

小说的基调是小说人物、情节、环境、语言修辞、叙述策略等形成的感情综合效应。基调属于作品的情感层面，只有通观整部作品才能准确把握。人的情感多种多样，相应地，文学作品的基调有很多种，可以是明快的、欢愉的、浪漫的，可以是悲怆的、忧郁的、荒凉的，还可以是幽默的、劝讽的等。需要说明的是，一部作品通常只有一种主基调，围绕主基调可以有多种次基调。例如，夏洛特·勃朗蒂的小说《简·爱》的主基调是沉重却积极的，但有的章节也夹杂着欢乐或忧伤的基调，如简和罗切斯特即将举行婚礼前的基调是欢乐明快的，但婚礼被意外取消后的基调是悲沉的。从小说的文内因素来看，其基调是可以通过细读文本而获得的；从小说的文外因素来看，其基调与时代语境、作家的人生经历、价值观念甚至身体因素等息息相关。

三、中国古代小说的奇特现象

中国古代小说存在很多奇特现象，有以下几点。

（一）越被轻视越发展

古代小说家会不会像读经那样为了写小说头悬梁、锥刺股？会不会像诗人研究写诗那样研究写小说？会不会像贾岛吟几句诗、捻断几茎须？在蒲松龄《聊斋志异·自志》痛述创作之苦之前，较少有类似小说家创作甘苦的记载。

中国古代小说虽然一向被看成是微不足道的、供人娱乐的，被主流文化或经典文化打入另册，但它如星火燎原，渐渐发展成为叙事文学的优越形式且越来越占有主导位置。正如鲁迅先生所说，中国的社会都带上了《三国》气和《水浒》气。中国文艺传统是"文以载道"，不管是散文的马、诗歌的马、戏剧的马、小说的马，政治家都是想把它套在政治的车辕上。被看作是"小道"的小说，也越来越受到政治的重视。纪昀在《四库全书总目提要》中说："诬漫失真，妖妄荧听者，固为不少，然寓劝戒、广见闻、资考证者，亦错出其中。"[①]明确承认小说对社会的教育作用，这是官方的小说观点的明确表露。

（二）经常被官方查禁

小说是在官方轻视中发展起来的，却又因为官方"重视"而或繁荣、或被压制其发展。官方重视导致繁荣的现象是唐传奇，考生需要向知名文人呈送"行卷"，唐传奇成为内容之一。官方重视导致衰微，则是小说被查禁。古代小说家虽然一般不敢公开以社会批判的武器自许，但小说越来越有批判性更是不争的事实。明末农民起义风起云涌时，崇祯皇帝下令：凡坊间藏《水浒》并原版，勒令烧毁。《大清律例》明令禁毁"诲淫诲盗"小说，除《水浒传》外，《子不语》《今古奇观》《说岳全传》《剪灯新话》，都曾跟《金瓶梅》《肉蒲团》一起榜上有名。康熙二十六年（1687），一次查禁一百五十种小说，其中当然有诲淫者，但多半出于所谓"政治问题"。陀思妥耶夫斯基在将被枪决的关键时刻被沙皇赦免，清朝皇帝则毫不犹豫地砍下著名小说点评家金圣叹的脑袋。刑场上谈花生米的吃法，成为金圣叹最后的"作品"。

（三）开山之作即顶峰之作

中国古代小说还有个奇怪现象耐人深思：古代小说的几大奇书，如历史演义小说开山之祖《三国志通俗演义》、英雄传奇小说开山之祖《水浒传》、基本可算神魔

[①] 纪昀等《四库全书总目提要》第27册，商务印书馆，1930，第12页。本书下文引用该书原文，均据此版本。

小说开山之作的《西游记》，开山之作就是顶峰之作。例外当然存在，人情小说的开山之作《金瓶梅》，影响了伟大的长篇小说《红楼梦》，从《金瓶梅》到《红楼梦》，人情小说艺术长足发展。《红楼梦》是天才作家创造的惊世骇俗悲剧，《红楼梦》未完更是大悲剧。张爱玲说人生三恨，一恨鲥鱼多刺，二恨海棠无香，三恨《红楼梦》未完。鲥鱼有刺可以吃其他刺少的鱼，海棠无香可以闻其他有香味的花，只有《红楼梦》未完没法解决，因为，维纳斯的断臂是接不上的。《红楼梦》所有仿作，一概画虎不成反类犬。如果说，高氏续书的"调包计"纵然拙劣，却毕竟保持了悲剧结局，《红楼圆梦》《红楼后梦》等续作让林黛玉不仅家财万贯，而且与宝玉洞房花烛，就只能让人恶心了。至于当代作家费几年乃至几十年之功续写的《红楼梦》，就离曹雪芹更远了，因为重要的不是叙事哪个时代，而是在哪个时代叙事。《红楼梦》是中国古代小说甚至于整个中国小说的绝响，无可置疑，《红楼梦》在构思上也并非无懈可击。

四、西方小说的若干问题

（一）西方小说的黄金时代

西方理论家认为，18世纪前，有过虚构文学，如寓言、神话、故事，但包括16世纪法国作家拉伯雷《巨人传》这类以散文虚构的故事在内，都不能是今天定义的小说。有人将约翰·班扬的《天路历程》说成是最早的小说，多数人不同意，认为《天路历程》虽然对人类有逼真观察、生动描绘，但不过是寓言。不少评论家认为丹尼尔·笛福的《鲁滨孙漂流记》是第一部英语小说，更有人认为欧洲小说还要晚一点儿，最早的小说是塞尔·理查逊的书信体小说《帕美拉》。西方小说起步晚，却有后来居上之势。19世纪是西方小说云蒸霞蔚、佳作纷呈的时期，长篇小说作家如俄罗斯的托尔斯泰、陀思妥耶夫斯基、屠格涅夫，法国的雨果、福楼拜、巴尔扎克，英国的狄更斯；短篇小说作家如法国的莫泊桑、俄罗斯的契诃夫、美国的纳撒尼尔·霍桑，都可谓小说巨匠级人物。此时的中国小说为平庸充斥，陷入黑幕小说、才子佳人小说后变为鸳鸯蝴蝶小说的泥潭。中国小说发展的障碍其实早在乾隆盛世就露端倪：当工业革命策源地英国派人到中国来时，中国皇帝仍以为中国是世界中心，对英国以"童夷"相称，要使臣跪下来给皇帝请安。马戈尔尼勋爵中国之行的历史记载，既能说明闭关锁国的封建帝国如何在世界资本主义革命中越来越落伍，也能说明中国小说为什么在封建社会末期越来越没有活力，越来越没有创造力。

（二）西方小说理论著作

小说是西方文学史上发展最晚的一种体裁，西方小说理论成型更晚，迄今不过半个多世纪，但是西方对于小说构思的研究已相当成熟和丰富。有影响的专门著作有布封《小说修辞学》、福斯特《小说面面观》、玛乔利·博尔顿《英美小说剖析》、伊恩·瓦特《小说的兴起》、梅特尔·阿米斯《小说美学》，米兰·昆德拉和戴维·洛奇有同名著作《小说的艺术》。跟这些专门的理论著作同样有价值的，是一批有成就的小说家详谈如何构思、布局、创造人物，如海明威、福克纳、艾特玛托夫、索尔仁尼琴、莫里亚克、莫洛亚、毛姆、萨特、西蒙·波伏娃、劳伦斯、茨威格、马尔克斯、博尔赫斯等。还有理论家进行作家个案研究，包括作家传记，如奥勃洛米耶夫斯基的《巴尔扎克评传》，总结出小说构思理论。这些著作都蔚为大观。

（三）西方小说定义

关于小说，西方文学词典中下过这样的定义：塞缪尔·约翰逊1755年出版的《词典》说，小说是"一篇通常描写爱情的小故事"。显然不准确，如《鲁滨孙漂流记》根本没有爱情。维多利亚女王时代《牛津英语词典节本》说，小说是"一种虚构的散文体记叙文，具有相当长度，通过多少带点儿复杂性情节，描绘能代表现实生活的人物与事件"。《韦氏新大学词典》《卡斯尔英语词典》对小说的定义类似。《柯林斯词典》说：小说是"一种叙述虚构人物的冒险奇遇或喜怒哀乐的虚构故事，借描写行为与思想来表现多种人生经验和人物"。《钱伯斯二十世纪词典》说，小说是"一种虚构的散文体记叙或故事，描述一幅现实生活的图画，尤其着重表现所写男女人物生活经历中的感情危机"。福斯特用面面观分析小说，认为小说的第一因素即基本面是故事，人物是第二因素。人生最主要的事件是五种：出生、饮食、睡眠、爱情、死亡。人物可以分成扁平和圆形两种。情节是小说的第三因素。显而易见，西方小说评论家对"小说"的定义与现实主义有密切联系，认为主流小说乃是一种扩大我们人生经验的现实主义虚构文学，而不是一种把我们带到一个更艳丽的世界去的幻想。比如，西方小说理论家为什么将笛福看作小说之祖？伊恩·瓦特认为"笛福似乎是我们的作家中第一个使其全部事件的叙述具体化到如同发生在一个实际存在的真实环境中的作家"[①]。福斯特说，小说依傍于两座峰峦起伏但并不高峻的山脉之间，一边是诗，一边是历史。但加拿大著名评论家诺思罗普·弗莱伊认为，"小说"和"浪漫传奇"永远处于一定程度的相互渗透、混杂状态。其实，福斯特和弗莱伊的观点，中国古代小说点评家已隐隐约约地提到，比如，金圣叹评《水浒传》、张竹坡评《金瓶梅》、但明伦评《聊斋志异》、脂砚斋重评《石头记》。

---

① 伊恩·瓦特：《小说的兴起》，高原、董红钧译，生活·读书·新知三联书店，1992，第26页。

（四）西方小说代表特点

西方小说理论在 20 世纪突飞猛进，主要是对现代小说的剖析，而现代小说的突出特点是实验性和意识描绘。此起彼伏的文学流派，日新月异的创作思潮，未来主义、现代派、后现代派、超现实主义、意识流、精神分析学、新小说、存在主义、魔幻现实主义，小说家仍然在探讨外在世界，但更深层次地探讨人的内在世界，追踪意识流和潜意识（潜意识和无意识被称为"第三现实世界"）。而这些流派、作品，都可以从 19 世纪西方小说大师的作品中找到源头。米兰·昆德拉和戴维·洛奇的小说观点有较大影响。米兰·昆德拉认为认识是小说的唯一道义，他在《小说的艺术》①中提出：小说抵御着"存在的遗忘"，小说将生活世界置于不灭的光照。小说存在的唯一理由是发现那些只能为小说发现的东西。米兰·昆德拉认为，海德格尔《存在与时间》分析的存在主题，先前是被所有的欧洲哲学所忽视的，却在欧洲小说再生的四个世纪中，在小说中得到了揭露、展示、澄明。小说以自己的存在方式，通过自身的逻辑，一个接一个地发现了存在的各个方面：经由塞万提斯和他的同代人，它（小说）深入了冒险的天性；经由理查森（英国小说家），它开始省查"内心事件"，以揭示情感的隐秘状态；经由巴尔扎克，它发现了人在历史中的根基；经由福楼拜，它研究了过去未曾探明的日常的未知领域；经由托尔斯泰，它全神贯注于人类行为和决定中的非理性的侵入。

戴维·洛奇按接受美学的观点认为："小说是一种游戏，一种至少需要两个人玩的游戏：一位读者，一位作者。作者企图在文本本身之外控制和指导读者的反应，就像一个玩牌者不时从他的座位上站起来，绕过桌子去看对家的牌，指点他该出哪一张。"②戴维·洛奇和米兰·昆德拉两人不约而同地持小说的欧洲中心论。戴维·洛奇说，人物是主要问题，主要人物，次要人物，单调人物，多面人物。在刻画人物本性时，手段的丰富多彩和心理挖掘的深度，欧洲小说的伟大传统是无与伦比的。米兰·昆德拉说，小说是欧洲的创造。他们当然不知道，《鲁滨孙漂流记》问世的 1719 年，有"世界短篇小说之王"之称的蒲松龄已走完人生历程；而此前整整两个世纪，在明代嘉靖元年（1522），中国长篇小说开山之作《三国志通俗演义》已有了刊本。某些欧洲小说理论家却"一叶障目不见泰山"。

---

① 米兰·昆德拉：《小说的艺术》，蕾强译，生活·读书·新知三联书店，1995，第 26 页。
② 戴维·洛奇：《小说的艺术·前言》，王峻岩等译，作家出版社，1998，第 47 页。

第五章　英汉小说翻译策略与译例赏析

第二节　小说的译法与技巧

　　如同其他文学类型一样，小说翻译既是一门科学，也是一门艺术。作为科学，由于各种不同的语言都有其丰富的词汇、严密的语法结构和极强的表现力，都有各自不同的特色和不容违反的艺术规律，而且各个民族都有自己的文化语境，自己的风土人情、思维方式和生存习惯，所以，不同语言之间的翻译是一个非常复杂的过程。文学翻译过程中，要忠实于原作，不能随意发挥，因此，我们要求译文准确严谨、合乎规范，译文所传达的信息内容与原文保持高度一致。作为一门艺术，文学翻译是高强度的脑力劳动，不是"语法+字典""剪刀+糨糊"的简单的技术性工作，不是逐字逐句的机械的语言转换，而是需要译者根据原作的内涵，通过自己的创造性劳动，用另一种语言再现出来原作的精神和风采。文学翻译作品，说到底是翻译艺术生成的最终体现，是译者翻译思想、文学修养和审美追求的艺术结晶。因此，我们应当尊重译者的创造性劳动，避免译文的死板生硬，在原文的限定下，还应体现译者的风格，而且力求语言流畅自然，容易理解。无论是主张"异化"还是"归化"，都应尽量避免翻译腔。

　　由于小说翻译艺术的特性，对词语的准确性不可能像自然科学或政治、军事、外交文献那样字字对应，容不得主观性的理解，即使在理解方面出现少许偏差，也不会对原文造成本质性的影响，更不会像1945年日本首相铃木对待《波茨坦公告》所作的评论中的"默杀"（Mokusatsu）一词的翻译，一字之差，而造成可悲的后果。所以对于小说翻译的技巧，自从小说翻译开始以来，各位译者都在进行科学地探讨，有着一个明晰的演变和发展过程。小说翻译经历了从关注情节内容向关注词语选择的演变。在最初翻译外国小说时，译者往往关注的是作品的情节，很多作品所译介的只是故事梗概，所强调的是作品情节的完整性，所以，译者往往对文字随意增删，尤其对景物描写或心理刻画等描述性的语言不太关注，随意删减。这种现象主要流行在清末民初，而且基本上是采用文言文来进行翻译的。但是，文学作品毕竟是语言艺术，作品的故事梗概终究代替不了作品本身。所以，在19世纪和20世纪之交，有些译者就已经开始关注小说语言的艺术表达了。

　　首先，以英国作家笛福的代表作《鲁滨孙漂流记》为例，杭州译者沈祖棻最早翻译时，采用的是文言文意译，大多数译文是对英文原文的改写，所关注的是其基本的故事情节。而到了 2006 年再版的郭建中的译本中，从语言风格的把握、具体词语的斟酌、翻译技巧的运用、译学思想的体现等多个方面来说，都达到了理想的境界。

其次，小说翻译在兴起之初经历了从文言文意译到白话文直译的转变。随着西方文化逐渐被我国接受，我国读者对译文的要求也随之发生变化。尤其是鲁迅的直译理论出现以后，文言文意译逐渐被白话直译所取代。如吴梼所翻译的小说，基本上用白话翻译，译文也相当流畅。由于经过文艺复兴和启蒙运动的西方小说文字贴近生活，语言简洁生动，所以采用直译的方式，遵从原文的结构和表述，无须太多的转换，便能传达原文的风格和内容，于是，白话直译逐渐成为主流，也逐渐被人们接受和喜爱。这种从文言文意译向白话直译的转换，无疑具有文化交流方面的积极意义，为"五四"及其后的新文化运动，尤其是纯正的白话创作打下了坚实的基础。

最后，小说翻译经历了从"归化"到"异化"的游移再到"归化异化"的和谐结合。"归化"和"异化"这个问题，并不像国内有些学者所说的那样，是外国学界近年才掀起的话题。其实，在我国很早就涉及这一话题。鲁迅应该是最早以敏锐的感悟力提及并论述这一命题的中国作家。

小说不同于其他形式的翻译，不像科技翻译那样强调直译严谨，不像外交政论翻译那样强调绝对准确，容不得一丝一毫的"创造性叛逆"。小说翻译在一定程度上要求译者具有自觉的"创造性叛逆"的精神，但是并不需要将这一精神无限扩展。因为随着人们对文学翻译的重视和深入研究，一些形成定论的观念也随之不断被颠覆和修改，但是一时间被颠覆和修改的传统理论，在新的理论中的生命力也是不可忽略的。严复所提出的翻译标准"信、达、雅"已经有一个多世纪了，依然显得非常客观和科学，"信、达、雅"实际上就是"归化"和"异化"的结合。"信"包含着"异化"的成分，"达、雅"则包含着"归化"的成分。可见，翻译艺术也正是在不断地论争中得以提高，得以完善。

第三节　小说文本译文实例
——《冰与火之歌》文本分析

一、专有名词的翻译

奇幻小说的特点之一即"第二世界"决定了小说中会有大量的专有名词及作者创造出来的新词。专有名词通常指人名、地名、国家名等特定的指称词。在英语中，专有名词的首字母用大写字母表示，而中文中的专有名词与普通名词之间则没有形式上的差别。对于这种原语与译语之间的语言及文化差异较大的，奈达指出应当在翻译中作出很多形式上的转换。在翻译专有名词时，通常采用音译法、表意法及表形法等。这里就将《冰与火之歌》一书中的专有名词进行分类分析。

（一）地名的翻译

本书所描绘的维斯特洛大陆（Westeros）有七大王国（Seven Kingdoms），分别为北境王国（Kingdom of the North）、山谷王国（Kingdom of Mountain and Vale）、河屿王国（Kingdom of the Isles and Rivers）、河湾王国（Kingdom of the Reach）、凯岩王国（Kingdom of the Rock）、风暴王国（Kingdom of the Stormlands）及多恩（Dome）。地名的翻译多采用音译法及表意法。音译法就是用汉语中同原词发音相近的字来翻译原文中的专有名词。表意法即在汉语中找出同原文专有名词含义相同的词。例如以下几处。

1. King's Landing

译文中将"King's Landing"翻译为"君临"，采用了表意法。"King's Landing"是七大王国的首都，权力中心铁王座的所在地。译者在充分理解了原文词汇意义后，选取了符合译语表达形式的最贴近原语的对等语。英文中大写首字母可以区分出专有名词，而汉语的专有名词没有这种特点。翻译时如果直译为国王的领地，则不符合汉语对于地名的表达习惯。译文所选的"君"字在汉语中也有"王"的含义，"君临"这一译名是自然达意并且符合译入语表达形式的等效翻译。

2. Storm's End

译文将"Storm's End"译为"风息堡"，也是采取了表意的方法。"Storm's

End"是七大王国中最坚固的城堡之一,也是拜拉席恩家族的领地。在翻译地名时,由于英语和汉语两种语言在形式上的差异,翻译时应当在译语中适当添加表示地名的词来实现等效。这里的译文充分考虑到译文读者的感受,添加了"堡"来显示地名。译者在这里充分理解了原文的意图,选取了自然、达意的对等语,实现了翻译的等效。

(二)名字的翻译

本书的故事主要围绕四大家族来讲述,即史塔克家族(House Stark)、兰尼斯特家族(House Lannister)、拜拉席恩家族(House Baratheon)和坦格利安家族(House Targaryen)。人名的翻译多使用音译法,但值得注意的是,汉语有很多同音异形字,应选取最贴近原文的对等词,以求达到原语与译语的等效。如"Ghost"是私生子雪诺冰原狼的名字。这头冰原狼与其他正室兄弟姊妹的冰原狼不同,是个被抛弃的白子,浑身毛色发白,跑起来像幽灵一样快,原作者为它取名"Ghost"也是因为这一点。译文将其翻译为"白灵",采用了表意法。比起直译为"幽灵",该翻译是在充分理解了原文词汇的指称意义与联想意义之后,将白色的毛与幽灵般的速度两个特点结合起来,实现了功能上的对等。

(三)身份头衔的翻译

本书中人物身份复杂,有各种不同的身份及头衔,译者需要在充分理解原文的基础上,选取意思最为接近的对等语,对于在译语文化中没有相对应的平行词汇的情况下,可以考虑"音译+注释"的翻译方法。

1. Khaleesi

"Khaleesi"译文为卡丽熙,是一个头衔,用以指代多斯拉克民族的头目——卡奥的妻子。这个词汇属于作者自己创造的,而在译语文化中又没有与之相对应的等效词。采取音译加注释的方法不仅可以传递原文的意图做到达意,同时在形式上也比较符合译语的表达习惯,使译文读者能够得到与原文读者相等效的感受。

2. Great Masters

"Great Masters"在原文中是指一些庞大奴隶主家族的统治者,所选译本的译文为"伟主"。该译文采用了表意法,译者在理解了原词语意义的基础上,在译语中寻找恰当的对等语进行转换。奈达指出自然的翻译主要包括两方面的调整,即语法和词汇。这里体现了词汇调整中的第三层,即原语词汇指代原语中特殊的文化。对于在译语中没有相对等的平行词汇的情况下,译者有时也需要像原语一样进行适当创造。"伟主"这个词在译语中属于译者的创造,符合上文提出的达意、自然、切近原语的标准。

3. Kingsguard

"Kingsguard"是为保护王室血脉所创建的精英卫队，由七名骑士组成，他们只对他们的君主效忠。译文为"御林铁卫"。该译文在形式上做了很大调整，原文中的单个复合词在翻译时采用了四个汉字进行表达。按照上文提出的分析标准，首先，该译文做到了达意，即符合原语的意图；其次，该译文自然通顺，符合译语读者的习惯。汉语中有"御林军"这个词，这里的译文选取了译语中最贴近的对等语，实现了等效。

（四）族语的翻译

本部小说还有一处需要分析的就是几大家族族语的翻译，作者在创造几大家族时也匠心独运地创造了符合每个家族特点的族语。首先，族语虽然不算专有名词，但是因为原文中的族语均短小精炼，所以放到这里一并分析。族语代表着每个家族的荣耀与精神。翻译时，要结合每个家族的不同特点，译者需要通读小说，对家族的特点有所了解后才能更好地得出译文。其次，标语及族语通常都不会太长，翻译时为达到与原文的表达相等效，应该尽量在内容和形式上都保持对等，这就是说，译文需要在几个字以内表达清楚原文的意图。本文中的几大家族族语翻译的既不丢失原文意义，在形式上也基本实现了等效。

例如，史塔克家族的族语"Winter Is Coming"。史塔克家族世代为北境之王，北境长年寒冷，即使夏天也会下雪，但是到了真正的冬天就会更加寒冷。这句族语就是说史塔克家族时时提醒自己危险与困难就要来临。译文"凛冬将至"四个字言简意赅，不失原文的意味，符合翻译的标准，实现了翻译中的等效。

例如，坦格利安家族的族语"Blood and fire"。原文可直译为血与火焰。作为族语，这样的直译虽然符合标准中的达意，却丢失了原文的风格韵味。译文翻译为"血火同源"，更好地实现了等效，不仅达意，更进一步表达了原文中的内涵意义。因为根据小说描述，坦格利安家族是古代瓦雷利亚自由城邦的贵族后裔，同时也是龙族的传人，为了保持王室血统的纯正，坦格利安家的人经常依循传统，近亲通婚，那么"血火同源"就暗含了家族的传统。该译文在形式上也与其他族语翻译保持一致，采用了四个字。

二、背景描写的翻译

作者通过具体形象化的描写将读者带进作者描绘出的世界中。描写的作用十分重要，他铺垫着小说的情节，渲染着小说的气氛。原文作者在进行描写时手法细腻，将场景刻画得让读者颇有真实感。奈达对动态对等所下的定义是:"动态对等也就是译文接受者对译文信息的反应程度大体上与原文读者对原文信息的反应一样。"在以等效翻译理论作指导对奇幻小说进行翻译时,对文中这些描写应当以达到译文读者与原文读者反应相似为目标,充分发挥译语的优势,将原文中的各种细致描写在译文中为译文读者再现。在保证意思通达和语言流畅的基础上,也应当对译文加以润色,让读者读起来不至于干巴巴。

原文:No redwoods grew here. This was a wood of stubborn sentinel trees armored in grey-green needles, of mighty oaks, of ironwoods as old as the realm itself. Here thick black trunks crowded close together while twisted branches wove a dense canopy overhead and misshapen roots wrestled beneath the soil. This was a place of deep silence and brooding shadows, and the gods who lived here had no names.①

译文:此地不生红木,树林由披戴灰绿松针的哨兵树、壮实的橡树,以及与王国同样苍老的铁树所组成。在这里,粗壮厚实的黑色树干相互攘挤,扭曲的枝在头顶织就一片浓密的参天树顶,变形的错节盘根则在地底彼此角力。这是个属于深沉寂静和室郁暗影的地方,而蛰居其间的神连名字也付之阙如。

该段描写了临冬城的神木林,虽然字数不多,但是要既翻译得自然流畅又体现出较高的文学性还是有一定难度的。原文作者马丁的文笔相当优秀,如何能够努力再现原作者的精彩文笔,除了翻译的基本功,自身的文学修养也很重要,而此处摘选的这段译文就充分体现了译者优秀的遣词水平。该段描写的前半部分直译的自然流畅,没有翻译腔,后半部分则更体现译者水平,将"deep silence""brooding shadows"和"had no names"分别翻译为三个四字词"深沉寂静""室郁暗影""付之阙如",读起来很有史诗描写奇特场景时的那种大气。通读该小说,有很多这样的描写,译者多次用到四字词语来进行翻译,准确传达原文意图的同时,发挥了译语的优势,符合等效翻译的标准,实现了动态对等。

原文:Dany looked at Khal Drogo. His face was hard and cruel, his eyes as cold and dark as onyx. Her brother hurt her sometimes, when she woke the dragon, but he did not frighten her the way this man

---

① 舒艾:《西方史诗奇幻作品的地名翻译研究——以〈冰与火之歌〉原著翻译为例》,《科技创业月刊》2017年第4期。

frightened her.①

译文：丹妮看着卓戈·卡奥，他的容貌刚毅冷峻，眼瞳黑亮冰如玛瑙。当她不小心唤醒睡龙之怒的时候，哥哥会欺负她，但他不像眼前这个男人这样能把她吓得六神无主。

这两句描写的是丹妮在见到即将要嫁的游牧人首领卓戈·卡奥时的内心活动。后半句"but he did not frighten her the way this man frightened her"译文为"但他不像眼前这个男人这样能把她吓得六神无主"。该译本在翻译场景描写时，常采用四字词，旨在充分发挥译语的语言特点，使译文更符合译文读者的阅读习惯。但是这句的翻译使用"六神无主"，不免有点儿牵强，有过度翻译之嫌，英语原文只是说卡奥给丹妮的恐惧感和她哥哥给她的恐惧感不一样，而并没有具体暗示是怎样的恐惧感。因此建议将后半句改为"但眼前这个男人所带来的恐惧感跟哥哥给她的恐惧感不同"。

原文：His fine clothes were a tatter. His face a ruin. A shard from his sword transfixed the blind white pupil of his left eye.②

译文：他的华裳尽碎，容貌全毁，断剑的裂片反映出他左眼瞳孔的一片茫然。

这两句描写了守夜人罗伊斯被异鬼杀死后转化成为异鬼的样子。第一句"华裳尽碎""容貌全毁"翻译得言简意赅，达意且自然。但后面一句的描写在翻译上有一些问题。

结合上下文，原文中的动词"transfixed"应该是刺穿的意思。也就是短剑的残片刺穿了他的左眼。译文的翻译在理解上有一些偏差，也不符合这段描写的下文"The right eye was open. The pupil burned blue"，建议修改为"他惨白茫然的左眼被一片段剑的碎片刺穿"。等效翻译理论的评价标准首先是对原文意图的准确传递，译者在翻译时，一定要在准确理解原文的基础上进行翻译。

原文：She had been born a Tully, at River run far to the south, on the Red Fork of the Trident. The godswood there was a garden, bright and airy, where tall redwoods spread dappled shadows across tinkling streams, birds sang from hidden nests, and the air was spicy with the

---

① 舒艾：《西方史诗奇幻作品的地名翻译研究——以〈冰与火之歌〉原著翻译为例》，《科技创业月刊》2017年第4期。

② 同上。

scent of flowers.①

译文：她出身南境的徒利家族，自小在红叉河畔的奔流城长大。红叉河是三叉戟河的支流，那里的神木林是座明亮清朗的花园，高大的红木树影洒进溪涧，鸟儿在栖隐的林间巢穴里高唱，空气中弥漫着百花馨香。

这一段是艾德夫人凯特琳家乡的一段描写。该书中有很多这样的描写，由于英语与汉语在表达方式上有很大差异。英语注重语句形式上的接应，汉语注重行文意义上的连贯。如何使译文的描写不囿于原文的形式，在充分达意的基础上，使得原文更加自然流畅是翻译中的难点。有些译文虽然传递了原文的意义，但是受困于原文的形式，造成译文读者阅读困难，这样的译文也不符合等效翻译的标准。这里选取的译文做到了达意，用词准确，表述自然流畅，生动刻画出了凯特琳南境家乡的风貌，实现了翻译中的等效。奇幻小说作为通俗小说的一个分支，有其鲜明的写作特点。

原文：Arya disentangled herself fiom him and made a face. "Nothing. I was all packed and everything." She gestured at the huge chest, no more than a third full, and at the clothes that were scattered all over the room, " Septa Mordane says I have to do it all over My things weren't properly folded, she says. A proper southern lady doesn't just throw her clothes inside her chest like old rags."②

"Is that what you did, little sister?"

"Well, they're going to get all messed up anyway," she said," Who cares how they're folded?"

译文：艾莉亚放开他，然后扮了个鬼脸说："没什么，本来我的东西都收拾好了，"她指着那个还没装到三分之一的巨大箱子，以及散了一地的衣物，"茉丹修女却说我没把衣服叠得漂漂亮亮的，所以得重新来过。她还说规矩的南方小姐绝不会把衣服像破布似的一股脑儿通通扔进箱子里。"

"小妹呀，你把衣服像破布一样扔进箱子？"

"哎哟，反正这些衣服迟早也要乱成一团嘛，"她说，"谁管它有没有叠好？"

这里是琼恩在和他最喜爱的小妹艾莉亚道别时的一段场景对话，艾莉亚在整理衣

---

① 舒艾：《西方史诗奇幻作品的地名翻译研究——以〈冰与火之歌〉原著翻译为例》，《科技创业月刊》2017年第4期。

② 同上。

服,琼恩打趣她。这里摘录的原文将"Is that what you did, little sister？"一句的上下文都放到这里,是为了说明原译文在这句的理解上可能存在偏差。上文说艾莉亚本来收拾好了衣服,但是修女说她没叠,她又重新收拾,这时琼恩应该是要打趣她说"这是你又重新叠过的衣服？"而不应该是反问她"你把衣服像破布一样扔进箱子？"并且结合后文艾莉亚的话,这里也应该是再次叠衣服还是没有叠好。建议修改为:"小妹呀,这是你又重新叠过的衣服？"在进行对话翻译时,要考虑说话人的性格、内心情感等因素,在此基础上选择自然贴近的对等语,还应该注意上下对话之间的联系。

  通过分析得出,在内容上,译文首先要保证原作者的写作意图,以得到正确的传达,即达意。在专有名词的翻译上多采用音译法和表意法,对于一些独特的专有名词,在译语文化中没有平行词汇的情况下,可以适当进行注释。在翻译文中大量的描写场面时,译者应当充分理解原文的意图,可以在脑海中跟随原作者想象出所描写的场景,然后在充分考虑译语文化及表达习惯后,发挥译语的优势,选取最切近原文且自然的对等语,行文要通顺。在翻译习语或俗语时,译语中有相似的表达最好直接使用,这样使读者更感亲切自然;译语中没有对应的表达时,应当在达意的基础上追求更好的对等形式。在情节与气氛的翻译上要在文从字顺的前提下,尽量保留原文的文体风格,努力再现原文的气氛和精髓。

第六章　英汉戏剧翻译策略与译例赏析

古老的戏剧文化在东西方交替产生，发展至今，对人类文明产生了直接的影响，而戏剧翻译也间接地为人类文明作出了不可忽视的贡献。随着人们对戏剧本质认识的加深，戏剧翻译这个以前被翻译理论忽视的区域也激发了众多研究者的兴趣。然而，戏剧艺术的特殊性也为戏剧翻译研究带来了相当的难度，因为任何一种理论都无法涵盖戏剧翻译的全部问题，"研究者必须限定研究的焦点，只有这样，其调查结果才具有有效性"。

第一节　戏剧综述

一、戏剧的形成与发展

中国戏剧艺术的渊源可以追溯到上古时代的祭祀仪式。这些祭祀仪式里广泛运用的拟态装扮的歌舞表演，便是戏剧发展中的原始形态。人类进入阶级社会以后，原始社会中的祭祀仪式逐渐发展成为一种统治阶级大型的国家祭奠活动，统治者们在郊外或庙堂之上祭祀祖先和神明。这种祭祀活动与原始的祭祀活动相比，不但歌唱颂词，而且配合舞蹈，它同样包含着象征和拟态的表演成分，体现了戏剧萌芽时期的状态。春秋战国时期，祀神、娱神的歌舞逐渐演变成娱人的歌舞，这时在宫廷中出现了十分活跃的专门供人娱乐的优戏活动，出现了专职艺人——优伶。优伶也称倡优或俳优，可谓是中国最早的艺人。西汉建立后，百戏开始盛行。在我国的戏剧歌舞中，百戏是最初被称之为"戏"的。百戏也称"角抵戏"，主要以竞技为主，包含许多杂技在内，大多来自西域和民间，系以两人角力角技兼演故事。南北朝时期，出现了"拨头""代面""踏摇娘""参军"等具有一定故事内容和战斗意义的表演艺术形式。从原始社会开始至唐朝初期，中国的戏剧长期处于初级形态，满足于片段与零散的模拟表演带给人们的快感和欢乐，表演的形式一般比较短小，内容大多是世俗活动中一个场面或一个短小故事的重现，穿插以歌舞调笑，以娱乐为归旨，通常不能调动人们深层次的情感。虽然他为我国戏剧的形成准备了良好的条件，却始终没有发展成为真正的戏剧。

中唐以后，我国的戏剧艺术开始形成。唐代在我国历史上是比较繁盛的时期，各种艺术都获得了高度的发展，他们从多方面推动了戏曲的诞生。参军戏以至歌舞戏到了唐代逐渐有了艺术综合的趋势，开始不同程度地吸收小说、诗歌、舞蹈、讲唱、咏语、表演、音乐、武艺、杂技、美术等种种艺术因素，开始以综合技艺来表现人物和故事情节。这种多种艺术综合为一体的形式为"戏"与"曲"的结合开了先河。

宋金时代，中国古典戏剧在唐代的基础上更是获得了长足的进展。宋代杂剧、金代院本和讲唱形式的诸宫调无论从乐曲、结构到内容都为元杂剧的繁荣打下了坚实的基础。宋代的杂剧和另一种盛行宋元的南戏的演出体制和音乐体制都不同于汉、唐时期的初级戏剧，他们能够比较纯熟地运用诗、歌、舞的综合舞台形式来表现完整的故事情节和比较复杂的场景，使中国戏剧表演从滑稽的简单小戏进入到结构完整以歌唱为主的正剧大戏的转变过程。元代杂剧在原有基础上大大发展，成为一种新型的戏剧，他将宋杂剧、金院本和宋金诸宫调等融合在一起，形成了一种完整的戏剧形式，同时他在唐宋以来话本、词曲、讲唱文学的基础上创造了成熟的文学剧本，具备了戏剧的基本特点，标志着我国戏剧进入成熟阶段，同时使元代成为中国戏剧发展史上的高峰时期。

元杂剧的繁荣还表现在出现了大批的作家和作品。当时有姓名可考的杂剧作家有八十余人，见于书面记载的作品有五百余种。这些作品全面而深刻地反映了元代社会生活的面貌，在当时产生了广泛的影响。其中有许多优秀作品，已成为我国珍贵的文化遗产。产生于南宋的南戏在元初时由于北方杂剧南下而一度趋于衰落，但到元末时，南戏吸收了杂剧的一些优点，又重新兴盛起来。这一时期最著名的南戏作品是高明所创作的《琵琶记》。《琵琶记》在文学史上有较大的影响，他不仅振兴了南戏，而且促进了南戏的进一步发展。另外，《荆钗记》《白兔记》《拜月亭记》《杀狗记》也是元末明初风行舞台的四部南戏，同时因为他们是南戏向传奇过渡时期产生的作品，因此也被称为"四大传奇"。在中国戏曲文学史上，传奇创作是继杂剧创作之后的又一座高峰，涌现出了千余名作家、数千部剧本，其数量之多、范围之广、成就之大都是空前绝后的。明代中叶到明末清初是传奇发展的黄金时期，在这一时期里，传奇创作上出现了三个高潮。第一个高潮是在嘉靖年间，以《宝剑记》《鸣凤记》《浣纱记》这样具有现实主义内容的传奇作品为标志；第二个高潮是万历年间，以汤显祖的"临川四梦"(《牡丹亭》《紫钗记》《南柯记》《邯郸记》)为标志；第三个高潮是明末清初，以李玉为首的苏州派作家的出现为标志。

　　清代戏剧是在明代戏剧的基础上发展起来的，也获得了很高的成就。清初剧坛，承晚明戏剧高度繁荣之余波，戏曲创作的高潮进一步向纵深发展。以吴伟业为代表的文人化剧作家，往往是借剧中的故事和人物，抒发个人怀才不遇的苦闷，寄予国破家亡的哀思。他们以文字为剧，以才学为剧，案头化倾向严重。以李玉为代表的苏州派剧作家，关注社会政治，紧贴现实生活，注重舞台的表演性和戏剧性，开创了戏曲创作的新局面。戏剧艺术家李渔重视戏剧的本体价值和娱乐作用，专演才子佳人故事，对我国喜剧艺术的建构作出了重要贡献。康熙年间，洪昇的《长生殿》和孔尚任的《桃花扇》是两部传奇杰作，他们"借离合之情，写兴亡之感"，在思想上和艺术上都代表了清代戏剧的最高成就。洪昇和孔尚任也被称为清代剧坛上的"南洪北孔"。清代中期，是戏剧创作从元明以来的兴盛繁荣走向衰落的重要转折阶段。就戏剧发展的总体趋势而言，杂剧、传奇已经走完了他们的历史行程，取而代之的是植根于民间的地方戏曲。多部地方戏的蓬勃发展和京剧的兴起，标志着中国戏曲艺术进入了一个新的历史阶段。

二、戏剧情节构架

　　戏剧是假象的空间，他将并不存在的东西展现出来给人看，仿佛真的存在一般。柏拉图将这种表现形式与记叙文中的表现形式区分开来，认为这是演员对一连串虚构情节的模仿——他们的行为反映出他们面对这一事件的反应。情节是戏剧的核心，词源学（形容词戏剧源自希腊动词"dran"，意思是做、行动）使人想到戏剧是模仿做着某事的人的。亚里士多德谈到悲剧时，写到这是对一种具有高级的完整特征的情节的模仿，而模仿是由活动的人完成的，而不是依靠记述。因此，戏剧创作试图让人觉得一个个情节真实地在我们眼前发生。或者就像布莱希特所说，他自认是一个制造虚构的人工系统，戏剧不会讲出来，而是展示出来。他是一个活动的小说。

　　戏剧文本所体现的组织结构我们可以分为三个等级：戏剧故事结构、故事情节结构及剧情结构。戏剧故事反映了构成整个故事的事件的总和，故事情节指我们在舞台上所看到的一出戏所反映的故事情节，剧情则是描绘这些将事件串联起来的特有的线索。

（一）戏剧故事

　　"Fabula"一词源自拉丁语，这一词总的来说指的是构成作品叙述成分的一连串事件（《罗贝尔词典》）。在希腊戏剧中，戏剧故事总是坚持取材于早于戏剧作品并为

第六章　英汉戏剧翻译策略与译例赏析

观众所熟知的神话故事。亚里士多德将其称为完美的集合，它是剧作家获取灵感的素材。古典时期，作者们仍然使用这个词表示戏剧主题的神话故事源泉。自18世纪，戏剧故事就带有一种不同的词义。它作为戏剧所讲述故事的特殊结构而出现，它反映了作者阐述主题所运用的个人方法："带有诗人某种意图的整个虚构组成了戏剧故事。"这个词指的是一出戏剧中表现的一系列的事件。戏剧故事不再为了成为一种叙述结构，而将来自集体的记忆转为有形之物。作者的虚构体现在叙述的安排中。在布莱希特看来，这一看法又有了新的含义。创作戏剧故事，就是对一出戏剧所讲述故事的看法及对相关历史（从马克思主义视角来看）的看法呈现出来：

> 戏剧故事是戏剧演出的核心。人物间所发生的各种事情中，它难道不能将所有可供讨论、批评、转换的东西释放出来吗？戏剧的伟大成就就是戏剧故事，所有表演方法的总和，包含了所有信息，并将引发公众乐趣。（布莱希特《戏剧的小部件》）

戏剧故事不局限于构成故事框架的历时顺序，而成了一种被分割的结构，可提供一个复杂的能指整体，远没有注意到"所讲故事的矛盾性"（布莱希特），戏剧故事明确指出了妨碍故事情节连续性的矛盾。比如，在《有勇气的母亲》中，母亲这一人物就陷入了矛盾之中，她一方面试图与战争作交易，另一方面又不愿自己的孩子参与其间。所有参加演出的人合作设计了这一戏剧故事，将情节的矛盾和它的前景彻底揭示：

> 戏剧的任务是阐明戏剧故事，并将其意义以一种适当的间隔效果手法传递出去。依靠整个戏剧演员、美工、化妆师、服装师和编舞者阐明创作并展示出来。所有人都把自己的艺术投入到这项共同事业中来，而并不因此丧失自身独立性。

戏剧故事的概念，无论它是反映文本的所指，还是已涉及了文本的能指，总之就是一切所谈作品的叙述面。对于想知道文本说了什么的读者，以及必须确定演什么的导演来说，对戏剧故事的把握成了戏剧分析的必要起点。这项戏剧故事的定位工作要求严格挑剔的研究方法。通过一连串的情节来展现文本讲述的内容，即重新组织所展示的事件，而不能强调某一观点；应该避免一切带有偏见的阅读，以及例如在斯卡纳瑞尔或唐·璜的观点间进行选择来找出莫里哀的《唐·璜》的故事，为这些事件建立一份严格的编年表（时间表）是确定戏剧故事的有效办法，只要区分开真正组成情节的部分与反映情感与人物语言的部分即可。有时仍然需要戏剧故事的存在：现在某些作家不再把文本建立在叙述层面上。贝克特的《终局》中的人物因假设自己能够"指代某物"而傻笑。自此，戏剧故事的观点被冲淡了。P. 米亚娜的《财产清单》中的三个女人围绕某些日常家庭物品的自言自语组织起来，通过不相干因素交织在一起组成一出表现孤独的戏剧。自此，很难在一部减少戏剧故事的戏剧中寻找他了。

（二）故事情节

一切有关人物按照因果逻辑关系从初始状态到最后状态的变化构成了故事情节。（P. 帕维斯《戏剧词典》）

在情节的编剧理论中，长期决定戏剧性的因素，戏剧冲突源自几种敌对力量的对立。他使两个或几个面对同一状况的人物陷入对立中。为了使构成悲剧的各种力量联合，并使他们在故事情节中的作用形象化，某些理论家热衷于确立一种模式，他可以将除特殊性之外的一般构成因素从情节中提取出来。寻找一个足够抽象的工具以应用于最多样化的编剧理论，关于在普罗普的《故事形态学》中提出的一种模式，确立了人物的基本作用。尤波斯菲尔德通过研究苏里欧的《20万种戏剧情景》及格雷马斯《结构语义学》开始，制定了一种可以确定整个戏剧故事情节符号关系学结构的研究方法：施动者模式。

施动者模式为情节的深层结构研究提供了一种快捷的研究方法。他热衷于在叙述的形象中确定施动者的各自作用，即人物的抽象形象。同时他还把出现的各种力量体系以瞬间的摄影方法展示出来，他描绘了某一特定时刻的结构框架。施动者并不需要与一出戏剧中的人物混为一谈。他们还可以指一种引起抽象的东西：想法或价值（爱或城市）、物体（一顶意大利草帽）或一组集体人物（古典悲剧中的合唱团）。他们通常成组相互作用：整个戏剧情景展现了一个活跃的主体（由一个人物或一组人物扮演），他想作用于另一个客体（另一个人物或是表现主体喜爱、憎恨、野心等的一个抽象物）。

罗德里格爱舍米尔，舍米尔也爱着罗德里格，施动者模式将舍米尔作为主体的模式可能很符合当时社会约束，法则限制着女性成为主体的可能性一样合乎情理。（尤波斯菲尔德《阅读戏剧》）

戏剧的主体经常是戏剧中的借用英雄名称的主人公。但有些著名的戏剧也是例外，在《布里塔尼居斯》中，真正的主体是尼禄；在《塞维勒的理发师》中，从施动者的角度来看，伯爵阿尔马维华比出现在作品题目中的费加罗更像主体。

辅助者与反对者构成了第二组对立。辅助者的作用是将所有有助于主体实现其愿望的资源集中起来，而反对体的作用则是阻碍其实现，如人物、物质或内心障碍。喜剧中的仆人（斯卡宾、弗隆丁），就是传统上帮助年轻人成就爱情的辅助者，而一些老头儿或嫉妒的丈夫则通常是古典戏剧中的反对者。它们之间可以进行对调，辅助者成为反对者或相反。高纳里尔和里根是李尔王的两个长女，在父亲分割王国领地时起了辅助者的作用，而她们接下来的丑恶罪行却将其变成了最恶毒的反对者。同样不容易辨认的还有斯卡纳瑞尔何时作为唐·璜的辅助者——同谋及又在何时充当了"伟大的主人、恶人"的反对者。

由发出者和接收者构成的第三组对立最为模糊，因为他们极少由人物扮演。如果接收者经常与故事情节的主体（当其为自己的打算行动）相一致的话，那么，发出者在大多数时候则以一个抽象形式出现。意识形态上的考虑与多种动机混杂在一起，引导着故事情节意义中的矛盾。在《熙德》中，罗德里格就背负着道德上的迫切需要（为父报仇）社会责任（不能背叛他的家族）及内心的需要（服从他的"荣耀"）。这三重发出者决定了人物的英雄顾虑。在《罗朗萨丘》中，决定了罗伦佐的行动，以及坚定他"为人类工作"的决心的理想抱负，随着一些更为模糊的冲动产生影响。

（三）剧情

我们经常用这个词指推动情节发展的成员及事件的布置。作为一出戏剧的表面结构，剧情提供了动力线索。确定一出戏剧的剧情，就是确定推动戏剧冲突的动力。

1. 序幕

在一部剧情依照因果关系表现的戏剧中，会有某一时刻作者要用序幕帮助观众理解情景。序幕构成了作为戏剧故事的基础的戏剧法则。他为那些不知道将要看到什么的观众明确了冲突的背景：回忆过去、主人公出场、当时情况。情节越是复杂，序幕就越应详细。序幕详尽地介绍了全部有用信息，但不能扩展到戏剧前几场之外的信息序幕应当介绍主体、主要环境、地点，甚至是情节发生的时间和所有主要人物的名字、性格及影响。为了不令公众厌烦，按照古典时期理论家的观点，一个好的序幕应当同时做到完整、简短、清晰、有趣、逼真。有时一段很长的叙述，以真实的方式，以一种"故事"的形式出现，他为过去发生的事件提供了参照，却有可能延迟真正戏剧故事的到来。当这些信息在戏剧故事中传递出来时，序幕就成了动态的。他可能是一个大幕拉开之前就存在的冲突，这一冲突将主人公们对立起来。

《身不由己的医生》开始于斯卡纳瑞尔与玛蒂娜之间的一场争吵，最终以打了几棍子而结束。夫妇二人的抱怨向观众介绍了最初的情况。他们共同的过去则是通过逐渐获得意义的一系列讽喻突然出现的。序幕是可以立即使观众陷入。《伪君子》的序幕采用歌德风格模式。在第一场中，通过奥尔贡家不同成员对贝尔奈尔夫人，这位生气的祖母的追求，将抱怨展现出来。下一场，随着被独一无二的塔图夫的所作所为弄得糊里糊涂的奥尔贡的归来，家庭冲突发生的背景就一清二楚了。整体情况不仅展现出来，同时对每个主人公的情况也做了详细介绍，而且关于塔图夫的相互矛盾的观点的累积也激起了观众对后面剧情的期待，而这一期待将会在后两幕中得到满足。不依靠真实性。序幕同样可以靠一个能立即显示其戏剧性的方法来完成：（古）歌剧序幕借自古代戏剧，开头的一段独白通常会陈述故事情节的起源，我们可以看到莎士比亚（《罗密欧与朱丽叶》）、克洛岱尔（《克里斯托弗·哥伦布》）或布莱希特直接介绍了故事情节背景，为观众理解提供了必要参考。

2. 戏剧纽结

整个戏别情景建立在戏剧中人物间关系的本质之上。他通常采用冲突的形式出现，而这一冲突又以戏剧中几种对抗力量的相遇作为特征。这些妨碍人物意愿的障碍相互衔接，不带任何任意性，构成了人们所谓的戏剧纽结。

一部悲剧的纽结包括主要人物的意图，以及所有贯穿其中的自身或外界的障碍。这一纽结一般会延续至第四幕最后，有时还会持续到第五幕最后一场。

这些障碍可以有很多种，如果主人公的意愿遭到其他人物意愿的阻碍，那么这些障碍就是外在的。家长反对孩子们的爱情就是我们可以在大多数喜剧中看到的外在障碍。当人物的痛苦是由自身情感引起的时候，障碍就是内在的。支配着菲德尔的爱就是使她走向灭亡的内在障碍。这两种障碍同样可以结合在一起，在《熙德》中，伯爵的死是被罗德里格与舍米尔内在化了的外在障碍。他们还可以是纯粹假想的，建立在某个误认（高乃依的《皇家广场》中，克雷昂德尔自认为抚养了安热莉克，其实搞错了，而抚养了菲利斯），或某个误会（马里沃的《爱情和巧合的游戏》中，多朗特向希雅大献殷勤，认为她是一个贴身侍女），或某个错误（莎士比亚的《错误的喜剧》中，两个孪生兄弟并不知道对方的存在，这增添了一些引人怀疑的情景）。

3. 情节突变

亚里士多德认为，情景的变化从开始就是结局的导火线："情节突变是情节的反向的逆转。"他为重新推进情节提供了许多可能性，以至于从巴洛克时期起，情节突变不再是唯一的，而是增加到了顶峰，以至于这个词总是以复数的形式出现，指一系列预料之外事件的出现。当一个新的事件在戏剧故事一个停顿后突然发生时，有时是戏剧性的变化，当一个意外事件突然改变了情景时，情节突变制造了戏剧的紧张气氛。情节突变越多，情节就越复杂。误会层出不穷（在《罗密欧与朱丽叶》中，罗密欧以为朱丽叶死了，并在她旁边自杀，而朱丽叶只是陷入昏迷状态而已）、假消息（《菲德尔》中黛西的死讯）、乔装改扮，如此多的方法可以使剧情重新活跃起来。喜剧、通俗剧及浪漫剧运用很多情节突变都是建立在通过对丢失和被偷走的孩子的相认，一些蛛丝马迹——信件、圆形链坠（《爱情的胜利》）、手镯（《斯卡宾的诡计》）、伤痕（《费加罗的婚礼》）——来确定身份的。尤涅斯库通过《秃头歌女》中马丁夫妇荒唐可笑的相认一场的演出，从这条戏剧规则中发现乐趣。

4. 结局

造成情节纽结的障碍的消失带来了冲突的解决。这一解决伴随着从痛苦向幸福或从幸福到痛苦的转变过程，当这些矛盾被消除及不同的情节线索都最终结束的时候，作为戏剧最后一刻的结局就可以出现了。古典戏剧认为，一个成功的结局，应当同时满足必要、完整及迅速三个条件。必要，指的是结局要合乎情景逻辑，并且显得是戏剧唯一可能的结尾。意外不允许出现。拉辛说："戏剧的结局，应当出自戏剧的本质。"外部干涉因此被排除了，古代戏剧中很少使用意外出现的救星，即使某些悲剧或喜剧的结尾与之有些相似。当不知道如何结尾的时候，莫里哀也会借用这种方式。在《答尔丢夫》中，下级警官的到来，欺诈的对头王子的代表，就是一个精彩的介入，他的人工特征有时会暗示这些假的信徒给社会造成的危险。完整结局不应遗留任何剧中提出的问题。他不允许任何人物的命运存在不确定性，这也形成了最后一场集结了最多的人物这一传统。因此，在《布里塔尼居斯》中，最后一幕，第四场中年轻王子的死去并没有使整出戏剧结束，仍需要有四场戏阐述其他人物的命运。拉辛也证实说：

> 悲剧是对一出完整故事的模仿，其中许多人物相互竞争，这一剧情只有当人们知道剧中人物的最终结局后才会结束。（拉辛《布里塔尼居斯·序》）

为了保持观众的兴趣，结尾应当尽可能地晚出现。而他也要快点出现，因为像高乃依所说："观众已迫不及待要看结尾了。"后一要求很难与前一条相符合。这些有关结尾的要求形成了一条收尾的戏剧理论，他意味着一部完成的戏剧，一切都被规定好了。但是有些作品也会留下些不确定性，这为观众留下了一个自由的想象空间。关于《熙德》的结尾，欧比涅克在他的《戏剧实践》中认为戏剧并没有结束，虽然高乃依给予时间对澄清罗德里格和舍米尔夫妇突发事件的关照；在《西娜》中，虽然整出戏剧以一个看似幸福的结尾结束，但李维宣称一个罗马国内和平世纪到来的预言并没有指出这幸福的幻觉会持续多长时间。模糊依然存在。

我们这一时代开放的剧作艺术拒绝这种关于结局必须给予冲突一个确定答案的观念。布莱希特希望能在戏剧演出过程中让观众给予问题的解决办法。米歇尔·维纳威在他的戏剧《电视传播》中没有给他的侦探类型的难题给予解决办法。至于尤奈斯库则讽刺了戏剧结尾的必要性："是死亡结束了一生，一出戏剧和一部作品，除此之外，没有结局。找到一个结尾就是简化了戏剧艺术，我明白为什么莫里哀总是不知如何结尾。如果必须要个结局，那是因为观众们要去睡觉了。"

因此，他的戏剧总是以一种循环式的结构呈现，最初的情景经过一种既滑稽又焦虑的再生过程又重现。在《秃头歌女》的结尾，舞台提示明确指出：

> 当大幕缓缓拉上的时候，随着马丁夫妇准确地说出史密斯夫妇在第一场中的尾白，戏剧又重新开始了。（尤奈斯库《秃头歌女·第二幕》）①

一名新生在《课》的结尾突然出现，加入老师的四十个牺牲品中；在贝克特作品中，也有同样的不可能的结尾；在《等待戈多》的结尾，最后的尾白又采用了第一幕结束时的尾白，现代戏剧通过各种方法，愿意这样保持开放。

第二节 戏剧的译法与技巧

一、戏剧翻译理论的研究视角

（一）决定研究视角的几个基本因素

复杂性是戏剧研究的根本属性，无论是戏剧概念还是剧本概念都具有多样性，而戏剧翻译还涉及译文的不同交际目的和双语转换类型。这些因素在戏剧翻译研究中都具有重要意义，他们共同决定了戏剧翻译研究的定位。戏剧经过发展和演化形成了以西方戏剧为代表的写实性戏剧和以东方戏剧为代表的写意性戏剧。在中国，东西方两种截然不同的戏剧概念发生了碰撞，增加了戏剧翻译研究工作的难度。中国戏曲在12世纪走向成熟，经历了元杂剧、明清传奇和地方戏三个繁荣阶段。西方戏剧在20世纪初随着新文化运动的展开传入中国，此后，和中国戏曲在中国的戏剧舞台上争奇斗艳、各领风骚。这种中西不同戏剧类型共存的现象导致了中国文化语境内戏剧概念的混乱，以至于各种权威性定义对"戏剧"概念也存在不同的解释，他们或取"戏剧"的狭义概念，即西方戏剧，在中国又称为"话剧"，或取戏剧义的概念，即戏曲、话剧、歌剧等的总称。广义、狭义概念的共存加上狭义概念的高频率使用经常混淆视

---

① 桂菌：《提纯后的生活有一副荒诞的模样 评法国红帽子剧团〈秃头歌女〉》，《上海戏剧》2019年第4期。

听，使人们"约定俗成地模糊了戏剧"与"话剧"的界限，不自觉地将"戏剧"作为"话剧"同义词来使用，从而默认了戏剧即话剧。这个问题不但存在于戏剧研究中，更存在于戏剧翻译研究中。中国的戏剧翻译研究往往追随西方戏剧翻译研究的步伐，将"戏剧翻译"等同于"话剧翻译"，不但抹杀了中国戏曲的特质，也掩盖了中国戏曲翻译的特色与特征。因此，在中国语境中探讨戏剧翻译首先要明确戏剧的概念。

剧本的概念是决定戏剧翻译研究视角的另一个要素。"无论是中国还是西方，戏剧剧本的概念都是相当复杂的。有些剧本已不再用于演出，有些剧本从未用于演出，有些演出根本没有书面剧本，有些已用于演出的剧本没有被出版。还有的剧本是在一次演出的基础上形成的。"不仅如此，维特鲁斯基还指出，不只是戏剧具有演出功能，"有时，尽管不是经常，抒情诗和叙述文学也能实现那种功能"。巴斯内特也根据戏剧人类学的研究证明，剧本在某些戏剧传统中是构成戏剧演出的充分条件，而不是中心的或首要的要素。翻译总是建立在文本之上，文本的地位决定了翻译的命运，当文本缺失时就谈不上翻译，而当文本被奉为神圣不可侵犯的作者意图的表达时，对翻译的要求也相应提高了。因此，要研究戏剧翻译必须清楚剧本在该戏剧体系中的地位。

译文的交际目的也影响戏剧翻译研究的定位。由于交际目的不同，同一剧本经翻译可能产生不同类型的译本。根据哈维的总结，一部外文戏剧在任何时候都可能存在六种英文译本，包括读者的剧本、学者的剧本、导演的剧本、排演剧本、演员的剧本和"懒惰导演"的剧本。在现实的翻译研究中可能无法把问题如此细化，但译文的基本功能必须明确，必须区分用于阅读的文学剧本的翻译和用于演出的舞台剧本的翻译。在英语中，二者比较容易区分，因为"theater"可以清楚地标记舞台戏剧，而在汉语中舞台戏剧没有专门指称。在现实中使用"戏剧翻译"指称"舞台戏剧翻译"的现象屡见不鲜，同样造成概念混淆，似乎戏剧翻译必然要研究演出的问题，必然要讨论"可演出性"。而事实上，文学剧本的翻译和舞台剧本的翻译差别很大。虽然纽马克坚持认为"戏剧的演出版本和阅读版本不应该有差别"，但大多数学者都认为文学剧本与舞台剧本在翻译上存在差异。巴斯内特曾强调，戏剧翻译研究首先要考虑剧本的属性问题，即剧本是文学剧本还是舞台剧本，因为这个问题的答案不同会导致相应的翻译实践差别很大。

此外，翻译中涉及的双语转换类型也是影响研究视角选择的要素，而这一问题经常被忽视。事实上，"通用于任何双语转换的理论模式是并不存在的"，即使某个理论模式中含有适用于其他语言之间转换的成分，也不能将整个理论模式照抄。戏剧翻译因原语和目的语不同，所面临的问题和需要采取的策略会有很大差别。以英语和不太为人所知的小语种的转换为例，由于英语社会与文化结构普遍为其他语言的观众所熟知，译文可以更贴近原文，需要调整的问题相对较少。相反，来自小语种的戏剧在译成英语时面临的问题较大，需要更大程度的调整，因为英语观众对原文化和社会不熟悉。中国的戏剧翻译研究也要考虑语种的因素，外国戏剧的汉译和中国戏剧的外译是两个性质不同的问题，再进一步说，汉语同何种外国语言进行转换又会使戏剧翻译具有相当大的差别。因此，不确定戏剧翻译研究涉及的双语转换类型，研究的对象性就不明确，而没有明确的对象性，就没有清晰的对策性，研究意义自然大打折扣。

在中国，广义的戏剧是话剧、戏曲和歌剧等的总称。相应地，话剧翻译、戏曲翻译和歌剧翻译就构成戏剧翻译研究的三个初级视角，研究者必须从中选择一个，从而确定自己的研究领域。在这三个视角中，话剧翻译一直是理论研究的焦点。我们假设研究者选择将话剧翻译作为初级研究视角，做进一步探讨。话剧，即西方戏剧，包括文学和舞台两个体系内创作的戏剧作品。按照译文的交际目的，话剧翻译可以进一步分为文学剧本和舞台剧本两个翻译研究视角。戏剧文学的普及和外国戏剧的引入都要求译者把戏剧作为文学作品，在翻译过程中以读者为中心，采取相应的翻译策略。一般说来，作为文学作品的剧本具有较高的欣赏价值，在戏剧体系内的地位也比较高，尤其是著名剧作家的经典作品。在这种情况下，译文通常追求最大限度的忠实，尽可能在语言形式方面拉近与原文的距离，尽可能反映原文的主题和作者意图，尽可能揭示原文的美学特征，尽可能展现原文的时代特征和民族色彩，其中任何一个方面都可以拓展为有价值的研究空间。从某种角度说，戏剧文学剧本的翻译研究与其他文学体裁的翻译研究比较相似，但戏剧是由对话组成的，并且戏剧对话与小说中的对话不同。"小说人物的对话不必针锋相对，更少妙语连珠。戏剧的灵魂在于对话，对话的灵魂在于简明节奏，入耳动心。"此外，"戏剧对话是习俗化的，并且建立在如基尔·伊拉姆所简明表达的"我在此时此地对你讲话的基础上"。这样的对话蕴含着戏剧冲突，戏剧情节的发展全靠对话推动，可以说，戏剧文学文本翻译的实质就是具有冲突的对话的翻译问题。如何在译文中体现戏剧对话的特色是译者在选择翻译策略时要特殊考虑的问题，也是戏剧翻译研究者需要重点拓展的研究空间。

舞台剧本的翻译是目前的研究焦点，而可演出性则是这一研究视角下最受关注的问题。自利维开始，"可演出性"一词便成为戏剧翻译研究的核心词汇，西方诸多学者提出了自己的可演出性标准。对于利维来说，可演出性即"可说性"和"易理解性"，具体要求使用短句、避免使用生僻字词、避免出现发音困难的辅音群等。巴斯内特也曾极力推崇可演出性，认为戏剧文本中存在动作语言，在翻译的过程中应该转化为可演出性特征。虽然可演出性备受关注,但可演出性概念本身不是没有问题的。巴斯内特不止一次强调可演出性概念的模糊性和不可靠性,可演出性因素虽然存在,"可演出性"一词却无法明确描述出其具体内涵。

阿尔托宁也指出可说性、可表演性、可演出性等概念是对舞台戏剧翻译采用策略的一般化描述,这种描述只是使舞台戏剧的翻译策略同文学系统中关于翻译与原文本之间关系的主流观点区分开来。因此,对可演出性的研究要深入、具体,不应该盲目地追求流行的理论术语,使研究流于表面、华而不实。事实上,可演出性的具体成分一直是令戏剧符号学家和戏剧翻译研究者困惑的问题。巴斯内特在写给笔者的一封邮件中就明确说道,"如果要总结一下我对于舞台戏剧翻译的观点,我要说我从未能满意地解决的最大问题就是书面文本中的表演符号究竟是由哪些成分构成的。这是戏剧符号学家们一直艰难地进行研究的问题,而且仍然是演出研究专家们努力寻求答案的问题"。

一方面,剧本概念和双语转换类型在可演出性的研究中也起着再次定位的关键作用,二者都可以使可演出性问题具体化。从剧本概念看,用于演出的剧本可能来源于文学体系,甚至可能由其他文学体裁的作品改编而成。另一方面,有些剧本本身就是在演出的基础上形成,或者经过实践反复修改而成。这两种剧本具有不同程度的可演出性,对二者进行对比研究有助于确定可演出性特征的具体类型。双语转换类型的确定对可演出性问题的研究更具现实意义,因为可演出性的一个方面就是可说性,而可说性与具体的语言类型密切相关。例如,戏剧对话在时间中展开,戏剧演出要求单位时间内对话长度控制在一定限度内,而单位时间内包含的具体字数则完全取决于目的语的类型,什么样的翻译方式更因目的语不同而不同。因此,即使在可演出性这一研究空间内还需进一步确定研究视角。

除了可演出性的问题,舞台剧本的翻译还可以向文化方向拓展文化与戏剧演出的关系既包括宏观的也包括微观的。从宏观的角度看,戏剧是一个多元系统,一个由次系统、主流戏剧和边缘戏剧及各种制作者和消费者次系统组成的复杂的网络体系。同时,戏剧系统本身是整个文化多元系统中的一个次系统,在系统内部由专业人员,如译者、导演和批评家等,对戏剧系统施加控制,使他融入整个社会和文化的多元系统中,在外部则由赞助商维持该系统的稳定性。从这个意义说,哪些戏剧会被选择,戏剧在翻译过程中会经历怎样的变化,以及哪些翻译的外国戏剧能够成功地融入本国戏剧系统等一系列问题都与文化密切相关。与戏剧文学不同,舞台戏剧"是一种能同时影响到许多人的公共的艺术形式,并且演出的目的就是在观众身上产生直接影响"。

因此，对外国戏剧的选择不是没有原因的，只有那些适应目标社会需要的戏剧才会被选择。例如，中国在新文化运动中大量翻译外国戏剧的目的，一方面是为了宣扬新思潮、新思想，另一方面是引进西方戏剧。文学翻译重视的是对原文本的忠实，而舞台戏剧的翻译考虑的是演出效果和观众的接受程度，所以舞台剧本的翻译灵活得多，译者可以像翻译文学作品那样翻译一部戏剧，也可以对原剧进行改编，甚至可以借用原剧主题重新创作一部新剧。戏剧的接受是十分复杂的问题，一部戏剧要想得到观众的欣赏并成功进入目的语系统，一般要看该戏剧是否与目的语文化有共鸣之处，也就是说，"观众必须能与不熟悉的现实建立联系，因此需要对文化特性进行操控从而使戏剧中有足够的促进理解的共同点"。

从微观的方面研究戏剧翻译与文化的关系通常涉及具体的问题，例如，文化特有成分的处理，非言语成分的转换，等等。值得注意的是，非言语成分的翻译越来越引起重视，许多研究者都相信译文能否产生各种非言语动作是决定戏剧翻译成败的关键。戏剧翻译中重要的是副语言、身势语、空间距离学等非语言符号，这些符号系统能够产生的发声音素、手势和运动同舞台剧本的可演出性密切相关。也就是说，要让目的语读者在译文中找到原语读者在原文中找到的非语言成分，这样的翻译才能真正表现出戏剧文本的特色。另外，同可演出性问题一样，双语转换类型的确定对于在文化体系中研究舞台戏剧的翻译也具有现实意义。语言与文化的密切关系是毋庸置疑的，文化问题，尤其是微观的，最终总要落实到语言上。

戏剧是多媒体艺术，书面文本只是"参与整个戏剧演出制作过程的系统之一"，因此，戏剧翻译研究绝不限于文本特征，一些影响戏剧演出的接受情况的非文本因素也可以纳入研究的范畴，包括观众、剧场建设和舞台等在内的非文本特征都对翻译过程中采取的策略也起到关键作用。

（二）研究视角与翻译模式的建立

理论研究的主要功能就是其认识功能，他的意义在于帮助人们透过表象看到问题的本质，理论化的目的是为了拥有一些分析工具手段，以达到有效地解释世界的目的。模式作为一种假定的概念建构应该具有描述和解释能力，同假说类似，模式不等于理论，但如果模式在实践中可以被大量证据所证明，便可以转化为理论。因此，翻译理论研究的一个重要方面是建立翻译模式。根据罗杰·贝尔的观点，翻译研究者一方面要用模式对已完成的翻译作品中反映的各种现象进行可能的阐释，另一方面要用模式来表述翻译过程中存在的固有的动态因素。也就是说，建立戏剧翻译模式也要确保该模式具有动态地解释戏剧翻译现象的能力。

当代翻译研究的本质特征是不同翻译视角的选择问题，翻译模式的建立就是这一特征的具体体现。事实上，"任何学科在进行分析时都要对研究对象进行分解，某些特征被选作为研究对象，因此被置于前景，而其他特征虽然也同样重要，却要被降为背景"。这是任何研究都要遵守的规律和原则，体现在翻译研究中就是视角的选择问题。"不同的翻译视角源于不同的研究目的及研究兴趣，不同的研究动机和研究成果的不同用途导致翻译研究的不同划分，这种不同的划分就被称为翻译模式。"由此可见，翻译研究视角和翻译模式是两个相互联系、互为依托的概念：研究视角的选择是建立翻译模式的前提，研究视角不同，建立的翻译模式必然不同；研究视角是翻译模式的可行性保证。可以说，研究视角的选择决定了翻译研究空间的大小，也就等于划定了研究范畴和研究领域，进而明确了研究对象和现象，而翻译模式的建立就是为了在研究视角限定的空间内对存在的各种翻译现象进行动态的描述和解释。

确定研究参数是建立可行的翻译模式的第一步，明确的研究参数有助于形成清晰的研究逻辑。从宏观的角度出发，决定译文特征的因素可以包括以下几个：意图、互文性和差异性，对于戏剧译文还要增加译文与演出的关系因素。意图指的是目的语文化选择外国戏剧进行翻译的目的；互文性指译文与原文在多大程度上形成互文性关系；差异性指目的语文化对于原文化中存在的异质成分的态度；而译文与演出的关系指的是导演在演出中如何利用剧本。下面我们就以这几个参数依据阐述阿尔托宁提出的两个戏剧翻译模式。

芬兰瓦萨大学的英语教授阿尔托宁发表过多篇戏剧翻译研究的学术论文和一部戏剧翻译专著，是当前活跃在戏剧翻译舞台上的一个重要学者。她同时从事文化和戏剧翻译两个方面的研究，因此，在从事戏剧翻译研究时选择了宏观文化这一视角来研究舞台戏剧的翻译。阿尔托宁推崇多元系统理论，她根据外国戏剧与本土系统的关系提出舞台戏剧翻译存在两种模式：尊重的翻译模式和颠覆的翻译模式。当翻译模式是尊重的类型时，目的语文化认为外国文化比本土文化先进，因此，选择外国戏剧的目的是提高本土系统的文化资本。此时，目的语文化多半会选择翻译他们认为更高级文化的经典作家的作品，例如，新文化运动中对莎士比亚戏剧作品的翻译和上演就出于这一目的。由于目的文化希望从外国戏剧中获取有价值的成分，甚至希望把外国戏剧移植到本土文化中，对外国戏剧或者采取全本翻译的策略或者尽可能把外国戏剧的某些特征移植到本土语言和文化系统中，因此，译文与原文之间构成了很强的互文性。

同时，目的语文化会突出强调外国戏剧中的异质成分，在采取具体的翻译策略时基本采取异化的手段，以示对原文的尊重，例如，尽量避免漏译和增译。照搬原文的叙述和演员结构，使用同样数量的人物，场次安排基本相同，空间和时间背景尽可能一致，等等。当把译文搬上舞台演出的时候，导演主要根据剧本进行排演，基本不需要对剧本进行各种调整，这同巴斯内特论述的自然主义戏剧及后自然主义戏剧类似，要求演员与导演在演出前要仔细研究剧本并在演出时忠实地再现剧本。采用颠覆性的翻译模式时，目的语文化不再需要利用外国文化增加本土系统的文化资本，翻译外国戏剧的目的只是为本土戏剧系统提供演出素材。在这种情况下，在翻译中多采用改编的策略，形成的译文与原文的互文性大大降低，虽然仍然能够在二者之间找到共性的成分，但译文已经不是对原文的忠实再现。同时，目的文化对外国戏剧中存在的差异性不再是尊重和强调，而是反叛甚至是蔑视，译文可能对原文的时空进行重塑，还可能对原文进行解构，创作出新的模仿戏剧。把这样的戏剧搬上舞台的时候，导演可以为了艺术的需要或其他演出实际的需要对剧本进行调整，这种调整就涉及许多研究者所强调的可演出性的问题。

有了以上几个研究参数和戏剧翻译模式，就可以在舞台戏剧翻译的宏观文化研究中描述和解释存在的翻译现象，例如，哪些戏剧会被选择？戏剧在翻译过程会经历怎样的变化？哪些外国戏剧翻译能够成功地融入本国戏剧系统？等一系列问题。由于戏剧翻译研究的复杂性和当代翻译研究自身的要求，在进行戏剧翻译研究时选择明确的研究视角至关重要。选择戏剧翻译的研究视角时，要综合考虑戏剧概念、剧本概念、译文的交际目的和双语转换类型等因素，这样才能保证研究视角的明确化和研究空间拓展的方向性。戏剧翻译模式的建立必须以一定的研究视角为前提，最终建立的翻译模式必须具备在研究视角限定的研究空间内对存在的翻译现象进行描述和解释的能力。

二、戏剧的翻译技巧

戏剧是一种特殊的文学体裁。他的语言一方面来源于生活，具有口语化的特点，保持着日常口语的活力与通俗；另一方面又是对日常语言加工提炼的结果，具有审美情趣。因此，戏剧的语言往往具有口语化、动作性、含蓄性和优美性的特点。了解了这一点，译者在翻译戏剧作品时就应在译文中将戏剧语言特点及具体的人物特点体现出来。例如，美国现代剧作家阿瑟·密勒的名著《推销员之死》中的一段台词的翻译。

  Linda: I know, dear, I know. But he likes to have a letter. Just to know that there's still a possibility for better things.
  Biff: He's not like this all the time, is he?

Linda: It's when you come home he's always the worst?

Biff: When I come home?

Linda: When you write you're coming, He's all similes, and talks about the future, and-he's just wonderful. And then the closer you seem to come, the more shaky he gets, and then, by the time you get here, he's arguing, and he seems angry at you. I think it's just that maybe he can't bring himself to-to open up to you. Why are you so hateful to each other? Why is that?

这是《推销员之死》中主角威利的妻子琳达与他的大儿子弼甫之间关于威利的谈话。谈话的口语色彩十分明显。首先，两个人的台词句式都很简短，句子结构简单。虽说琳达第三段台词比较长，但几乎都是由简单句和并列句组成的，即使有一两个句子有从句，也是非常简单明了的宾语或者定语从句。其次，两个对话的用词都很简单，除了必要的代词、连词、介词等，几乎都是日常生活中的常用词汇，如"simile""angry""home""get"等。其表达方法也全是地道通俗的美国口语，如"all similes""the more shaky he gets""he can't bring himself to-to open up to you"等等。下面我们来看著名戏剧家姚克是怎么翻译这两段对话的。

琳达：我知道，好孩子，我知道。可是他盼着你来信。他只想知道：瓦片也有翻身的日子。

弼甫：他不见得见天这个德性，是不是？

琳达：每逢你回来，他这个毛病就闹得最厉害。

弼甫：我回来的时候？

琳达：你捎信说要回来，他就眉开眼笑了，谈到将来的远景，他简直精神好极了。等到你回家的日子一天近一天，他就越来越坐立不安，你到了，他反而跟你话不投机，好像跟你生气似的。我想，原因也许是：他想跟你打开窗户说话——可又说不出口。你们爷儿俩为什么这样仇人见面似的？为什么呀？①

姚克的翻译可以说是很好地再现了原文口语化、通俗化的特点。首先，两段对话的译文句式都很简短，很好地再现了原文句式口语化的特点。翻译后的台词，通顺流畅，简单易懂。例如，琳达的第三段台词虽然长，但姚克的译文充分照顾了原文句

---

① 曲嘉悦：《泡沫时代下的破碎梦想——从戏剧情境看〈推销员之死〉》，《戏剧之家》2021年第4期。

式的特点,很好地运用了句中的停顿,使每个意群的意思简单、清楚,充分体现了原文的口语风格。其次,姚克在翻译中很好地运用了汉语口语中一些通俗的表达方式来再现原剧口语化、通俗化的特点。例如,在翻译"Just to know that there's still a posibility for better things"这一句时,姚克运用了汉语的俗语"瓦片也有翻身的日子"来翻译"there's still a possibility for better things"。这样,不仅贴切地表达了原文的意思,而且充分地再现了原文的口语色彩,使译后的台词朗朗上口,通俗易懂。再如,在翻译"It's when you come home he's always the worst"这一句时,姚克运用了汉语中"闹毛病"这一通俗说法,把这句灵活地翻译为"每逢你回来,他这个毛病就闹得最厉害"。在琳达的第三段台词里,姚克更是运用了汉语口语"眉开眼笑""坐立不安""话不投机""打开窗户说话""爷儿俩"来分别翻译原文中的英语口语表达方式"all smiles""shaky""he's arguing""open up""you",从而生动地再现了作为家庭主妇的琳达说话时的语气。

第三节 戏剧文本英译实例

在很多情况下,由于汉语和英语语言固有的差异、中西诗学的隔阂,使得译者不得不脱离原文的字面含义,在译语中寻找功能对等或类似的语言。这实际上超乎了译者为双系统之间所做的调节,表现为一种创造性叛逆。当译者在处理剧中极具特色的人物对白,尤其是夹杂着双关、暗讽的对白时,跳脱原文进行改写的趋势表现得尤为明显。

以《牡丹亭》为例,从原作的角度来说,当情节较为单调、气氛较为凝重时,汤显祖都喜欢且擅长使用双关暗讽等手段进行打诨、调侃,缓和气氛,同时进一步深度刻画人物形象。但文中暗讽和双关通常是通过汉语谐音的方式加以实现的,翻译时如果机械对译,其幽默挖苦的意味可能丢失殆尽。为了跨越原语系统和译语系统语言差异所带来的障碍,译者通常会在译语系统中通过其他修辞手段,创造性地重塑原语所具有的表达效果。例如,在杜丽娘因爱而死,杜宝迁升淮扬安抚使,匆忙安排杜丽娘后事之际,陈最良与石道姑为争夺梅花庵观香火资费发生了争执:

原文:
(老旦)老爷,须置些祭田才好。
(外)有漏泽院二顷虚田,拨资香火。

第六章　英汉戏剧翻译策略与译例赏析

（末）这漏泽院田，就漏在生员身上。
（净）咱号道姑，堪收稻谷。你是陈绝粮，漏不到你。
（末）秀才口吃十一方，你是姑姑，我还是孤老，偏不该我收粮？

译文：

MADAM CHEN: My lord, there should be some lands assigned to furnish the expenses.

TU PAO: There are some thirty acres of grace and favor land lying fallow whose yield will supply the cost of the shrine.

CHEN: These grace and favor fields will grease and flavor my diet!

SISTER STONE: When you see a Taoist sister, it's your duty to assist her, but I can't see any of this coming to you, Mister Chen No Food!

CHEN: As a lay priest I "eat eleven directions". You're only one spinster, but I am a bachelor and a Bachelor of Arts, too, so it's mine should be the greatest portion.[①]

在这一对白中，陈最良因杜丽娘死去，丢掉了私塾工作，听说有照顾杜丽娘灵位的差事，并且有□院资助香火，旋即从杜宝"漏泽院田"中的"漏"在说开去，希望管理院田。石道姑则从自己称号"道姑"说起，声称自己更适合收"稻谷"，并以陈最良入杜家之前，穷困潦倒而得外号"陈绝粮"挖苦讽刺，说他没资格。但陈最良立刻以"和尚口吃十方"的谚语予以反驳，说像自己这样的穷秀才住在庙里连和尚也吃，"秀才口吃十一方"，而且自己和道姑一样孤苦伶仃，为何不能收粮？

诸多谐音双关、暗讽将整个对话进行关联，构成了一个连贯的语义块。可以说，双关、暗讽处理成功与否也直接决定了本段翻译的成败。反观译文，虽然之处理双关、暗讽的基点不再是汉语的"lou""g"音节，但"These grace and favor fields will grease and flavor my diet"中的"grace-grease, favor-flavor"同样表达了"这漏泽院田，就漏在生员身上"的基本含义，两组单词发音基本相似，拼写也几乎一模一样，最大限度地传译了原文谐音双关的韵味。第四、五行白之以"When you see a Taoist sister, it's your duty to assist her"对译"咱号道姑，堪收稻谷"，"You're

---

① 段清香：《从互文性评析英译〈牡丹亭〉——兼评昆曲翻译》，《英语广场（学术研究）》2014年第12期。

177

only one spinster, but I am a bachelor and a Bachelor of Arts, too" 对应 "你是姑姑，我还是孤老"。语义虽非绝对严丝合缝，但 "sister—assist, her—spinster" 的互相呼应同样造成了回环的韵味，达到原文谐音双关的效果；"bachelor—Bachelor of Arts" 这一组同形异义词的使用虽然稍稍偏离了原文 "孤老" 的内涵，但二者语音和语义上的呼应，加上 "spinster" 的前指，同样弥补并重塑了 "姑姑" 与 "孤老" 之间语音关联所产生的谐音与暗讽的味道，将石道姑与陈最良的性格刻画得入木三分。

深谙中西戏剧之道的白之在选译《牡丹亭》时实际开拓了一种以译者为中心的翻译策略，其翻译规范既非艾克顿翻译《春香闹学》时所采用的以目的语为导向的可接受性原则，也非张心沧选译《牡丹亭》所使用的以传达原文语义为要旨的充分性原则，而是将二者有机结合，试图达到一种折中杂合的目的。这种方式一方面保证了原文信息，特别是文化信息的传递，在译文中产生了一定程度的陌生化效应；另一方面，译者对读者接受因素的考虑使得异质文化因素冲击所造成的效应被控制在较为合理的范畴之内。

原文：第一出　标目

【蝶恋花】

（末上）

忙处抛人闲处住回。

百计思量，

没个为欢处。

白日消磨肠断句，

世间只有情难诉。

玉茗堂前朝复暮，

红烛迎人。

俊得江山助。

但是相思莫相负，

牡丹亭上三生路。

…………

杜丽娘梦写丹青记。

陈教授说下梨花枪。

柳秀才偷载回生女。

杜平章刁打状元郎。

第六章 英汉戏剧翻译策略与译例赏析

译文：Scene I Prelude

(Enter the author Tang Xianzu)

Tang(Singing to the tune of Butterflies in Love with Flowers

No longer busy, I live at leisure,

Thinking over where I can find pleasure,

Writing heart-breaking verse by day,

What of love can a lover say?

Sitting in my hall day and night,

The fair scene beautifies my verse,

Even in candlelight,

For better or worse,

If you are worthy of her love,

You'd win a new life from above

...Epilogue of the Story

The fair maiden died, leaving her portrait fair

Her father freed the town of rebels there

The Dreamer won the fair coming to life again

How could he not of unjust punishment complain? [1]

  两相对比，可以发现原文的曲牌名【蝶恋花】被译者以意译的方式加以呈现，并配上了醒目的和反映其功能的字眼"singing"："Singing to the tune of Butterflies in Love with Flowers"。原文【蝶恋花】十句唱词以七言为主，四、五言为辅，"u"为韵脚交错而行，读来朗朗上口；译文也以十行对应，以 aabbcdcdee 的韵脚向前推进，其间格律或抑或扬，自然而成；表演行当名"末"在译文中也得到了反映。此外，译者以四行 aabb 的韵脚来对译原文的四句下场诗，并用标题"Epilogue of the Story"向英语读者解释其功能。而且，译者还对原文的重要语义和文化信息做了详细注释。可见，译者的主体翻译规范还是以原语为导向的。

  但是在这看似面向原语规范的外面之下，却掩饰着意象读者和语义表达的脱节与错位。既然是典籍英译，那么，意象读者应该是国外的英语读者。译者所做的努力应该是帮助他们体会《牡丹亭》的艺术魅力。倘若译文有难以表达原文含义之处，译

---

[1] 段清香：《从互文性评析英译〈牡丹亭〉——兼评昆曲翻译》，《英语广场（学术研究）》2014 年第 12 期。

者有义务以注释的方式加以解释。但是反观"标目"中的汉英对照版式,注释竟然以汉语的方式来解释原文的内涵,译文反而没有任何注解。不知这是帮助国人来理解汉语《牡丹亭》的内涵,顺便学习英文、揣摩翻译技巧,还是帮助英语读者学习汉语?如果英语读者能够看懂注释,那又何必阅读"优化"之后的译文?译文的价值何在?如果是前者的话,翻译的价值也荡然无存。显然,意象读者的错位是注释错用的真正原因所在,这是其一。其二,以押韵尾为主要特征"美化之艺术,创优似竞赛"的理念还导致了部分语义及客观现实和戏剧虚构事实之间关系的混淆与错位。例如为了和其他译者的译文"竞赛",许渊冲、许明标新立异,将"末上"这一表演动作译成"Enter the author Tang Xianzu"——整个剧本是由汤显祖所做,在汤显祖创作的剧本中,竟然写着"汤显祖上场"这样的字眼,不知英语读者阅读时做何感想。再如"白日消磨肠断句,世间只有情难诉"一句,译者将之译成"Writing heart-breaking verse by day, / What of love can a lover say"。单从译文来看,可谓"意美、音美、形美",是不折不扣漂亮的韵文。但原文说的是作者在创作过程中的艰难,不知以何种方式来表达《牡丹亭》这样的至情至爱。而译文"Writing heart-breaking verse by day, / What of love can a lover say"一句,表达的却是故事中的恋人不知如何"消磨断肠句"——现实和虚幻之间再次发生了颠倒!又如,在下场诗的中,原文说的是"陈教授说下梨花枪",即杜丽娘的私塾先生陈最良凭口舌之才,说服李全夫妇放弃叛乱这一情节。许渊冲、许明竟然直接夺下了作者手中的笔,为押韵需要,将之译成"Her father freed the town of rebels there"。

许译《牡丹亭》矛盾而复杂的特质还体现在对典故、传说等具有强烈文化内涵元素的处理上。许渊冲认为"所有的翻译都是在内容上的异化,在形式(词语)上的归化;无论归化异化,都有一个优化程度的问题,而文学翻译应该尽可能优化,要优化成翻译文学"。这种观点无疑具有其合理性,但过度强调"三美""三化"实际上影响了在《牡丹亭》唱词中诸多文化信息的正确传递。

第七章　英汉诗歌翻译策略与译例赏析

文学作品的翻译有别于科技类书函的翻译，后者只需力求意思准确，而前者则在此基础上还需要照顾原作情感、形式、风格、意境、文化背景的传达等，要求复杂得多。其中，诗歌翻译由于其独特丰富的审美特性，也就相应的存在更多复杂甚至艰难的美学要求。但正如许均教授所说："做文学翻译，不能对原作之美熟视无睹，翻译失却了原作之美，无异于断其生命；做文学翻译理论研究，不能不对美学有所关注，忽视了美学，文学翻译研究至少是不完美的。"在进行诗歌翻译的过程中，应遵循一定的翻译策略，按照逐条递进的审美要求进行英汉诗歌的翻译。

第一节　诗歌综述

一、诗歌的基本特征

在人类漫长的文学创作和接受史中，诗歌一般被认为是最早的文学形式。作为欧美文学发端的二希文学源头（古希腊文学和古希伯来文学）中较早的文学经典，《荷马史诗》《工作与时日》均是以诗歌的面目行世，其中或是叙事，或是抒情，但都在形式上追求语言的音的和谐。这一情况在中国也是如此，中国最早的诗歌总集《诗经》大约创作于西周初年至春秋中叶（前1046—前620），但实际上这一轻便自由并且可与多种艺术形式相结合的文学样式自身的起源可以追溯到更早的时期。在原始氏族的集体生活中，在占卜问神、祭祀祈福时就需要在仪式中默念一些文字，这可以说是广义上诗歌的较早存在形式。中国早期的诗歌最初是用以吟唱的，相传孔夫子在开坛讲学时所使用的《乐》（六艺之一）就是针对《诗经》所写的曲谱。后来，《乐》的失传使得《诗经》的音乐表现成了一种推断（比如，"乐"因为要辅以舞蹈，就被猜测可能配乐舒缓），儒家"六艺"也就成了后来的"五经"。到了唐玄宗天宝年间，胡人宴乐的传入使得诗歌创作再次与音乐紧密结合，形成了"词"这一特殊的诗歌形式。到宋代，随着勾栏瓦舍的兴起，"词"的创作蔚为大观。以上可以说是诗歌的艺术发生学基础。

诗歌相较于其他文学体裁而言，具备以下几个基本特征。第一，诗歌具有高度集中的艺术概括力，这反映在创作上即是对真实生活高度集中的表现和语言的高度凝练。在对生活的真实概括上，余光中先生的《乡愁》，以邮票、船票、坟冢串联起一个海外游子的一生，寥寥数笔凝练人生境遇，又如汉乐府，"十五从军行，八十始得归"。贺知章《回乡偶书》："少小离家老大回，乡音无改鬓毛衰。"都是简约的诗句记录漫长的人生经历。而在语言的凝练性上，20世纪七八十年代的朦胧诗，如顾城的《一代人》，只用两句话就勾勒出经历过"文化大革命"的一代人的精神实质；又如北岛的《生活》只用了一个字——网——将诗歌语言的凝练性发挥到极致。第二，诗歌有着浓重的抒情气息。不同于散文的名士清谈、小说塑造形象、戏剧表现冲突，诗歌更有助于通过凝练精粹的语言表现作者的主观情感。普希金的《致大海》、拜伦的《雅典的少女》及郭沫若在1921年收录于诗集《女神》中的作品，都可以说是抒情诗中的代表作。第三，诗歌有着丰富而又大胆的艺术想象。西方现代派诗歌往往以古代神话和宗教传说作为自己创作的题材来源，如英国诗人托马斯·艾略特的长诗《荒原》就涉及佛陀净火和北欧神话，法国诗人波德莱尔的诗集《恶之花》则将艺术想象抽象成丑陋事物，从恶中去发掘美。郭沫若《凤凰涅槃》《天狗》也可以说是这类诗歌的中国化体现。第四，诗歌重视语言的音乐性。正如前文所言，诗歌在产生伊始就是和乐而歌的，所以在表现形式上，诗歌对平仄、韵脚、音尺、音步都有自身的要求。而当诗歌脱离曲调成为独立艺术形式之后，历史当中的知名诗歌作品也往往被重新与音乐组合而谐曲吟唱，如王维的《城曲》就被唐代教坊乐工改写成《阳关三叠》，而拜伦的知名情诗《雅典的少女》则多次在欧洲多国传唱不衰。

二、诗歌的类型

诗歌的类型划分因标准不同而形式各异，基于不同的表达方式，可以将诗歌划分为叙事诗和抒情诗。前者诸如古希腊的《荷马史诗》、北欧的《贝奥武甫》、拜伦的《恰尔德·哈罗尔德游记》乃至中国藏族的《格萨尔王》，重在以韵文的形式讲述故事；后者像雪莱的《西风颂》、徐志摩的《再别康桥》、普希金的《致大海》、舒婷的《致橡树》等，重在以音乐般的文字表述、传递感情。基于不同的创作主体，可以将诗歌划分为民间诗（民歌）和文人诗。以中国诗歌为例，《诗经》中的"国风"，就是对中原"雅正之地"以外的民风民谣的记录，《伐檀》《硕鼠》几篇是劳动人民

第七章　英汉诗歌翻译策略与译例赏析

心声的真实体现。这些诗篇的创作者本身并不以文学创作为自身的主要诉求，而是在劳动间歇以诗歌排遣心绪、聊以自娱。文人诗则是在士大夫阶层出现后，知识分子用以言志、感时的专门形式。中国较早的文人诗可以追溯到南朝昭明太子萧统的《昭明文选》中选录的"古诗十九首"。这些诗篇虽然有文无题，但在创作水准上却均已超越了民间创作的范畴。最后，基于不同的创作体制，诗歌可以划分为古诗（包含古体诗、近体诗）和白话新诗。

　　白话新诗是相较于古诗的一种诗歌体制，故而，在探讨现代白话新诗之前，明确古诗的体制格律也是赏析现代诗的理论前提。一般而言，学界将"五四"新文化运动之前的中国诗歌创制笼统地称为"古诗"。广义上的古诗，包含了所有韵文创作，亦即包含词与散曲；狭义上的古诗，则是只包含"五四"之前的诗歌创作。古诗按照体制不同，仍可分为古体诗与近体诗。两者的区分可以从两个维度上展开。从历史维度上而言，古体诗是指唐之前的诗歌创作及其形式规范，其"古"在于"先唐"；近体诗也称今体诗，是指在唐朝兴起的格律规范，其"今"着眼于唐以来。然而，不可说唐以后的诗歌就全是近体诗，实际上，唐人古体诗创作也是蔚为大观的。

　　古体与近体的主要区别其实是在形式维度。近体诗可分为律诗和绝句，律诗分为首、颔、颈、尾四联八句，其中联和颈联要求严格对仗，比如，王勃的《送杜少府之任蜀州》："城阙辅三秦，风烟望五津。与君离别意，同是宦游人。海内存知己，天涯若比邻。无为在歧路，儿女共沾巾。"绝句也可以称截句、断句，仿佛是一首律诗从当中被截断了，故而只有双联四句，如杜甫的《绝句》："两个黄鹂鸣翠柳，一行白鹭上青天。窗含西岭千秋雪，门泊东吴万里船。"近体诗实际上在格律上形成定制，即文有定句（四联八句，或者双联四句），诗有定格（全诗押韵，并且律诗颔联、颈联要严格对仗，绝句至少有一联对仗），并且无有杂言（每一诗句的字数都是固定的，唐朝一般七言或五言）。正是在这一意义上，近体诗也可称格律诗。相较之下，古体诗在格律上要自由的多。首先是文无定句，张若虚的《春江花月夜》有三十六句，白居易《长恨歌》则有一百二十句，唐人常常用古体诗来叙事；其次是诗无定格，亦即对于对仗、押韵要求不高；最后是兼有杂言，亦即会打破五言、七言的言数限制，如李白《梦游天姥吟留别》中"安能摧眉折腰事权贵，使我不得开心颜"，杜甫《茅屋为秋风所破歌》中"安得广厦千万间，大庇天下寒士俱欢颜"。这一区分，为我们下文探讨白话新诗的发展历程提供了先在条件。

三、现代诗歌文化的艺术分析

（一）继承和创新兼具的象征手法

1. 现代诗歌文体中的象征

诗歌中"象征"手法的使用古已有之，学生在古典诗词的学习中往往会接触到。现代诗歌中的象征相对于古典诗词，有继承，也有不同。象征在传统的文艺创作实践中叫"兴"，即"先言他物，以引起所咏之辞也"（朱熹《诗集传》），如《诗经》中的《硕鼠》《蒹葭》等都是经典的整体象征诗。"兴"作为诗歌的一种表现技巧，向来被认为是最能体现诗歌的艺术特征，最高明的方法。明人谢榛在《四溟诗话》中这样说："凡作诗，悲欢皆由乎兴，非兴则造语弗工。欢喜之意有限。悲感之意无穷。欢喜诗，兴中得者虽佳但宜乎短章；悲感诗，兴中得者更佳，至于千言反复，愈长愈健。熟读李杜全集，方知无处无时而非兴也。"简单地说，象征是以此物言他物，用具体事物代替抽象事物的表现手法，而它作为文艺理论概念和术语，运用于中国文艺理论中则是从西方借鉴过来的，现代诗歌就从法国象征主义那里吸取了营养，给中国诗坛带来了新奇和浪漫的色彩。不得不说，继承于《诗经》《楚辞》中讽喻、比兴的诗歌美学传统，以老庄神与物游、天人合一的审美哲学，在一定程度上与西方象征主义美学思想中强调外界与人内心的契合，通过物象来象征、比喻、暗示主体情感世界的艺术主张有着共通之处。美国斯坦福大学教授刘若愚指出："一些象征主义的诗人兼批评家，如波德莱尔、马拉美、兰波，表现出的观念有些像中国形而上的诗人兼批评家所持的观念。例如，波德莱尔的关于大地连同它的可见物都是一种上天的映照的概念。周作人在为《扬鞭集》作序时也提到，中国传统的"兴"可以与西方的"象征"相融合，从而构成诗化的意象。中国现代诗人在艺术实践中将东方含蓄神秘的意境和西方现代象征主义的表现手法结合起来，在创新的同时还带有深厚的民族传统特质。

从整体上讲，早期白话新诗中的象征，往往偏重于启蒙说理；而浪漫派诗人的象征，则更多地指向时代政治和社会理想象征派、现代派；中国新诗派诗人的象征，则更加深沉含蓄，表现诗人对人生、命运的哲理思考。虽然现代诗歌有着反对旧文化和反抗传统的价值指向，但优秀的传统文化深深影响着诗人的感悟和实践，古典的意象传统和"比兴"手法仍然体现在现代诗歌的艺术营构里。但是与古典诗词不同的是，现代诗人往往在借用古典象征意象的基础上加以再创造，赋予事物新的象征色彩和情感体验。

2. 象征手法的具体体现

受西方象征主义暗示性效应的影响，中国象征派诗歌更多地运用象征的表现技巧，借助相关的意象，曲折隐秘地传达内心的思考和主观的情绪，"用一系列实物、场景、一连串事件来表现某种特定的情感"，而非写实性地再现客观现实和生活，或是像浪漫主义那样直抒胸臆。朱自清认为现代诗歌中的象征手法是李金发首先从法国引入的。李金发将约定俗成的、传统的、稳定的象征意象破坏掉了，象征成了一种带有神秘性的、不稳定的东西。古典诗词多选用典雅敦厚的象征意象，如梅花、松竹、杨柳、明月等，而李金发更多选用如鲜血、枯骨、蚊虫、坟墓等作为诗歌的象征意象，这明显受到了以波德莱尔为代表的象征主义思潮的影响，也与当时黑暗压抑的社会背景有很大关系。如《弃妇》中："与鲜血之急流，枯骨之沉睡／黑夜与蚊虫联步徐来／越此短墙之角／狂呼在我清白之耳后／如荒野狂风怒号／战栗了无数游牧。"朱自清在论及李金发的诗作特点时说："他的诗没有寻常的章法，一部分一部分可以懂，合起来却没有意思。他要表现的不是意思而是感觉或情感；仿佛大大小小红红绿绿一串珠子，他却藏起那串儿，你得自己穿着瞧。"在这首《弃妇》中，"弃妇"一指本来意义的被生活蹂躏的妇女；二来象征生存的基本现实和人类的悲慨命运。"枯骨""蚊虫"和"游牧"并不见得有多大关系，然而组合起来所传达的不只是孤独与愁苦，更令人有毛骨悚然和绝望之感。

（二）突破并重新营构的陌生化技巧

1. 陌生化技巧的概念

陌生化是俄国形式主义文学理论的核心概念，后来发展到整个文学艺术界并被广泛运用，最早由俄国形式主义评论家维克多·鲍里索维奇·什克洛夫斯基提出。他在《艺术作为手法》中指出："艺术的手法就是事物的'陌生化'，是复杂化形式的手法，它增加了感受的难度和时延，既然艺术中的领悟过程是以自身为目的的，它就理应延长；艺术是一种体验事物创造的方式，而被创造物在艺术中已无足轻重。"俄国形式主义文学理论家认为陌生化才是艺术的本质，诗歌更应如此。陌生化与日常语言中司空见惯的自动化模式相对应，力求破除自动化语言模式的壁垒，打破这种缺乏原创性和新鲜感的习惯性语言，运用新鲜奇异的词汇和组合，以使给读者带来耳目一新的阅读体验，使人们从漠然麻木的阅读感受中振奋、惊醒起来。陌生化是现代诗歌的重要表达技巧，诗歌在这种不断的变化和创新中展现了蓬勃的生命力。不同于日常用语，诗歌的语言是一种风格化的、个性化的表现性语言，更加注重语言的审美力和张力。捷克符号学家扬·姆卡洛夫斯基认为诗歌语言是"对标准语言规范的有意违反"。法国学者热拉尔·热奈特同样提出："与散文相比，诗的语言应该定义为对规范的一种偏离。"为了达到这种对惯常语言模式的违反和偏离，给读者带来新鲜的审美体验和感受，诗人往往将日常词语打破并重新组合和搭配，营造陌生化的意象。诗歌在这些陌生化技巧的使用下成了一种"困难的、扭曲的话语"。

2. 现代诗歌文体陌生化的运用

现代诗歌也常常把与生活息息相关的内容纳入选题中，比如艾青的《大堰河——我的保姆》，闻一多的《洗衣歌》等。诗歌不只是诗人内在情绪的表达，还可以是对现实生活的描摹，对劳动人民的赞颂和悲悯，对阶级不公的愤慨和呐喊等。诸如此类的选题，运用口语化的平实语言，将诗歌内容引入到广阔的生活领域中。这种选题的陌生化，使得诗歌新颖化与生活化并存，扩大了诗歌的语言空间和表现空间。艾青《老人》中有"饥饿的色彩/染上他的一切语言"一句，"饥饿""色彩""语言"在传统的语法规范中本不属于同样的范畴，但诗人将这几个词组合为诗句，赋予了每个词语其本身之外的含义，给人以新奇的阅读体验。另外，现代诗人还常常将一些相悖的、相反的词语组合成诗句，从而形成一种强烈的对比和张力，引人思考。比如，穆旦《蛇的诱惑》中"陌生的亲切/亲切中永远的隔离"，《漫漫长夜》中"漆黑的阳光"，《神魔之争》中"笑脸里看见阴谋""欢乐里的冷酷"等。这些相互对立的词语并置在一起，传达出诗人复杂的感受和情绪体验，表现出现实生活的荒诞不经和矛盾冲突，给学生造成强烈的审美冲击。

陌生化技巧在诗歌中的运用并非完全是对传统语法规范的失察和背离，而是在更深入的体察之后，运用全新的思维方式和视角，打破常用的、平淡的语言模式，通过立意的创新词语的活用、逻辑的对立等方式建立起新鲜的诗歌语言，给人以耳目一新的审美体验，这种匠心独运的艺术手法不仅是选题和语言的陌生化，更是别出心裁的思维的陌生化。

（三）交错挪移间的通感技术

1. 通感的艺术体现

从生理学上讲，人的各种感觉器官并不是彼此孤立、毫无联系的，当一种感官引发的感觉超越极限时，会转移并使人领会到另一种感官的知觉投射。这种不同感官感觉之间的沟通挪移就是通感，是人们高级的感悟事物的心理现象。文学界和文艺理论界也将通感作为一种重要的艺术表现手段，尤其在诗歌领域，通感技巧以其独特的艺术表现力占据着一席之地。所谓艺术通感，指的是诗人在审美活动中，在审美想象和联想的作用下，有意识地沟通各种感官，使视觉、听觉、触觉、嗅觉、味觉等各种感官之间彼此沟通,不分界限,并且将这种瞬间的审美直觉加以艺术化的表现。艺术通感是诗人在感知生活的过程中出现的一种特殊的心理现象,是诗人在审美活动中通过艺术想象得到的一种艺术感受。

然而真正将通感作为一种理论和艺术表现手法加以研究的是西方现代主义尤其在法国象征主义诗人的诗歌中得以广泛应用。在中国,戴望舒、李金发等将这种通感理论引进并与我国古典诗歌通感传统加以融合,创作了大量富有审美表现力的诗歌。通感技术的审美创造力在于诗人充分调动想象力,沟通各种感觉,将直觉捕捉到的表象生活通过艺术的再加工,熔炼成生动新颖的多层性的审美境界,从而拓展了诗歌的表现空间,扩大了诗歌的思考深度,更能充分调动学生的感官。

2. 现代诗歌中通感的把握

如李金发的《律》:"月儿装上面幕/桐叶带了愁容/我张耳细听/知道来的是秋天。"诗人采用拟人的手法,先从视觉的角度写月亮、桐叶的姿态。诗人看到了月亮的"面幕"、桐叶的"愁容",然而这秋天的脚步是轻轻的,需要"细听"才能被揽入怀中。诗人将视觉与听觉相互沟通,一看一听,平添了许多情趣。意觉是抽象的情感和情绪,有时是稍纵即逝的感触,是难以把握、难以说明的东西,然而诗歌常常表达的恰是这种难以言明的飘然思绪,如果诗人只用抽象的概念说明,那诗歌难免显得晦涩难懂,难以让人接受。很多诗人将这种难以表明的抽象意觉转换为听觉、视觉、味觉等有声有色、可触可感的具体形象。在这里,通感技术起着非常重要的作用。如戴望舒的《印象》,印象是存在于诗人脑海中的难以捉摸的意觉,然而在戴望舒的诗中,这印象是"林梢闪着的颓唐的残阳""是航到烟水里去的小小的渔船""是飘落深谷去的幽微的铃声""它轻轻地敛去了/跟着脸上浅浅的微笑"。诗人将这飘然的印象化为可观的视觉形象"残阳""渔船",可闻的听觉形象"铃声",并且这"幽微的铃声"如花瓣一般"飘落到深谷里去",又将听觉转化为视觉,这些静谧美好的具体形象又都在"我脸上浅浅的微笑"里。具体的物象是诗人内心情感的外化,将抽象思绪寄托于客观可感的物象上,不仅更形象地寄托了诗人的情感,也使得诗歌有了含蓄朦胧的美学效果。

(四)还原生存本相的抒情态度

诗歌永远是抒情的艺术,但无论是在中国,还是外国的诗歌史上,都出现过主张控制情感的诗歌流派。在西方诗歌史上,从20世纪30年代开始出现的由主观抒情向客观描写的主张倡导的非个人化诗论,形成了诗歌抒情艺术表现的新流派。我国现代诗歌史上,20世纪二三十年代出现的新月派倡导新古典主义诗风,主张节制在艺术表现上的情绪，到 80 年代中后期，新生代诗人主张在艺术表现上进行冷抒情的处理，同样形成了诗歌艺术发展的新潮流。

1. 情绪节制的新月诗风

"五四"时期新文学的核心是"人的文学"，创造诗派深受西方浪漫诗风的影响，以情绪的宣泄为手段，以自我的表现为特色，呼唤人格独立和个性发展，出现了大批具有强烈浪漫主义情调、自由奔放的作品，如郭沫若的《女神》。然而情感的过分宣泄容易导致膨胀和虚假，以徐志摩、闻一多为代表的新月派诗人认为情感应该受到理智的制约，诗歌应该有形式的约束。象征派诗人通过对客观事物的刻画来寄托内心的隐秘情感，这同样也是一种节制情感的抒情方式。

客观地说，新月派诗人并不是完全反对抒情，徐志摩说自己是"信仰感情的人"，闻一多则"视情绪为诗的质素"。他们所反对的是情感的放纵，情绪的、不加美化的直接表达。对于浪漫主义诗学，他们认为"感伤主义是现在新诗里一个绝大危险"，从而提出用理性节制情绪、用格律调剂诗情的主张。在这个理论的指导下，新月派情绪隐匿平静，诗风冷峻客观，在诗歌中表现最为明显的是情绪的控制。在现代诗歌文体教学中，徐志摩、闻一多等新月派诗人的作品往往呈现出这种情绪节制的倾向。新月派诗人强调诗应该写永恒的、普遍的人性，反对恶劣的个人化情绪宣泄，认为诗歌应在诗人同现实保持一定距离的冷静观照后才能进行创作。闻一多反对只要把"心中情调的波浪"写出来就是"真诗、好诗"的灵感诗论，写诗"往往不成于初得某种感触之时，而成于感触已过，历时数日，甚或数月之后"，"到那时琐碎的枝节往往已经遗忘了，记得的只是最根本最主要的情绪轮廓，然后，再用想象来装成那模糊影响的轮廓"。梁实秋认为，诗中的抒情并无坏处，但要考虑的是情感的量是否有度，质是否纯正，用理性节制情感，用规范调节诗情，所以形式和格律在现代诗歌的创作中必不可少。徐志摩强调"不论思想怎样高尚，情绪怎样热烈，你得拿来彻底的'音节化'（那就是诗化）才可以取得诗的认识"。在冷静、客观的观察视角下，以理智驾驭情感，用格律和形式约束。新月诗歌的情绪节制，是相对于想象过于虚幻、主观性太过强烈的滥情化倾向而言的，表面平静客观，不露声色，字面下隐着情感的起伏和价值的判断。如中闻一多的《死水》就是这样的代表：

> 这是一沟绝望的死水，
> 清风吹不起半点漪沦。
> 不如多扔些破铜烂铁，
> 爽性泼你的剩菜残羹。

第七章 英汉诗歌翻译策略与译例赏析

> ············
> 如果青蛙耐不住寂寞，
> 又算死水叫出了歌声。
> 这是一沟绝望的死水，
> 这里断不是美的所在，
> 不如让给丑恶来开垦
> 看它造出个什么世界。

这首诗读来节奏鲜明，音韵优美。诗歌表达了对旧中国腐败社会现实的激愤之情，却采用了看似死板的、过于整齐的诗体形式，既没有疾走狂呼的口号、抽象空洞的说教，也没有一咏三叹的感慨，而是用严谨的语言叙述，用冷静的象征来寄托情绪。这"一沟绝望的死水"，寂静得"清风吹不起半点漪沦"，又看似热热闹闹。这想象和虚拟的寂静中的声响，却更加反衬出"死水"的死气沉沉，将污秽丑恶的"死水"表现得淋漓尽致。诗人憎恨愤激的感情和心理并未直接表露，而是寄托于诗歌的象征意义上。

2. 旁观视角的冷抒情

冷抒情技巧是 20 世纪 80 年代中国诗坛的一种重要的表达方式，在第三代诗歌中使用的尤为广泛。所谓冷抒情，指的是诗人在创作过程中采取旁观者的姿态，客观、冷静、节制地呈现人、事、物、景等，尽量避免情感的直接介入。如韩东的《有关大雁塔》，"有关大雁塔／我们又能知道什么／我们爬上去／看看四周的风景／然后再下来"，避开了历史和文化所赋予事物的意义，以直观的态度还原它本来的样子。杨黎的《冷风景》描绘的只是客观的冷冰冰的雪夜风景，不负载文化含义，不承载态度情感，"我"也不是超人、启蒙者，只是和这些事物、风景一样的客观存在。冷抒情避免直接讽刺、赞美、喜悦或愤怒的情感态度和抒情方式。明朗、热烈、单纯、奔放的情调不见了，诗人蓬勃的诗情在极为平静的语气中缓缓流出。在教学中，与浪漫主义的抒情诗的学习不同，冷抒情的诗歌在诗作中隐藏了自己的主观情绪，以局外人的视角、不动声色的叙述表达，让学生以自己的感受体悟诗歌，体会情感。然而冷抒情并非 20 世纪 80 年代后期的专利，在现代诗歌发展史上的各个时期都有冷抒情的影子，如卞之琳的名篇《寂寞》：

> 乡下小孩子怕寂寞；
> 枕头边养一只蝈蝈，
> 长大了在城里操劳，

> 他买了一个夜明表。
> 小时候他常常羡艳，
> 墓草做蝈蝈的家园；
> 如今他死了三小时，
> 夜明表还不曾休止。

这首诗寥寥数语，却道尽了"乡下小孩子"一生的命运。生死本是超越一切的大事，死亡是最具有悲剧性的、最能引起人们同情和悲悯的事情。诗人却用异乎平静的语气，看似漫不经心地道来。"长大了在城里操劳／他买了一个夜明表。""夜明表"暗示了"小孩子"夜里依然需要辛苦工作的疲累。"如今他死了三小时／夜明表还不曾休止"，"小孩子"长大后操劳的城市依然车水马龙，不曾为他停留一秒，墓草尚能作蝈蝈的家园，引他羡艳，而自己却走的无声无息，连陪伴自己的夜明表都不曾驻足，而他无边的寂寞又何曾休止。诗人将普通人的生活客观还原，平淡地叙述，却更显苍凉，让人读来不能不为之慨叹动容。

诗歌中真正具有审美价值的冷抒情，并非不抒情，因为诗歌是情感的产物，没有抒情，便没有诗歌。冷抒情的"冷"实则是相对于狂热而言的，把情感进行不同程度的冷处理，隐在客观冷静的语言背后。诗歌表面看来是淡漠的，不动声色的，既不夸张，也不附加主观评判，呈现出生活的本来面目，诗歌本身却具有一种掩饰的、含蓄的美感。

虽然很多人说诗歌本无技巧，但所谓的"无技巧"，并非完全不管艺术手法的胡乱堆砌，而是指诗歌的内容和技术手法高度融合，达成了"文章本天成，妙手偶得之"的高超艺术境界。纵观之，好的诗歌中表现技巧的重要性不可替代，每首好诗都是多种表现技巧并存、诗人匠心独运并反复推敲的成果。现代诗歌在继承古典传统的基础上，又融合借鉴了西方诗歌的表现手法，创造了属于自己的艺术风格。这些艺术表现技巧的使用不仅带来了文学观念的变化，也带来了思维方式和审美风格的变化。

第二节　诗歌的译法与技巧

一、诗歌英译的步骤

（一）诗歌翻译三步法

斯奈德以翻译"寒山诗"为例，说出了自己的译诗三步法。

第一，彻底了解原诗的文字。

第二，专心致志地把诗中的景象映射到脑海里，就像拍电影一样，用自己的语言写下在心中所看到的。

第三，把译诗与原诗加以对照以确定使之吻合。

（二）诗歌翻译八步法

罗伯特·勃莱详细提出了诗歌翻译八步法：

第一，直译。把原诗直译成英语，然后对比原诗与译诗，发现译诗意义与原诗不合的地方。这是译诗的初稿。

第二，挖掘原作的意义。在这方面，译者最好能取得原文读者的帮助，弄清词语的细微意义。在这一阶段结尾，译者应自问：他是否领会了原作的思想感情。如果还没有领会，他最好放弃翻译的意图。

第三，如果译者决定继续翻译，译者就得在直译的译作中补充进去我们第一次翻译时失去的东西——意义。译者就得重新翻译，并考虑用自然的英语来表达。这是译诗的第二稿。

第四，把原诗译成美国英语，如果诗歌是为美国读者翻译的话。因为译者要有生动活泼的翻译，就必须运用活的口语。这就像写作一样的道理。在这一阶段，我们需要运用我们的耳朵，听听每一个短语，每一个句子。这样，译者再重写译文，这是第三稿。

第五，这一阶段，译者需要考虑原诗的语气、情调和气氛。译者还需运用我们的耳朵——这一次不是用耳朵去听语言的声调或节奏，而是去听诗人的心声。因此，译者最好自己是个诗人，有写诗的经验，才能体会原作诗人的情绪和原诗的气氛。这时，译者重新翻译时，就要纠正在第四阶段只注意活的口语而造成的在语气、情调和气氛上的问题。译者要使译诗的情调尽可能地接近原诗。这样，译者就有了第四稿。

第六，译者得考虑音调和节奏。要体会原诗的音调和节奏，最好的办法是反复背诵原诗。然后模仿原诗的节奏修改译诗。这是第五稿。

第七，在这一阶段，译者又得依靠原文读者的帮助来阅读译者的译稿，并进一步检查领会某些词语的隐含意义，然后再作出修改。这是第六稿。

第八，最后，译者要定稿了。在定稿过程中，译者要重读所有的草稿，也许会发现某些可取之处，并做最后的音调和节奏调整。在这最后阶段，译者也可以借鉴前人的翻译和评论。

勃莱的八步法值得借鉴，但也有许多问题。比如，林同端曾提出，"很明显地当然是要掌握原诗的内容，也就是其中的思想感情，尤其是主题。我觉得在下笔之前必须把原诗不断地吟哦诵读"。的确，对原诗吟哦诵读有助于译者理解原诗的情感、主题和音乐美等。在唐诗英译中，译者不可能找到原作者与其商榷，却可以查阅相关的文献资料、研究成果，以更好地理解原诗的意义和情感。第四步提到，"运用活的口语"也不一定适用于所有的译诗。如果原诗具有口语化的风格，当然可以运用活的口语，但如果原诗正式而典雅，就应该采用相应的表达方式，以再现其风格特征，而不能以口语风格代替原诗的风格。尽管第五步是调整的过程，可适当调整与原诗风格不符之处，但如前所述，第四步却是走了一段小小的冤枉路，不如直接否定第四步"运用活的口语"这一提法。第六步所说的"模仿原诗的节奏"也不适用于汉英之间的翻译，因为汉英之间差别巨大，模仿原诗的节奏没有什么意义。而在第八步中借鉴前人的翻译和评论，在操作步骤上也似嫌太晚。

二、中国古典诗歌形式美的翻译传达障碍

（一）格式对称美的表现障碍

中国古诗有一个独特的优点，即特别讲究格式韵律对称美，从最初的《诗经》到汉乐府、四言诗、五言诗、七言诗等，无不是一句句工整对仗的，及至后来发展到了宋词、元曲，虽句句对仗有所打破，却又有了字字合韵和断句讲究的要求，其格式更为严谨，从而在翻译上构成更大障碍。如白居易的一首"一七体"诗：

诗
绮美，瑰奇。
明月夜，落花时。
能助欢笑，亦伤别离。
调清金石怨，吟苦鬼神悲。
天下只应我爱，世间惟有君知。
自从都尉别苏句，便到司空送白辞。

要以英语将这首诗的排列形式和文字内容同时准确译出，确非等闲之功。此外，还有如十六字令之类可讲究排列建筑美的小令，"客上天然居，居然天上客"之类的回文等，均是汉诗英译在形式上的挑战之作。因为英语语系属于拼音文字，其由字母根据发音组合起来的有意义或语法作用的词必然长短不一，不可能像单音单字的汉语字词一样结构匀称，有利于形式排列。反映在诗歌创作和翻译上，就是英语诗歌的单词长度和诗行度量绝对不可能做到像汉语诗歌一样天然对称。这点也是由象形文字和

第七章　英汉诗歌翻译策略与译例赏析

拼音文字的"天性"造成的固有差别。在方块字的汉语看来是一种"寻常"现象的文字对称美或建筑美，在拼音文字中则是很难绝对做到的。所以，英语诗歌中像中国古典诗歌这样每句都是工工整整几个字严格排列的非常难找，而汉语诗歌的一些形式讲究也很难在英译中求得对应表现形式并达到对等的翻译效果。

我们不妨反过来看看英诗汉译的情况，如伯福特的《圣诞树》（A Christmas Tree）一诗。作者为了将诗型构成一个圣诞树的图形，可谓煞费苦心。这样讲究形式对称的诗歌在英语体系中很是少见，而要将它译成别的拼音文字也非常困难，因为要同时考虑音节、音步字母数的一致，才能保证排列长度基本一致。但用汉语来翻译这首诗，这个问题便能轻松解决。

原文：

  A Christmas Tree
  Star,
  If you are
  A love compassionate
  You will walk with us this year
  We face a glacial distance, who are here
  At your feet

黄杲炘译：

  圣诞树
  星啊，
  如果你那
  爱中满含怜悯，
  来年就和我们同行。
  我们面对冰河距离，如今
  拥挤
  在你脚底。①

从这个例子可以看出，英语诗歌中的文字排列形式"挑战之作"在汉语文字体系中要对等翻译可谓轻而易举，甚至比原诗在形式上可以显得更"精确"。也即是说，英诗在"建筑"形式上对汉译不构成障碍，而古典汉诗普遍性的规范化形式

---

① 刘涛：《黄杲炘诗歌翻译对应说与现代格律诗学》，《北方文学（下半月）》2011年第8期。

则对英译增加了相当的难度。这种难度是由语言本身的特性决定的，可以说，没有什么特效方法能够彻底解决。唯一可取的翻译法只能是在大量的语词资源中尽量精选，求其接近或无损（原义）。当然，在词汇丰富，同（近）义词、同音词多的汉语中要做到这一点尚需相当深厚的文字功底，而在英译过程中要做到这一点更可谓是难上加难了。

（二）音韵和谐美的转化障碍

中国古典诗歌产生于劳动中，每每可以合乐作歌，如《诗经》中的"坎坎伐檀兮"，即是劳动群众在伐木中所作的劳动歌谣，有与"川江号子"异曲同工之效。中国古典诗歌"叠韵如两玉相叩，取其锉锵；双声如贯珠相连，取其宛转"，从而产生了跌宕起伏、错落有致的音乐美。发展到后来，诗歌的音韵美不仅体现在文字方面的双声叠韵词的选用技巧上，更体现在用字断句的节奏和全篇音韵格律（如宋词、元曲）的严格要求上。因而据此创作出来的诗词均可入乐，或低吟浅唱，或高歌朗诵。古人所谓：柳词如"执手相看泪眼，竟无语凝噎"等需丽音清唱，而苏词如"大江东去，浪淘尽，千古风流人物"之类则需关西大汉执铜琶铁板高歌，既有其诗作内容、风格不同带来的差异，也有遣词用字、音韵选择所形成的独特的韵味缘故，而单字单音的汉语体系也为此提供了可能。但如汉诗英译者想将古典汉诗的音韵美感转化、表现于英文译本中却有着极大的难度，如《诗经》中《小雅·采薇》一节：

> 昔我往矣，
>
> 杨柳依依；
>
> 今我来思，
>
> 雨雪霏霏。

若译者单从字面直接译出，无视其中叠词"依依""霏霏"从摹声中传达出的弦外之音，则对原诗中所蕴含的声像与声情便难以令读者领悟。试看对此节诗歌的三家英译：

理雅各译：

> At first, when we set out,
>
> The willows were fresh and green;
>
> Now, when we shall be returning,
>
> The snow will be falling clouds.

庞德译：

> Willows were green when we set out
>
> It's blowin an "snowing" as we go

威利译：

> Long ago, when we started
> The willows spread their shade
> Now that we turn back
> The snow flakes fly ①

以上三译，理雅各和庞德译文仅点出了杨柳之光色，唯威利译文多少显露出"依依"叠字在声音中所藏蕴的情趣，而"情趣必从文字的声音上体验。诗的情趣是缠绵不尽、往而复返的，诗的音律也如此"②。失去了音韵之美，对古汉诗英译自然是一个难以估量的损失。因为虽然从韵律上说，英诗比汉诗复杂，有头韵、尾韵和中间韵，而汉诗均为尾韵，头韵极少，但汉、英两套文字系统的音韵表现方式差别太大，尤其在诗歌方面。如前所述，由于汉英两套语言体系存在着本质差别，故而其词汇发音差别也非常巨大。汉字的单字（在古诗中往往单字即单词）单音特性在意义上不构成翻译障碍，但要在不损害内容的情况下，将汉语这种独有的发音乃至用韵方式多音词的英语音节、音步表现出来，自然就很困难。比如双声、叠韵用法在英语中就不好模拟，尤其难以在照顾诗歌原义、意境的条件下模拟。所以，在音韵转化方面，汉诗英译同样存在着不小的障碍，只不过相对形式障碍来说，音韵障碍除了由汉语单字单音结构带来的转化难点之外，其他的汉诗用韵问题以英语诗歌丰富的用韵方式和悠久的传统积累还是较易解决的（词、曲的用韵难点在性质上同样属单字单音结构带来的转化难点）。

三、中国古典诗歌内容美的翻译传达障碍

《周易·系辞上》说过"言不尽意"，意思是说语言不能尽数地把意思描述彻底。其后的《庄子·天道》也说："意之所随者，不可以言传。"由于语言不可能将人们所想的那些特殊的、个别的东西完全表达出来。特别是那些深刻的道理、复杂的感情、丰富的想象、直觉的心理印象和细微的潜意识衍生，更不容易为它们找到适当的言辞而毫无遗憾地全部描述出来。既然胸中之臆，语言不能一对一地表达出来，那么，一个语言单位就应当承接多个情义单位。一词多义也就成为诗歌创作重要的"复义手法"。刘勰《文心雕龙·隐秀》提过"隐以复意为工"；亚里士多德《诗学》

---

① 刘瑞：《翻译美学视角下〈诗经〉英译本的审美再现》，《黑龙江教师发展学院学报》2020年第7期。

② 朱光潜：《诗论》，生活·读书·新知三联书店，1984，第112页。

中提过"双意复言名词"及"三义词""四义词"等，说的也是多义性；但丁在《致斯加拉大亲王书》中干脆就提出一个"诗有字面的、寓言的、哲理的、秘奥的四义说"，并强调认为"我们通过文字得到的是一种意义，而通过文字所表示的事物本身所得到的则是另一种意义。头一种意义可以叫作字面的意义，而第二种意义则可称为比喻的或者神秘的意义"。可见，中西方诗学都十分讲究"诗歌复义特征"的美学意识。《朱自清古典文学论文集》中有一个很有意思的研究，他运用了英国人恩普逊《意义暧昧的七种类型》对中国的四首古典诗歌"古诗十九首"的《行行重行行》、陶潜的《饮酒》、杜甫的《秋兴》、黄庭坚的《登快阁》进行分析，借洋评古，题名《诗多义举例》，正是对诗歌复义特征的强调。由于语言规律不同，古汉语与现代汉语的不同，诗歌复义特征的呈现规律是有所不同的。比如，古代汉诗更多的是一词多义，一句多义，而现代汉诗更多的是一个组合多重意义。但无论古代现代，复义特征始终是汉诗必须遵循的美学创作规律，也是诗歌之所以区别于散文的重要美学特征。

但是，虽然中西方诗学都有诗歌复义手法的讲究，具体到汉诗英译来说，却仍又另有障碍。

（一）语义内涵美的表达障碍

这个障碍其实也就是准确表达原意的问题。这是所有翻译工作都面临的基本问题，然而在中国古诗的翻译中，其难度更为突出。

如杜甫的《赠花卿》一诗：

　　　　锦城丝管日纷纷，
　　　　半入江风半入云。
　　　　此曲只应天上有，
　　　　人间能得几回闻。

弗莱彻译：

The flutes that pipe in Chin-ch'eng town confuse the light of day.
Half lost in clouds, the river breeze the half bears away.
Such music is confined to heaven, for spirit ears alone.
How rarely can mere mortals catch the echo's distant play?[①]

---

① 葛文峰：《唐诗选集的最早译介：弗莱彻〈英译唐诗选〉(Ⅰ&Ⅱ)研究》，《安康学院学报》2014年第6期。

可以看到，原诗作者的内在意图是讽刺剑南节度使花卿僭行天子礼乐的，但由于译者对中国的历史缺乏了解，因而无法理解其深层含义。"如果弗莱彻当初把译文中的'heaven'一词改为'Palace of Heaven'，那就庶几可以表达原诗的深层含义了"①。

之所以英译汉诗会存在语义内涵美的表达障碍，有以下几个原因。其一，英语词汇在表达丰富内涵和精微定义时，与汉语的凝练还是有着一定的差距的，如"笑"字在汉语中只要加上一个单字就可以组成几十种不同的词汇形式，而英语则必须复杂化为词组形式，这在诗歌翻译中无疑是不好匹配的。其二，中国古诗用字精炼，言简意赅，往往一个字就表达了很丰富的内在含义，如"泉声咽危石，日色冷青松"，要用一个英语词汇表达出原诗各对等概念就难以匹配。其三，中国古诗笔法含蓄，往往字面意义与实际意义有相当大的距离，在不了解中国传统文化的外人看来往往觉得风马牛不相及，如"人何在？桂影自婵娟"，倘若僵化对译也会令读者不知所云。其四，中国古诗有相当一部分用词中内含典故，一两个字牵出一大段故事或是一段诗文佳话，如"周公吐哺，天下归心"等，也难以在诗词篇幅内加以准确传达。其五，中国古诗用字擅取谐音、双关等手法，如"春蚕到死丝方尽"等，在英语文化中不一定存在含有双关意义的对等词，也影响文字内涵美的传达。

（二）文化传统美的沟通障碍

中国是一个有着上下五千年历史的文明古国，诗歌传统非常久远，因而其中蕴含的民族传统文化内涵也就非常丰富，甚至可以说是非常深奥的。比如，中国古诗中常见的所谓"为谁风露立中宵"的怨妇思归和文人志士的"登临、凭栏之叹"一类的题材与意境，在当时无疑是一种美，即使是在现代中国，也仍然可以理解成是一种对爱情忠贞、期盼的寂寞美和报国无门、壮志难抒的苍凉美。如何使西方读者对中国传统文化中独有的一些概念达成理解，并能够领会诗文中的独特文化意蕴，从而感悟出美感，则是古诗英译中的又一个难题。如杜牧《念昔游》一诗：

十载飘然绳检外，
樽前自献自为酬。
秋山春雨闲吟处，
倚遍江南寺寺楼。

在西方人看来，其内蕴愁思、意向就殊不可解。试看著名汉学家葛瑞汉所译：

---

① 张今：《英汉翻译技巧》，河南大学出版社，1999，第140页。

> Whirled ten years beyond all bounds,
> Treating myself in the taverns, drinking my own health.
> In autumn hills and spring rain in the places where I idly sang,
> I lolled against the pillar of every monastery in Jiangnan.①

在这份译文中，杜牧变成了一个纵酒狂歌的浪子懒汉。而对于杜牧感时愤世，以屈贾自况的抱负连译者也未能理解。相反，任何懂得诗的中国人，看了最后一句自然能够领会"倚楼"意味着什么。这正如杜牧《题敬爱寺楼》诗中所说："暮景千山雪，春寒百尺楼。独登还独下，谁会我悠悠？""登临"这一忧国忧民的中华志士具有象征意义的行为，如不经巧妙而恰如其分的沟通演绎，是不会让西方人体会到特殊的中华文化美感的。

这种文化传统美的沟通障碍是由于中西文化在长期的历史发展过程中产生的固有差异造成的，其中也有民族个性和主流文化的影响在内。如借"登临"曲折地表达"怀才不遇"的志向和怨愤，就与中国古代主流文化提倡"忠君""报国"，历史上对知识分子打压成习、民族文化个性讲究含蓄委婉等因素都有关系。而这些因素在张扬个性、提倡民权、言论自由的西方文化中就难以找到呼应。因为即使在神权笼罩下的中世纪欧洲，也有布鲁诺等勇于赴火之士，最关键的是几百年的神学禁锢并没有培养出西方人思想、言论上的噤若寒蝉的心态。因此，许多在中国人看来是美，至少在当时是美的概念在西方读者尤其是现代西方人眼中就成了不可理解的咄咄怪事。此外，还有中国文化中的一些特定的历史内涵，如"问鼎"等封建礼仪概念，也不是简单的汉学研究能够囊括了解的。译文不能解决此问题，无疑也就谈不上传达中国古典诗歌的文化美感。而这种文化传统的转达任务由于其庞大的信息量，又绝非短短的一首译诗所应该肩负或能够完成的，只是不予传达则又影响译诗质量，所以说构成障碍。这种障碍不是不可解决，而是诗歌篇幅难以负载。如译诗后附大篇注释，则又如禅宗经书，失去了"拈花微笑"的不语境界。

（三）中国古典诗歌意境美的翻译传达障碍

"诗以意为先"，既是汉诗的传统，也是汉诗的本质特征。"辞断意属""留白""造境"是中国古诗词的一个重要艺术手段，而追求"言外之意"则是古汉诗创作中的一个重要审美规律。既然"言不尽意"，就要善于营造"言外之意"。南北朝刘勰《文心雕龙·隐秀》提出："隐也者，文外之重旨者也。"《文心雕龙·神思》提

---

① 陈枫：《葛瑞汉的汉学研究》，《华西语文学刊》2014年第1期。

出:"文外曲致,言所不追。"唐代诗人刘禹锡《董氏武陵集纪》倡导"义、境存于言外、象外",宋代欧阳修《六一诗话》提倡"状难写之景如在目前,含不尽之意见于言外",宋代严羽《沧浪诗话》提出"别材""别趣"之说,强调诗创作要"言有尽而意无穷"。清代王士祯则提出"神韵说",他强调"得意忘言之妙","神"是形外之真,"韵"是声外之远。从以上诗人和诗评家的主张中可以看出中国传统诗歌美学的一个绵绵不绝的脉络:崇尚言外之意。千百年来这个倡导的一脉相承,说明这是一个客观的诗歌创作美学规律。法国诗人马拉美有一句很著名的格言:"说明是破坏,暗示才是创造。"同样是诠释诗歌创作的"言外之意"的美学要求。意境指的是通过形象性的情景交融的艺术描写,把读者引入一个想象的空间的艺术境界。

译者必须首先把握意境的总体特征,即情景交融的表现特征、虚实相生的结构特征和韵味无穷的审美特征,然后才能通过艺术语言去表达原文的神韵。问题在于:意境的营造,除了客观图景与思想感情之外,一个必要条件就是艺术语言,而这个所谓艺术语言则是以模糊为其核心。美国人詹姆斯·邓恩说过:"也许把中国诗译成英文诗的最重要问题是目标语言不能像原始版本那样容纳那么多的歧义及由此所产生的那么多语义的浓缩。"因为西方修辞学认为模糊是语言里的一种错误,希望限制它、消除它;中国修辞学则认为它是语言力量的必然结果,是大多数重要话语的必不可少的方式。实际上,语言的模糊性是语言具有弹性的表现。语言模糊性的作用主要体现在:扩大了语言表达的信息容量,拓宽了语言表达的想象空间。

四、诗歌的翻译技巧

(一) 形义兼顾求"信"美

毫无疑问,诗歌的本义、内容在翻译中要完整地传达给读者,这是一个译者最起码的工作任务。从 19 世纪末严复提出"信、达、雅"的翻译标准,直至今天我国通用的基本翻译标准,准确和通顺,都是要求翻译作品至少要忠实于原作。但是,具体到诗歌翻译中来说,忠实于原作的要求,应该还要包括相对其他文体更为强调形式对等的美学概念。目前,翻译界有一种观点认为:在诗歌翻译中,如果注意形式,就必然影响对内容的传达,因此,宁可舍弃形式,也不能"因形害义"。但作者表达思想总要采用某种手法,手法不同,效果必然不同。因此,译者要在译语许可的范围内,尽量保存原作的表现手法。由于诗歌有多种体裁,尤其是中国古代诗歌,大有诗、歌、词、曲之类,小有三、四、五、七言之分与律、绝之别等,形义并求有较大难度,要绝对地在不影响内容丰富性的情况下将其形式照译出来很难做到,但正因为有难度才需要我们更严格地要求自己。如果对此不予理会，比如"把中国（古典）诗词译成散体或分行散文，无论传情达意的程度多么高，也译不出原文的'诗味'"①，也就无法让外国读者真正认识中国诗歌的面目、精奥，从而失去了翻译的意义。

刘英凯曾批评格律派译诗有"六大弊端，其中首当其冲的就是减码、超码"②。以格律体译诗确实不可绝对避免增、减码翻译乃至其他四大弊端存在的可能。但如译者"独出心裁"，则以自由体译的诗同样不能免此弊端，试看翁显良所译李白《朝发白帝城》一诗：

> 朝辞白帝彩云间，
> 千里江陵一日还。
> 两岸猿声啼不住，
> 轻舟已过万重山。

Homeward!
Good-bye to the city high in the rosy clouds of dawn.
Homeward, out the gorges, out today!
Let the apes wail. Go on.
Out shoots my boat. The serried mountains are all behind.③

此译诗中，译者连用三个"out"，翁显良视为得意之笔，想必刘英凯也应有同感。可见，是否有超、减码等毛病并不与是否取格律体译诗有必然联系，而为了照顾形式的偶然性，超、减码其害处也并非那么可怕。中国古文中不是也经常有为照顾双音词习惯而添加的无义虚词吗？我们读起来不是感到更顺口吗？故此，我认为因照顾形式而必要的超、减码是否有害，关键在于看是否因此损害了原文，包括内容、意象、境界、神韵等，不必一概抹杀。格律派译诗其实讲究的也就是对格律体诗歌应尊重形式，并照译。这种格律体照译也并非是要像20世纪初少数学者以中国古体诗形式译外文诗那样生搬硬套，而是在对应译文中尽量采用"自创"的类似格律形式。这方面有卞之琳"把英语格律诗译成汉语白话格律诗"的实践为反证，其译派基于只有尽可能相似地模拟原诗的形式，才能较为圆满地传达原诗的内容的理论，正可作为"把汉语旧体格律诗译成英语格律诗"的一个类比。

---

① 杨自俭、刘学云：《翻译新论》，湖北教育出版社，1994，第77—88页。
② 同上书，第57—70页。
③ 李艳玲、岳玲真：《功能对等理论视角下〈早发白帝城〉的英译赏析》，《作家天地》，2019年第20期。

对诗歌形式上的"信"还应包括格式之外的对诗中句法、用词的忠实。仍以翁译《朝发白帝城》为例,译诗的"意象"是有了,但这首诗译出来后看起来究竟是李白诗作,还是翁显良诗作呢?正如奈达所指出的:"某些翻译理论家有时为了照顾内容而忽视了风格,或因为表现风格而牺牲了内容,这都是不可取的。思想内容及其表现风格均为各种文章不可分割的组成部分。只有在翻译过程中,把交流思想的这两个方面创造性地结合起来,才能称是成功的译文。"翁先生的学识、才华令人佩服,他的"译诗重意象说"也受人赞同。但牵涉译诗的审美要求层次问题,笔者认为,译诗的审美要求不应是单一的,而应是多重复合,逐级递进的。意象固然重要,所谓"得其精神者也",但若"肉体"不存,"神"将焉附?因此,译诗要求还应从忠实于原作基本内容出发再谈其他。

(二)音韵协调现诗美

诗歌是语言和音乐结合的艺术,各民族诗歌最通用的表现手法就是:诗人按其本族语言的声律,使诗中语音、韵律随着思想感情的变化而变,以达成深入人心的最佳艺术效果。诗歌有格律诗与自由诗之分,有韵体诗和无韵诗之分。无韵诗、自由诗的翻译轻便得多,但韵体诗乃至格律诗在中西传统诗歌中所占的分量乃是绝大多数,为万众所流传吟诵的也大多是格律诗,或至少是韵体诗。那么,我们在翻译诗歌时,不可避免地便牵涉对音韵、节奏、格律的处理问题。

简而言之,节奏主要指音响运动的轻重、缓急形成的节拍;韵律是在节奏的基础上形成的,内涵更丰富,表现为一种特有的韵味和情趣,是一种富有情感的节奏。诗的音韵、节奏是通过诗中音节的长短、轻重、快慢和选字用韵形成的,通过这些因素有规律的变化,来引起读者的心理情感活动,促进产生共鸣,并因此而成为诗歌艺术美的一个重要组成部分。它既能强化诗歌内容的传达,本身又有相对独立的欣赏价值。奈达说:"节律指节奏和韵律,其重要性在口语交际中一般都能得到承认,而在书面语中则被认为无关紧要,这是错误的。即使是默读,读者心里也会想到有关话语口诵形式的韵律格式。如果打破韵律节奏的原则,文章的感染力便会受到影响。"许渊冲在《三谈意美、音美、形美》一文中也谈道:"一般说来,诗词都具有意美、音美、形美,如果只再现原诗的意美,无论程度大小,即使是百分之百,也不可能是忠实于原诗的。"但有许多人对此存在不同看法,关键原因实际就在于,要多一道音韵、格律的关口和束缚,增加了译诗的难度。但丰富多彩的音韵美正是诗歌的一大艺术特色,属于文学艺术瑰宝,如舍而不译,又如何向异域读者传递真实的诗歌之美呢?

因此，对格律诗是应该尽量就其音韵、格律作出对译，以传达诗歌的特色美感。至于如何做，笔者认为许渊冲、杨德豫等都有很好的探索给我们作榜样。

（三）汉英双修讲"炼字"

诗歌是唯美的文学，是非常讲究文字之美的。特别是由于中国文字的精炼、优美、含蓄、传神，以及中华民族传统文化重"心性""灵气"等原因，中国旧体诗歌的文字之美更是举世无双的。因此，翻译工作者译诗尤其是译介中国旧体诗歌时，就应该把传递"文字之美"的要求列入工作目标。不仅要尽量领会诗中文字之妙，而且也要向"吟安一个字，捻断数茎须"的唐代苦吟诗人学习，为了在目的语中找到一个贴切的对称词语不惜耗费心血，钻研请教，力求到位。这点笔者在读到马红军的《翻译批评散论》时，深有感触。马红军为翻译毛主席《为女民兵题照》一诗，对用字的考虑可谓费了心思。

飒爽英姿五尺枪，
曙光初照演兵场。
中华儿女多奇志，
不爱红装爱武装。

译文：Stead, smart and strong, all with rifles on,
Drilling on the parade dyed with the dawn.
Chinas daughters share this divine desire,
To don martial garb, not girlish attire.[①]

以上译文中，仅"红装""武装"二词，马红军便反复参照查找，请教了几次，最后更坦率承认自己未找到传神之字。这才是一种认真负责的治学态度。

此外，我们在译诗时还应该注意，对文字的要求不仅要优美、精炼、符合原诗风格，也要贴切、妥当，符合目的语的审美、表达习惯，万不可只顾传原诗之字美而忽视外文之用法、风俗。如前所述，马红军所译"红装"因英语"brave"一词"华丽"字意的用法过于正式、古板，现已基本废弃不用，便只得舍弃。这便是一种照顾双语用法的应有选择态度，也就更需要译者有一份汉英双修的语言功底。

（四）意象传达靠"造境"

一首好诗乃至一首好的译诗所必须具备的一大因素，就是意象的完美传达。这当然也是译诗的一个艰难的、较高的要求，而且应该是在实践了前述三个要求，即在

---

① 丁志聪：《翻译与翻译批评之我见——兼评马红军的〈翻译批评散论〉》，《泉州师范学院学报》2004年第1期。

内容形式、音韵文字等方面都做到基本的相符之后，才可以进一步谈到的问题。就中国传统旧体诗和西方现代派诗歌的翻译来说，意象的传达就更加重要。从某种角度来说，原诗中意象是否能够得到较完美的传达，在很大程度上决定了译诗是否成功。因为形、音、义虽全，只能说译作像诗，或最多是诗，而不能表明其艺术水准和独到之处。从艺术创造的美学价值上说，中国传统旧体诗依靠"造境"而产生的意象美正是其要旨所在，因此更应尽力予以传达。这是由于汉民族是一个讲究悟性、心意、"气象"等的民族，其文化求圆满、和谐、对称、交融，重个人感受和心领神会，反映在语言文学上，则重意合、象征，常借意象暗示自己的思想感情变化，以客观融入主观，喜欢托物寄情，遗形写神，于是才有了"观舞剑而悟书画之骨气，观山景而明书画之意脉"之类的说法。中国特别发达的古典旧体诗歌，从开始的诗言志、诗言情，到韵外之致、味外之旨，再到神韵、格调性灵、境界诸说，均强调心境意绪的传达。诗人往往感触外物而引起联想、完成意象，寄托心意。由此说来：诗歌之形式可比之为皮，内容可比之为肉，音韵格律可比之为血，而意象则可比之为骨。

中国诗之精彩乃在于骨气凛然，感人至深。如古典诗所特有的诗人"凭栏"之叹，就往往寄托着中国古代士人（知识分子）忧国忧民、胸怀壮志，渴望一展抱负的豪情气概。如果译诗能把这类内蕴意象传达出来，才算是真正把诗歌的高超精妙之处翻译出来了。其他如音韵格律不可谓不重要，不可谓不是特色，不可不尽力传达。但如果仅仅做好形式、内容、文字、音韵格律翻译，还只能算是合格之作。译者应该要从该民族文化氛围的总体出发去理解原作的寓意及效果，翻译时又要注意保持译文中的意象与原作的整个文化氛围和民族特色相一致，还需和原文的文体效果相一致。唯有在此基础上，把诗歌的意象美完整而恰当地传达出来，才能基本算是成功的译诗。

（五）妙手偶得抓神韵

对译诗而言，尽最大努力传达出原文的全部神韵，应该是译者所追求的最高目标。神韵是我国传统文论和美学里的一个抽象概念。林语堂认为，神韵是原文的"字神句气与言外之意"，而季羡林则称之为"一看就懂，一问就糊涂"。如前所述，韵律为诗之血，意象为诗之骨，则神韵自可比之为诗之"神"。诗之精神所在，常人难见，更难翻译，但是虽然神韵难求，也不应就此轻言放弃。因为一首传世名作，其强大的生命力就在于其内在神韵。如刘邦《大风歌》：

    大风起兮云飞扬。

    威加海内兮归故乡。

    安得猛士兮守四方！

短短三句，一代霸主气概跃然纸上，真可谓豪情四溢，骄气逼人。如此神韵，如不能传达出来，使外国读者只能得其字义，则实为憾事。中国古代诗歌之神韵往往体现在炼字上。一些特殊的字往往直接象征着一种意境，带来特定神韵，如"长江、大河"之称，便是古人有意将黄河统称为"大河"，使之既与长江相配，又体现大河气概，神韵即现。也有将普通字眼用活而用出神韵的，如"春风又绿江南岸"之"绿"字，"应是绿肥红瘦"之"肥"字等，即是炼字之功、神韵所存。

其实英语字句中也并不乏此类神来之笔。如一句"yesterday more"，即内含无尽深意！若翻成"昨日再来"，则蕴含几多希望，充满了生命的亮色；翻成"昨日重现"，则带着几许庆幸，体现生命夜深酒阑之后的意外惊喜；翻成"昨日不再"，则充满凄怆感怀、伤时悲逝之情，充满了生命的无奈与沧桑。无论哪种译法，都不能完整传达原句意蕴。仅此一句，就可令不同经历、情绪的读者有不同感受，真可谓"神韵难求"，而越是这样的神来之笔，偏偏越令人欲穷其究竟，正所谓"爱美之心，人皆有之"。也因此，我们对于诗歌神韵的传达应该抱着"明知山有虎，偏向虎山行"的态度，尽力而为，尽可能地传达。当然，这已是对一首诗歌翻译的极致，是译者的化境了，需要狠下一番熔解、提炼、重铸之功，绝非轻易得来，但这条终极要求或标准却不可不提，只是希望"文章本天成，妙手偶得之"罢了。诗歌翻译应该遵循逐级递进、全面的审美要求。其间，更多关注的是语义信息之外的外部信息，如音韵、节奏、风格、意境等信息，因为外部信息往往体现了语言的特色，而成为美学信息的载体。在文学翻译中，外部信息是不可忽视的信息。虽然从美学角度对诗歌翻译提出的这些要求，有眼高手低、求全责备之嫌，但正如厨师与食客的关系，有人提出一点要求和希望总是一种关注和动力吧。

五、文化传播与诗歌翻译审美规律

（一）主题深入人心，注重情感需求

传播内容是传播活动赖以发生的原动力。无论是从哪个角度对传播活动施加的控制，本质上都是对内容的追求或限制。抓住了传播内容这一关，也就是抓住了传播活动的龙头。由于传播成立的重要前提之一是传受双方必须有共通的意义空间。这意味着双方必须对符号意义拥有共通的理解。广义上，共通的意义空间还包括人们大体一致或接近的生活经验和文化背景，而人类的共同社会实践必然产生共同的审美心理结构，审美标准的共同性和差异性是辩证统一的。因此，异域文化传播首先必须以各民族共通的意义空间为基础，从而找到情感审美沟通的融入点。如爱就是人类共同的永

第七章 英汉诗歌翻译策略与译例赏析

恒情感，其意义空间存在强烈的共通性，此外，还有爱好和平、热爱祖国、珍惜友谊等。以这样一些共通的人类情感、意识作为传播沟通的主题，并倾注真挚的感情于其中，则易于打动受众，赢得关注和喜爱。如庞德古汉诗翻译实践所选取的大多是一些描写人类普遍感情主题的诗歌，而且其中感情质朴自然，容易取得理解和共鸣，从而有可能实现其追求"超越国界与时代的世界文学的标准"的翻译目的；许渊冲特别强调诗歌翻译的"意美"，而这个"意美"不仅包括译作传达之"意"美，从哲学上说也必然包括原作的主题、感情意蕴美，否则追求译作之"意"美无异于缘木求鱼，这就同时为我们指出了诗歌翻译的传播内容控制方向；赵译《荒原》准确地传达了原作中渲染的现代人精神世界的"荒原意识"和艾略特对现代人类生存状态的洞察与反思，诗中现代人特有的"荒原求水的焦渴"足以深入每个人的内心，而且其中的群体性隐痛深创正暗合当时的中国国情，因此，赵译的成功首先得益于情感主题的选材成功。而从清末民初诗歌汉译主题的多样化转型中，我们也可以明确得出这一结论。

（二）形式优美自然，切合时代需求

传播活动本身是一个内容和形式相结合的过程，受众既关注信息文本的内容，同时也必然对信息文本的形式有浓厚的兴趣。在一般的传播过程中，受众往往是首先注意到了信息文本的形式，进而才会关注信息文本的内容。在亚里士多德看来，形式创造了差异，而这是质料所无能为力的，他把"美"规定为形式，认为艺术之为艺术不在质料而在形式中。形式已成为美和艺术的规定和根据，而正是形式使美和艺术成为可能。在谈到形式美的规则时，荷加斯说："这些规则就是：适应、多样、统一、单纯、复杂和尺寸，所有这一切都参加美的创造，互相补充，有时互相制约。"就传播效果而言，即便是同一条信息，用词的粗俗与礼貌、声音的有力与无力、语气的坚定与犹疑、声调的高低、节奏的快慢、韵律的有无等，都会引起接受方的不同反应。根据欧陆学派语用学家维索尔伦提出来的语言顺应理论：语言的使用过程就是交际双方进行语言选择的过程；语言的选择就是对语言作出种种顺应，如语境关系顺应、语言结构顺应、动态顺应、自觉顺应等。译者也应恰当地顺应语境，领会原文的意义和功能，有策略地选择得体的表达方式，提高翻译的速度与质量，从而满足交际的需要。因此，文化传播在体裁、音韵、文字、修辞等方面的形式选择，将直接影响到传播覆盖面和传播深度效果。如许渊冲提出的"形美""音美"，就都属于形式美的范畴；庞德以西方自由诗的形式翻译古汉诗，由于符合西方读者习惯的形式，就达到了自然即优美的境界，赢得了社会的欢迎和自身的生存发展空间，起到了文化传播的应有效用；赵译《荒原》较好地保持了原作广泛采用的象征、寓言、时空错位、梦幻、意识

流等写作技巧和多层次、多线条、多视角的表现手法，有助于人们全面了解西方现代派表现手法，得到了文艺界人士的接受和认可，并使译作生命力延续至今；清末民初诗歌汉译的形式转型，以新体格律诗形式或自由诗形式翻译外文诗，由于双方形式的先天吻合，同时切合时代需求，也取得了开创性的成功。

（三）差异沟通和谐，满足心理需求

文化传播者对原语文化的译介能否成功取决于是否愿意并能够在异域文化氛围内对之作出合适的转化和阐释，以取得有效的沟通。民族心理原型的差异造就了独特的民族思维方式和审美意识，这是跨文化交际的重大障碍。任何一部特定的文学作品的创作者，由于长期的民族文化的教育与熏陶，他都天然地内蕴民族精神、民族情感、民族文化、民族习俗，同时熟谙他所属民族的人际传播与社会交流的全部技术与"具体的行动序列"，并必然在其作品中自觉和不自觉地表现从来。这就要求译者在异域传播中和谐沟通差异，忠实传达原意。但是，由于世界经济文化的不平等现象，由于欧洲历史上的殖民主义污点，近代在译界也出现了一些提倡"译者主体性"，割裂文化，篡改原作的翻译现象、手法和流派，如"原产"巴西的"食人主义翻译"等，而从文化传播的效果和规律来说，这种做法必然是费力不讨好的。传播学研究表明传播是一种人与人沟通和交流的过程，任何一种传播都必然是一种通过信息的授受和反馈而展开的社会互动行为。

传播者通常处于主动地位，但传播对象也不是单纯的被动角色，他可以通过信息反馈来影响传播者。所以要使传播有效，就要从受众的需要出发，改变长期以来以简单灌输为主的传播方式并转到平等的交流上来，在信息传播中要体现一种人文关怀。因此，要取得预期的良好传播效果，正确的做法应是尊重并接受译入语文化习惯，既尽量减少异域文化障碍又充分展示其文化特色，在不改变原作本意的前提下主动适应对方，做好转化与类同的沟通工作，使传播对象能够平等和谐地融入接受方，并争取达到对等的艺术效果。具体操作中较好的方法则是阐释文化时做到同中有异、异中有同，则既能给人亲切感，又能予人新鲜感。新鲜感再加上亲切感就自然能够强化异域文化的吸引力。在这方面，许渊冲倡导的"翻译的时候，要发挥译语的优势"，采取"浅化扭转劣势、等化争取均势、深化发挥优势"的方法就是最平和、务实的解决途径；庞德将西方读者基本没有接触的古汉诗翻译出版，既不孜孜以求于完全对等，又重点传达出原作的突出特色，其审美传达方式既符合人们基于本土文化习惯的期待心理，又介绍了众多新奇的情感、语言表达方式，满足了人们的探究心理和求异心理；赵萝蕤提出："要绝对服从每一种语言的、它的自己的特点和规律，因此如果两种语

言都能胜任的话，翻译时就应该遵循各自的特点和规律。"她采用白话自由诗亦步亦趋地移译以"自由体"为主的《荒原》的成功实践，证明了文化传播的这一审美规律。清末民初，诗歌汉译的转型则自觉或不自觉地依照社会价值观和接受准则调整了自己的翻译策略，翻译手段从归化翻译转变为异化翻译，表现方式从主题的多元到形式的自由乃至语言的新潮，无不与当时的中国文化动态环环相扣，符合社会的心理需要。

（四）文字晓畅通俗，符合大众需求

"任何一位把大众传播事业当作一种社会体制的人，都不敢漠视大众的兴趣、品位……归根究底来说，媒体的格调是由阅听大众来决定的。"①

著名翻译理论家刘宓庆认为："翻译是社会性的语际交流行为，为了保证社会交流效果，译者不能不依照社会接受的准则行事，选择、优化他的译语。"他还特别提道："必须确立翻译审美标准的时代性，今天的翻译应适应当代清晰、欣畅的文风，具有时代感；必须确立翻译审美标准的社会性，翻译审美效果应以社会价值观为调节杠杆。"② 美国的梅尔文·德弗勒曾经指出美国大众传播内容的一个特点，即那些不断触怒批评家，广泛传播并拥有广大受众的内容的特点就是形式简单、内容浅显、接受起来无需特别费脑筋，而这正是最容易在普通大众中流行的内容。如《哈利·波特》的成功传播案例就是如此，这部书并不是什么内容深刻的大作，却被译为几十种语言，全球同步上市，万人空巷。而那些媒介批评家认为趣味高雅，能起到提高道德、教育和某种鼓舞作用的内容，比如严肃的音乐、意味深长的戏剧、政治讨论等，即使有时得到外力广泛传播但仍不一定能拥有广大受众。从中可以得到一个启示：如果想拥有受众，拥有更多实际数量的受众，那么，我们的传播系统中，就要有一部分内容做到"内容浅显、形式简单"。需要注意，它与浅薄、低俗、粗鄙不是一回事。即内容、形式让人接受起来一点儿都不费劲，却给人以深深的心灵震动。这个道理，就是深入浅出的意思。因为哪怕是一个非常深奥的道理、一个非常艰涩的理论，如果你真正弄懂了、弄透了，也完全可以用大白话说出来。许渊冲教授的"三之论"指出"文学翻译的目的是使读者知之、好之、乐之"，也就是说，翻译应做到让读者能看懂意蕴、引发喜好、提高鉴赏，说明与时代挂钩、力求雅俗共赏是诗歌翻译审美规律的应有之义；庞德的诗歌翻译既注重"闪光的细节"和意象的再现，又做到了节奏自由、语言平实、感情质朴，毫无虚饰浮词，以走向生活的审美姿态实现了其明确的翻译功利性；以《荒原》来看，虽然作品耗时七年，专家评价极高，但无论在当时还是今

---

① 张国良：《20世纪传播经典文本》，复旦大学出版社，2003，第304页。
② 刘宓庆：《刘宓庆翻译散论》，中国对外翻译出版公司，2006，第98、305页。

天，应该说它的传播面远未达到与其艺术水准相应的程度，这不能不说与它的艰涩难懂有关。赵译取直译法，对原作的这一特点没有改善，其传播面自然同样受到影响，这也充分反证了诗歌翻译乃至文化传播的通俗明了、符合大众需求的审美规律。

（五）载体美观便捷，联系时代需求

要使受众关注相关信息，其中一个重要的原则就是信息的易得性，即在众多信息的竞争中，自己发布的信息对受众而言是最容易得到的。文化传播必然牵涉载体选择。尤其是在现代社会，科技发展日新月异，信息技术突飞猛进，人们已经处于一个信息爆炸的时代，无论是普通的受传者还是专门的受传者，在自己关注或有兴趣的方向上的信息数量，都远远超出了个人的信息接受和处理能力。在有限的时间、精力约束的情况下，"文化快餐"成为大多数人不得已的必然选择。同时，市场经济运作中商品化趋势、版权制度也要求文艺产品要进行自我营销，也要有一种流行时尚。在这样一种鱼龙混杂、文化包围的形势下，从文化营销和自我突围的角度看，传播载体选择与优化已经成为文化传播审美规律的一个重要方面。具体地说，载体审美主要体现在两个方面，一是审美性强、吸引眼球，如书籍的装帧美观、印刷清晰、整洁挺括等，这点与人们生活质量的提高有关，可以从热销书籍的主题外因素中看出；二是取用方便、反应敏捷，如互联网的信息集中、随需随用等，这点有搜索引擎取代词典等工具书的事实为证。就诗歌翻译而言，如能在载体审美上多下功夫，无疑也将有效促进传播。

第三节　诗歌文本英译实例

一、英译赏析一

《黄鹤楼送孟浩然之广陵》是一首送别诗，寓离情于写景。首句点出送别的地点：一代名胜黄鹤楼。二句写送别的时间与去向："烟花三月"的春色和东南形胜的"扬州"。三、四句写送别的场景：目送孤帆远去，只留一江春水。诗作以绚丽斑驳的烟花春色和浩瀚无边的长江为背景，极尽渲染之能事，绘出了一幅意境开阔、情丝不绝、色彩明快、风流倜傥的诗人送别画。此诗虽为惜别之作，却写得情深而不滞，意永而不悲，辞美而不浮，韵远而不虚。

第七章　英汉诗歌翻译策略与译例赏析

  黄鹤楼送孟浩然之广陵
   故人西辞黄鹤楼，
   烟花三月下扬州。
   孤帆远影碧空尽，
   唯见长江天际流。

柯睿译：

  Seeing Meng Haoran off from Yellow Crane Tower
  My old friend, going west. bids farewell at Yellow Crane Terrace,
  Among misty blossoms of the third month, goes down to Yangchou.
  His lonely sails far shadow vanishes into the azure void,
  Now, only the Long Rivers Alowing to the skys end.①

许渊冲译：

  Seeing Meng Haoran off from Yellow Crane Tower
  My old friend has left the west where the Yellow Crane towers;
  For River Town green with willows and red with flowers,
  His lessening sail is lost in the boundless blue sky;
  Where I see but the endless River rolling by.②

  柯译巧妙运用了元韵（assonance）的修辞手法，仅 /u/ 音就先后出现了九次之多；除此之外，第一行的 friend—west—farewell—yellow—terrace，第二行的 among—month，以及第三行的 shadow—vanishes—azure 都构成了元韵。这样一来，运用得且丰富多样的元韵辞格显然大大增强了译诗的音乐感。许译虽然也在第一行中大量使用了元韵手法，但这种效果在下文中却无法找到对应，尽管音乐性不是很强，译者却通过押韵、头韵（如 lessening—lost, boundless—blue）以及整齐的节奏手段在一定程度上再现了原诗的音韵效果。许渊冲总体构思上采用译气不译字的译作手法，灵活增减词语，变换句式，使得译作画意浓厚。

  在细节的处理上，许渊冲更是功力深厚。第一句"My old friend has left the west where the Yellow Crane towers"，既交代了友人东行，又道出了黄鹤楼美景，句式上颇为押韵。第二句许渊冲创造性地运用对称整齐的句式，"green with

---

① 卢婕：《海外汉学家对李白道教诗歌的跨文化阐释》，《文史杂志》2021 年第 2 期。
② 张艳艳：《许渊冲"三美"论在唐诗英译中的体现》，《开封文化艺术职业学院学报》2020 年第 12 期。

willows"和"red with flowers"译出了满目的春色。许渊冲在三、四句的表达方式上做了大胆调整,把"尽"字前移,使之更符合英语的表达习惯,同时还添加了几个不影响深层意义且注有韵脚的词语,如"his""where I see",勾画出了诗人目送行舟,江边怅惘的心情。"His lessening sail is lost in the boundless blue sky"表现出诗人看着小船渐渐消失在远方时心中的感伤之情。

二、英译赏析二

(一)文本赏析

Song: To Celia

Ben Jonson

Drink to me only with thine eyes,
And I will pledge with mine;
Or leave a kiss but in the cup
And I'll not look for wine.
The thirst that from the soul doth rise
Doth ask a drink divine;
But might I of Jove's nectar sup,
I would not change for thine.
I sent thee late a rosy wreath,
Not so much honouring thee
As giving it a hope, that there
It could not wither'd be;
But thou thereon didst only breathe
And sent'st it back to me;
Since when it grows, and smells, I swear,
Not of itself but thee![1]

本·琼森(Ben Jonson, 1572—1637)的诗作《致西莉亚》(Song: To Celia)据说是受到公元2、3世纪希腊诡辩家菲洛斯特拉托斯(Philostratus)书信中的某些词句启发而写成的。全诗写的是"我"追求心中恋人西莉亚(Celia)的炽热之情,

---

[1] 应璎:《从谦卑到自傲——从诗歌中看本·琼森的性格发展》,《绍兴文理学院学报(哲学社会科学)》2012年第1期。

诗情的表达分别围绕着"敬酒"与"献花"展开。全诗分上下两节，每节在表情方式上均以退为进，层层深入，由此传达出的诗情一波三折，跌宕起伏，摇曳多姿，极富戏剧性与感染力。

(二) 审美鉴赏

结合"Song: To Celia"主要审美特征，拟从以下六个方面对其进行审美鉴赏与分析。

第一，节奏美。节奏包括外在节奏与内在节奏两个方面。外在节奏通过音步、格律、韵式等外在形式体现出来，内在节奏表现为诗情的统一与变化。从内在节奏来看，各诗节句法逻辑环环相扣，各节中不断出现的转折连词及语义转折使诗情一波三折。一波三折的诗情在上节形成，在下节中得到了重复与强化。从诗情流动轨迹来看，诗作像是诗人从生活中撷取的两个难忘而又颇富戏剧性的片段对接而成。

第二，意象美。意象是通过语言表达的感官经验。为表达对西莉亚（Celia）的深情，诗人用了两个意象系列：一个是"eyes"（眼神）、"a kiss but in the cup"（酒杯上的吻）、"breathe"（嗅），另一个是"wine"（酒）、"a drink divine"（仙酿）、"Jove's nectar"（天帝的琼浆）、"a rosy wreath"（玫瑰花环）。前者通过写意的方式勾画出西莉亚的美与魅，后者通过反衬的方式暗示了西莉亚天仙般的美胜过玫瑰的艳。两个意象系列彼此互照：一方面体现出美酒、仙酿、天帝的琼浆再甘醇、再美妙也比不上心中恋人的眼神与吻，玫瑰花环再鲜艳、再芬芳也比不上心中恋人的艳丽和如兰的气息；另一方面使营造的境界越来越开阔，越来越神奇，爱恋之情也因之愈趋浓烈。

第三，语义美。诗作的语义特色可体现在选词与造句两个方面。就前者而言，诗作中使用了若干具有多种外延意义（multiple denotations）的词语，从而使表达的语义尤为丰富，传递的情感也更加强烈。从造句来看，诗作中句子形式上可见到诸多表达转折意味的连词，如"or""but""and"等。句义内容上亦多选择或转折，从行文中可以看到"要么这样，或者那样"和"倘若这样，也不那样"的语义逻辑贯穿始终。句子的形式与内容共同高效地叙说着诗中"我或男主人公"所体现出的谦恭、真诚、热烈而执着的情态。

第四，修辞美。引用（allusion）与象征（symbol）演绎着"求爱"一波三折的诗情轨迹。它们即使诗作显得蕴藉层深，增添了诗意的"历史"维度，又使诗情的表达显得含蓄、生动。

第五，形象美。诗中西莉亚的美貌通过其传情的"眼神（eyes）"、诱人的"吻

(kiss)"与迷人的"嗅(breathe)"及芬芳的玫瑰花环被较为巧妙地衬托了出来,显得简练含蓄,颇具中国诗"人面桃花相映红"的艺术神韵。而"我"的外在形象可借助敬酒时"我"回敬的眼神来勾画,还可通过"我"言说时谦恭、真诚、热烈而执着的语气来想象。相比之下,"我"的形象显得更为迷离。

第六,意蕴美。谦恭热忱的态度,执着坚定的追求,浪漫机智的表达,虽历经波折,但绝不言放弃。这应是一种追求爱情的态度,也更应是一种追求生活的态度。

(三)翻译与讲评

参照前文鉴赏中该诗生动形象且富戏剧性等特点,试引一例译文分析说明之。

致西莉亚

本·凉森

你若用眼神向我祝酒,
我也用眼神与你相酬;
要不在酒杯上留个吻,
我就不会向杯中寻酒。
心灵深处升起的渴慕,
确需饮仙酿才能祛除;
但即使天帝给我琼浆,
我也不把你这杯换走。
最近我送你一环玫瑰,
说不上给你增光添魅;
只是企盼它在你身边,
能生机勃勃,永不枯萎;
但你只是嗅了嗅花环,
就把这玫瑰给我送回;
从此玫瑰生长吐芬芳,
我断言,全靠你的香味!

(张保红译)

原诗为歌谣体,译诗悉依原作之形进行了传译。原诗奇数行与偶数行分别为四音步与三音步,译诗各行均以四顿来对应原诗各行,每顿以双音节词为主要音节单位,而且整体上实现了音顿长度的彼此均匀与前后呼应,这有利于在汉语语境中形成歌谣节奏的特点,译诗的韵式基本再现了原诗韵式的特点,也传译了原作诗情演绎的特点。翻译此诗考虑了以下几个方面。

第一，谦恭的语气。译文在首节选用了"你若用……""要不……""但即使……"等句式，以表现"我"语气轻柔、谦恭而又诚挚的情态。在第二节通过"说不上……""只是企盼……""但你只是……""我断言……"等句式，在承继首节的谦恭而诚挚的语气之时，再现了"我"谦卑的要求被拒绝后，仍然热烈而坚定执着的意态。

第二，曲折的情感。原诗两节，每节诗情一波三折，将"我"的痴情表现得淋漓尽致。译文把握住了这一情感节律并进行了传译。翻译"我"被婉拒后仍颇为执着的情形，而未解读为"我"幸运地与"你"取得了两情相悦的结果，比照之下，今译文显得更富戏剧性，也更能突出"我"不变的痴情。

第三，形象的词语。译文将"eyes"处理为"眼神"，而不是"眼睛"，选择的是"眼睛"这个"被再现客体"（represented object）的一个侧面，旨在突出"你"的情意与眉目传情的神采。"眼睛"这个被再现客体是以图式化（schematization）的方式出现的，作者未曾具体描绘眼睛的大小，呈现的状态、性质、特点等，所以译者也可以译为"眼波"或"明眸"之类的语汇。

将"the thirst"译为"渴慕"，未译为"干渴"或"焦渴"之类，意在将身体与精神之"渴"合二而一。第六行增译了"祛除"一词，除了起到押韵及平衡句子结构的作用，还意在暗示言外之"我"正害着热烈的相思病（lovesickness）。

将"honouring"译为"增光添魅"，而未译为"向你表示敬意或献媚"之类的意思，一方面旨在平衡该译句句子节奏并取得与下文押韵的效果，另一方面更为重要的是对表现"你"的美推波助澜——玫瑰虽美，但"你"比玫瑰更美，这样也符合全诗内在诗情的层层叠进——"你"的"眼神"或"吻"胜过美酒，胜过仙酿，甚至胜过天帝的琼浆，"你"的美胜过玫瑰，超凡脱俗，具有神奇的魅力与魔力。

将"breathe"译为"嗅了嗅"，而未译为"呼吸"或"亲吻呼吸"，旨在勾画出"你"羞涩（coy）、闲逸（leisurely）与雅致（graceful）的情态，增强些许诗意效果，汉诗里不是有"无奈美人闲把嗅，直疑檀口印中心"（张祜《黄蜀葵花》）、"和羞走，倚门回首，却把青梅嗅"（李清照《点绛唇》）、"归来笑拈梅花嗅，春在枝头已十分"（南宋某尼姑悟道诗）等女性闲逸、羞涩、优雅姿态的描绘吗？

参考文献

[1] 曹思思. 文化传播背景下的中国当下通俗小说译介研究 [J]. 海外英语, 2019（19）: 125-126.

[2] 茶古丽·吐尔达红. 我国高校英语翻译教学的实证性探讨 [J]. 教育教学论坛, 2018（45）: 220-222.

[3] 蔡青. 英语文学作品中典故的翻译技巧 [J]. 国际公关, 2019（11）: 276.

[4] 蔡青. 英语文学翻译中艺术语言的处理原则探究 [J]. 中国新通信, 2019, 21（22）: 197.

[5] 董娌楠. 浅谈文化与翻译 [J]. 才智, 2017（25）: 240-241.

[6] 郝丹萍. 从巴斯奈特"文化翻译观"的角度看诗歌翻译 [J]. 科技信息, 2011（16）: 543.

[7] 韩云霞. 翻译美学视阈下的文学翻译审美再现策略 [J]. 教育现代化, 2018, 5（34）: 154-155.

[8] 韩卓君, 樊林洲. 自然、语言、文化与翻译 [J]. 哈尔滨师范大学社会科学学报, 2018, 9（03）: 98-100.

[9] 匡博怡. 文化翻译视角下宋词意象的英译——以许渊冲译本为例 [J]. 海外英语, 2019（24）: 19-21.

[10] 来永乾. 翻译理论在英语翻译教学中的应用研究 [J]. 福建茶叶, 2019, 41（12）: 122.

[11] 李莎. 语用翻译理论在英汉翻译实践中的应用 [J]. 佳木斯职业学院学报, 2019（12）: 168-169.

[12] 李雪冬. 英语文学作品的赏析与翻译 [J]. 海外英语, 2019（24）: 227-228.

[13] 蒲真真. 审美视角下的文学翻译——解读《田园交响曲》翻译中的美学元素 [J]. 佳木斯职业学院学报, 2016（10）: 316-317.

[14] 饶雪. 英汉语言文化距离与民族文化：翻译观视角 [J]. 湖北经济学院学报（人文社会科学版）, 2018, 15（01）: 106-108.

[15] 戎超. 功能目的论视角下文学作品的翻译原则与策略 [J]. 安徽电子信息职业技术学院学报, 2016, 15（06）: 77-79.

[16] 孙蕊, 柳文芳. 语言顺应论在《红楼梦》茶文化翻译教学中的策略研究 [J]. 福建茶叶, 2017, 39（02）: 344-345.

[17] 陶娟. 探讨大学英语文学翻译的教学方式 [J]. 海外英语, 2019（24）: 63-64.

[18] 王芳, 陈先贵. 大学英语翻译教学存在的问题与对策 [J]. 教育探索, 2015（12）: 83-86.

[19] 许锐. 跨文化"翻译"——探寻动作和语言背后的意义 [J]. 当代舞蹈艺术研究, 2018, 3（03）: 54-57.

[20] 许锐. 跨文化"翻译"——探寻动作和语言背后的意义 [J]. 当代舞蹈艺术研究, 2018, 3（03）: 72.

[21] 顼亚男. 英汉语言文化翻译对比研究 [J]. 黑河学院学报, 2017, 8（07）: 165-166.

[22] 谢志伟. 谈英语文学翻译中如何正确处理文化差异 [J]. 才智, 2015（21）: 298.

[23] 袁玲丽. 朱光潜的文化翻译观探析——以《英国佬的另一个岛》为例 [J]. 广东第二师范学院学报, 2020, 40（01）: 83-88.

[24] 杨仕章. 文化翻译策略: 概念析出与分类探究 [J]. 外语教学, 2019, 40（05）: 66-71.

[25] 余静. 论翻译研究中的术语规范与术语关联——以翻译策略研究术语为例 [J]. 中国翻译, 2016, 37（01）: 85-90.

[26] 杨皓. 文学翻译的特点——以诗歌、散文、小说的法汉互译为例 [J]. 海外英语, 2019（05）: 153-154.

[27] 严丽霞. 文学作品中模糊语言的翻译原则及审美呈现 [J]. 哈尔滨师范大学社会科学学报, 2019, 10（03）: 104-107.

[28] 赵忻, 刘春燕. 论法汉翻译策略中如何保持文化自信——以傅雷《幻灭》汉译本为例 [J]. 北京印刷学院学报, 2020, 28（01）: 92-94.

[29] 朱燕. 译者翻译元认知调控与主体性的体现——以《红楼梦》两译本为例 [J]. 重庆第二师范学院学报, 2020, 33（01）: 37-41, 127-128.

[30] 张妍琛. 文学作品节奏的审美与翻译 [J]. 西藏科技, 2017（09）: 25-28.

[31] 周丽娟. 从翻译美学角度探讨文学翻译审美再现的策略 [A]. 国家教师科研专项基金科研成果（十二）[C]. 2017: 2.

[32] 赵丹丹, 常丽强, 袁福. 文化翻译理论视角下中国当代小说的英译教学研究 [J]. 高教学刊, 2019（23）: 90-92.

[33] 朱阿依. 针对高校英语翻译教学中的问题与解决对策的研究 [J]. 智库时代，2018
（26）：109-110.
[34] 钟华, 孙静, 李春凤. 英语翻译教学中存在的问题分析及优化策略研究 [J]. 农家参谋，
2018（24）：186.
[35] 张婷. 从成功翻译案例看中国文学走出去之译者选择 [J]. 海外英语，2019（21）：
168-169.
[36] 张庆荣. 文学欣赏与英语教学相结合模式探讨 [J]. 海外英语，2010（08）：95-
96, 109.